小城市培育若干问题研究
——基于温州的调查

Research on Several Problems about Cultivation of Small City
——Based on the Investigation of Wenzhou

陈国胜　陈方丽　著

ZHEJIANG UNIVERSITY PRESS
浙江大学出版社

图书在版编目（CIP）数据

小城市培育若干问题研究：基于温州的调查／陈国胜，陈方丽著. —杭州：浙江大学出版社，2015.7

ISBN 978-7-308-14502-2

Ⅰ.①小… Ⅱ.①陈… ②陈… Ⅲ.①城市化－研究－温州市 Ⅳ.①F299.275.53

中国版本图书馆 CIP 数据核字(2015)第 057456 号

小城市培育若干问题研究——基于温州的调查

陈国胜　陈方丽　著

责任编辑	杜玲玲(dll@zju.edu.cn)
封面设计	黄晓意
出版发行	浙江大学出版社
	（杭州市天目山路 148 号　邮政编码 310007）
	（网址：http://www.zjupress.com）
排　　版	杭州中大图文设计有限公司
印　　刷	杭州丰源印刷有限公司
开　　本	710mm×1000mm　1/16
印　　张	14
字　　数	244 千
版 印 次	2015 年 7 月第 1 版　2015 年 7 月第 1 次印刷
书　　号	ISBN 978-7-308-14502-2
定　　价	42.00 元

序

改革是当代中国的最大红利，城镇化则是最大潜力，以改革创新推进新型城镇化是摆在我们面前的重要任务。城镇化离不开"三农"问题的解决，新农村建设也离不开城市化发展。城乡互促共进，成为我国新型城镇化的重要内涵。

进入 21 世纪以来，浙江涌现了一批实力较强的中心镇，但这些镇依旧是建制镇的农村经济型管理体制和权限，导致"责大事多"、"镇大权小"、"人多钱少"。只有赋予经济强镇以现代小城市管理体制和管理权限，才能破除其"成长烦恼"和管理困惑。

2010 年年底，浙江省出台了《关于开展小城市培育试点的通知》，提出"加快培育一批经济繁荣、社会进步、功能完备、生态文明、宜居宜业、社会和谐的小城市，构筑集聚能力强、带动效应好、体制机制活、管理水平高的城市化发展新平台"，并确定了首批 27 个中心镇为小城市培育试点镇。

浙江小城市培育的最大优势来自于体制机制改革和制度创新，坚持民生优先以及鼓励民资造城、激发市场活力。浙江在管理体制、农民权益保障机制、要素配置机制等方面进行了系统改革，着力建立与小城市培育相适应的管理体制、与农村人口转移转化相一致的权益保障机制、与试点镇建设发展相匹配的要素配置机制。浙江省开展首批 27 个小城市培育试点，以创新的思路和举措推进新型城镇化，注重城乡联动、民生为先、民资建城、产城融合和制度创新，促进小城镇与大中小城市协调发展，走出了一条符合浙江实际、富有浙江特色的新型城镇化道路，可为我国新型城镇化提供经验和借鉴。

通过几年的培育,这些试点镇已经初具城市形态和功能,在推进城乡统筹发展方面,发挥着独特作用。然而,这些试点镇处于行政等级的最基层,受到资金、土地指标、公共资源等多方面制约,仍待财权、事权进一步下放。未来小城市培育最大的难点在于制度障碍。浙江小城市培育的问题主要是小城市功能培育相对滞后,与现代化小城市目标仍有差距;试点镇管理体制改革不彻底,"小马拉大车"仍未改变,特别是镇作为一级财政地位难以落实;社会事业发展相对滞后,农村公共服务水平有待进一步提升。这些问题都值得我们深入研究。

在此背景下,陈国胜、陈方丽同志所著的《小城市培育若干问题研究》,在简要分析、回顾前人已有研究成果的基础上,综合运用区域经济学、发展经济学、社会学等相关学科理论,以大量的实地调查为基础,以理论分析和实证研究为特色,以浙江省首批小城市培育试点中的温州市所在试点镇为例,对小城市培育试点政策的实施情况做跟踪调查,同时对外来人口市民化和"美丽小城市"建设等问题进行了较为深入的分析,同时提出了政策建议,为推进今后的小城市培育与发展提供决策参考,具有一定的现实意义。

虽然关于小城市培育与发展所涉及的改革政策的全面铺开还需要时日,还需要进一步统一认识,但无论如何,问题提到了台面,总会有解决的办法。新型城镇化不能一蹴而就,但对这些问题展开研究,毕竟是一个好的开始。小城市培育是中心镇转型升级的一个契机,只要及时总结城镇改革发展中所作的有益探索,创新发展模式,创新体制机制,落实发展举措,就可为做好新一轮小城市培育试点工作提供借鉴。

黄祖辉

(浙江大学中国农村发展研究院院长)

2014 年 12 月于杭州

目　　录

1 导言

李克强总理曾指出,"中国未来近几十年最大的发展潜力在城镇化",并提出了"近 10 亿人的城镇化"的目标。可以预见城镇化是中国经济社会发展的最大潜力,而这一潜力的释放主要在于人口城镇化,在于人口集聚效应而带来的服务业等相关产业的发展。党的十八大报告提出:"加快改革户籍制度,有序推进农业转移人口市民化,努力实现城镇基本公共服务常住人口全覆盖",其内在要求就是实现人口的市民化。2013 年中央城镇化工作会议也要求,要以人为本,推进以人为核心的城镇化,提高城镇人口素质和居民生活质量,把促进有能力在城镇稳定就业和生活的常住人口有序实现市民化作为首要任务。《国家新型城镇化规划(2014—2020)》明确提出要"优化城镇规模结构,增强中心城市辐射带动功能,加快发展中小城市,有重点地发展小城镇,促进大中小城市和小城镇协调发展"。

随着城乡一体化的快速推进,近年来,浙江省涌现出一批经济实力强、设施功能全、具有小城市形态的特大型中心镇。2007 年浙江省政府出台了《关于加快推进中心镇培育工程的若干意见》,在全省有重点地选择 141 个省级中心镇实施"扩权",温州市 15 个镇列入名单。2009 年温州市委、市政府印发了《关于推进强镇扩权改革的意见》,选择乐清市柳市镇、瑞安市塘下镇、永嘉县瓯北镇、平阳县鳌江镇、苍南县龙港镇 5 个省级中心镇作为温州市强镇扩权改革第一批试点镇。但是,由于受管理体制等因素制约,这些中心镇在进一步培育成小城市过程中也面临着一些困难和问题。浙江省十分注重小城市发展,2010 年选择 27 个规模大、条件好的省级中心镇在全国率先开展小城市培育试点,通过实施"三年行动计划"促进了镇向城的蝶变。2010 年 12 月,浙江省政府办公厅出台了《关于开展小城市培育试点的通知》,首批确立了苍南县龙港镇、瑞安市塘下镇、乐清市柳市镇、平阳县鳌江镇等 27 个小城市培育试点镇,期限为 3 年。培育之初,规定省财政 3 年内每年下拨 10 亿元专项资金,支持 27 个试点镇的发展,并给予试点镇所在县

（市、区）土地指标切块总量 2%的倾斜。除了扩大财权和土地使用权,浙江省 27 个试点镇享受的主要政策红利还包括人事权下放、人事权改革两个方面。2014 年 4 月,浙江公布了文成县大峃镇和泰顺县罗阳镇等第二批 16 个小城市培育试点名单。通过推进人口集中、产业集聚、功能集成、要素集约,培育一批功能定位清晰、空间布局合理、经济繁荣发达、服务功能完备、生态环境优美、体制机制灵活、宜居宜业、社会和谐的现代化小城市。浙江试水撤镇设市的改革正在进行中。本书对"小城市"的定义采用浙江省政府办公厅《关于开展小城市培育试点的通知》中的相关界定。

温州是我国首批农村改革试验区之一。改革开放以来,温州以市场化带动城镇化,屡开全国先河。温州市政府在城镇化建设与发展方面所做的探索,以及地方政府建设方面的制度创新,对推进浙江农村的城镇化进程,起到了积极的推动作用。本研究以温州为例,具有一定的代表意义。

1.1 研究背景及现实意义

2014 年 7 月 21 日,国家住建部、发展改革委等 7 部门发布《关于公布全国重点镇名单的通知》(以下简称《通知》),称决定将北京市门头沟区潭柘寺镇等 3675 个镇列为全国重点镇并予以公布,原 2004 年公布的全国重点镇名单同时废止。作为推进新型城镇化的一个举措,这个重点镇名单的公布引起了人们的普遍关注。

但查看《通知》及所附重点镇名单时,也会让人产生疑问:《通知》所列重点镇,有的早已经成为颇具规模的城市。比如浙江温州的柳市镇,据中国柳市网"柳市简介"介绍,该镇户籍人口 21.5 万、外来人员 24 万多(未注明年份,根据上下文推测为 2011 年);浙江瑞安的塘下镇,据"中国·塘下"网"文明塘下"介绍,根据瑞安市人口六普数据,2011 年塘下镇常住人口 34 万(未提供户籍人口数,文中提及 2007 年外来人口为 11.03 万人);浙江温州的龙港镇,据龙港政务网"龙港概况"介绍,2011 年该镇总人口达 50 万,等等。

按照联合国以 2 万人作为定义城市人口下限、10 万人作为划定大城市下限的统计口径,这些镇都已经达到大城市的标准,为什么还只是"重点镇"呢?

事实上,我国许多县城、乡镇早已经成长为中小城市却得不到应有的确认,以至于城市数目长期定格在 1998 年的统计数上(不含港澳台地区为 668 个)。只是因一些县级市撤市改区,城市数量有所减少。根据国家民政部区划地名司主办的中国行政区划网公布的《中华人民共和国行政区划统计表》

（截至 2011 年 12 月 31 日），数字是 657 个。

很明显，现阶段我国城市主要是依据行政区划及其相关行政层级进行统计的。根据《中华人民共和国行政区划统计表》，657 来自于"4 个直辖市＋284 个地级市＋369 个县级市"。这就是说，所谓城市，就是"设市城市"；在当今中国，行政区划的名称上不带"市"字的地方，是不能称为城市的。不仅县、旗（首府）不是城市，地、州、盟（首府）也不是，似乎带"市"的地方是城市，按照城乡二元体制，其他地方都是农村。

当然，对于 7 部委重点镇名单来说，一部分重点镇能不能称为城市并不是重点，重点在于，这样来推进的城镇化，是不是真的是"新型"城镇化。

2014 年 8 月，国家发展改革委等 11 个部门联合印发《关于开展国家新型城镇化综合试点工作的通知》，明确提出，新型城镇化综合试点主要包括五项任务：一是建立农业转移人口市民化成本分担机制，建立中央（省）对下转移支付同农业转移人口市民化挂钩机制和实行建设用地指标与吸纳省（市）外农业转移人口落户数量挂钩政策；二是建立多元化可持续的城镇化投融资机制，允许地方政府通过发债等多种方式拓宽城市建设融资渠道；三是改革完善农村宅基地制度，探索宅基地有偿使用和有偿退出制度，探索超标准宅基地处置办法；四是建立行政创新和行政成本降低的设市模式，选择镇区人口 10 万以上的建制镇开展新型设市模式试点工作；五是综合推进体制机制改革创新，在城市创业创新环境建设、城市公共服务提供机制、城市社会治理体系等方面有选择地开展改革探索。

事实证明，经济的唯一重要的发动机和载体是城市。培育、发展小城市是实现我国农村现代化和城镇化，解决"三农"问题的必由之路。城市化是今后一个时期我们扩大内需的最大潜力，包括城市本身的建设，也包括农村人口转移到城市以后消费水平成倍的增长。所以，城市化既作为发展的必然趋势，也是扩大内需潜力之所在。今后浙江省还要引导城镇化健康的发展，提高城市化的质量和水平，不仅仅要看它的速度、它的规模，更要看它的质量和水平，这是需要我们在今后工作中注意的。而对中心镇蝶变而成的现代小城市进行科学的形态功能定位，是这一新战略的目标任务得以全面实现的重要保证。以城带乡战略的关键是，把中小城市作为城市化战略的重点，这是非常必要和正确的选择。

1.1.1　把中心镇培育成为小城市是新型城市化战略的重大创新

大中小城市协调发展是人口众多的大国城市化发展的必然选择，也是实现城乡一体化发展的战略抉择。把农村地域建制的中心镇发展成为现代小城市,这既是优化城市空间布局的迫切需要,也是推进以人为本、以城带乡的新型城市化的必然要求。当前中央提出城镇化,浙江还是得提城市化。中央是从全国平均状况出发,而浙江自有其领先全国的特殊性。浙江继续提城市化,恰恰科学体现了对于中央推进城镇化要求的具体落实。提倡中小城市的优先发展,因为它们解决进城农民的市民化成本比较低,既符合中国的国情,又不会影响城市的功能发挥。事实上,在信息化和现代网络交通发展的今天,城市并非越大越好,中小城市基础上的城市集群是城市化的方向。

过去认为特大镇进行改革是不是要解决相应的机构和编制问题?我们认为情况未必是这样,这种"小政府大社会""小马拉大车",应是未来县以下行政机构改革的重要方向。这么少的人员管理这么庞大的规模,这么多的经济总量、企业、外来人口,不但没有给国家增加负担,而且上缴了大量的财政,提高了管理效率,虽然存在一些问题,但是其中的重要经验值得认真总结。如果这种制度性的问题得到破解,将来一些特大镇设市的障碍将逐渐化解。中小城市的数量远远多于大城市,如果把更多的机会和发展权释放给这些城市,既符合未来城镇化改革中增强中小城市活力的方向,也会给这些城市的居民带来更多的福祉。

1.1.2 把中心镇培育成为小城市是统筹城乡发展的战略选择

中心镇是城乡一体化的战略节点。2010年中央一号文件强调要把加快推进城镇化作为统筹城乡发展、解决新时期"三农"问题的新的战略举措,并强调要努力形成城镇化与新农村建设协调发展、良性互动的体制机制。在此背景下,浙江省委、省政府提出的把中心镇培育成为现代小城市的战略决策具有鲜明的前瞻性,成为该省实施以新型城市化为主导,加快推进城乡一体化新战略的一个关键性举措。党的十八大也明确指出:解决好农业农村农民问题是全党工作重中之重,城乡发展一体化是解决"三农"问题的根本途径。坚持走中国特色新型工业化、信息化、城镇化、农业现代化道路,推动信息化和工业化深度融合、工业化和城镇化良性互动、城镇化和农业现代化相互协调,促进工业化、信息化、城镇化、农业现代化同步发展。中国城镇化将成为世界最大的投资机会。据专家测算,城镇化率每提升一个百分点,将会有1000万人口转移到城市。未来10年,中国城镇化将会拉动40万亿元投资,以水泥为例,按照每人住房面积30平方米算,城镇化率每提升一个百分点,水泥需求是0.6亿吨。城镇化是未来中国发展的引擎,而把中心镇培育成为现代小城市是未来中国发展的主引擎。

在统筹城乡发展中,户籍制度改革尤其重要。事实上,《国家新型城镇化规划(2014—2020年)》第31章也已经提出要"规范统计口径、统计标准和统计制度方法"。根据最新公布的《国务院关于进一步推进户籍制度改革的意见》,我国将取消农业户口与非农业户口性质区分和由此衍生的其他户口类型,统一登记为居民户口。

按照即将建立的居住证制度,城市、城镇、乡村人口必须要按常住人口进行统计。比如,我国常住城镇人口达到2万至5万的小城镇、5万至50万的小城市、50万至100万人口的中等城市、100万至500万的大城市、500万以上的特大城市有多少,如果这样来统计,我国的城市将远超过657个。

以常住人口来统计城市乡村,不仅是在新的居民登记制度下政府为居民提供公共服务的必然要求,事实上也是取消户籍制度以后城乡社会治理的必要条件,尤其是发展基层群众自治制度的基础性前提。常住人口常住一个地方,就应该成为那个地方的选民。参与居住地的社会政治生活不仅是他们应有的民主权利,也是他们融入当地社会的前提条件。过去是户籍制度阻碍了常住人口参与居住地的社会政治生活,现在人们已经没有理由阻止一个人参与自己生存空间内的社会政治生活了。迄今为止,许多农村常常不得不花费很大成本让农民工回农村老家参加村民选举,而且选举之后他们再回到城市打工,并不能参与本村的公共生活,参与选举没有什么意义,村民自治事实上也几乎与他们无关。可以说,以常住人口统计人口,是推进国家治理体系和治理能力现代化的重要条件。

1.1.3　把中心镇培育成为小城市是中心镇发展壮大的内在要求

遵循现代城市发展的规律性和小城镇差异化发展的现实性,把一批特色产业支撑作用强、人口承载潜力大的中心镇培育成为现代小城市,能够从根本上改变农村人口数量庞大,城市数量太少和城少镇多的状况,这既是小城镇转型升级的现实需要,也是进一步加快城市化进程的客观要求。相当一部分人士顽固指责浙江城市化"散",认为由此导致中心城市发展较慢。其实这种"散"恰是浙江优势,即区域发展有多个中心,多个引擎,动力强劲,历久弥新。浙江还有一批特大镇的人口,已达到20万以上或将要达到20万,形成了中国其他省区所不具有的中等城市的较高密度。总的说来,镇里有需求,老百姓有诉求,党委政府也觉得需要把镇向更高的城市提升,那么小城市培育试点就应运而生了。我们始终坚持一点,通过自身的努力,通过我们的试点,为全国我们城镇化推进做一个示范,积累经验。

"特大镇设市"试点,迫切需要解决的是特大镇"人大衣小"的问题。也就是说,要在保持镇级建制不变的前提下,实施"强镇扩权",通过委托、交办、延伸机构等方式,赋予特大镇与县级政府基本相同的经济社会管理权限,建立适应其发展需求的"小政府、大服务"行政管理体制和运行机制。

强镇扩权,该怎么扩、扩多少,各地均在探索,这其中自然少不了国土资源部门的事。浙江省自 2010 年启动小城市培育试点以来,不仅对财权、事权、人事权进行了扩权,在土地管理方面也有不少大动作。比如,建立试点镇建设用地支持保障制度,各地在省下达的年度城镇建设用地切块指标中优先予以安排;试点镇土地出让净收益市、县(市、区)留成部分,全额返还用于试点镇建设等。此外,不少管理权限也进行了下放,如下放了临时用地审核、强镇建设用地单列指标的配置权等经济管理权限,土地登记、农村集体建设用地审批等社会管理权限。

不难看出,地方所做的扩权尝试,在于从土地管理这一环节,尽可能做一些满足特大镇发展需求的事情,把管理和服务重心下移。这也与当前国家简政放权正在大力推进的改革相契合。

过去,这些特大镇在改革开放的洪流巨浪中顽强而生;如今,当改革进入攻坚期、深水区之时,应在新型设市模式试点工作中,从土地管理领域先行先试,敢于啃硬骨头、涉险滩,解决特大镇发展中长期存在的痼疾,推动其更好发展。

1.1.4 把中心镇培育成为小城市是推进社会经济转型的必然选择

城市化的实质是优化要素布局,建设现代文明社会。浙江人多地少,只有走城市化道路,才能既节约耕地,又促进全省经济社会快速健康发展。根据农村劳动力向小城市、大中城市梯度转移和小城镇向现代城市梯度演变的规律,适时推动小城镇中的佼佼者——中心镇向现代小城市率先转型,将把小城镇的发展推到一个新高点,为城乡融合发展和扩大内需提供广泛而持久的动力,为实现从工业化主导的外向型经济向城镇化主导的内源型经济转型发展提供重大的战略支撑。小城市培育也将成为浙江投资拉动消费最重要的增长点和发展新平台。

当前,我国城乡分割的二元经济社会结构尚未从根本上突破,户籍、土地、住房、社保、公共服务等一系列制度障碍依旧存在;城乡财政体制和公共财政预算分配还存在严重偏差;中心镇作为农村行政区划和乡镇政府管理体制还有很多传统制约;现有城乡规划建设体制难以适应城市化和中心镇发展的新趋势新要求;城乡居民和各级干部在城乡发展的观念思路和工作方法上还存在严重的路径依赖。这些问题已成为中心镇向小城市转型的重要制约因素。中心镇向小城市的发展需要置于城乡统筹、城乡一体的框架中,要在新型城市化与新农村建设互促互进的基础上,推进有条件的中心镇向小城市发展。

1.1.5 把中心镇培育成为小城市是外来人口市民化的有效抓手

外来人口市民化是指外来人口在实现职业转变的基础上,获得与城镇户籍居民均等一致的社会身份和权利,能公平公正地享受城镇公共资源和社会福利,全面参与政治、经济、社会和文化生活,实现经济立足、社会接纳、身份认同和文化交融。外来人口市民化是一个过程。这个过程的实质是公共服务和社会权利均等化的过程,包括四个基本阶段:(1)转移就业,由农民变成工人或其他非农就业人员,实现职业身份的转换;(2)均享服务,农业转移人口自身及其家庭逐步进入流入地城镇公共服务体系;(3)取得户籍资格,获取完整的市民权利,实现社会身份的转换;(4)心理和文化完全融入城镇,成为真正的市民。四个阶段可以有跨越。

农业转移人口是长久以来,在我国计划经济体制下形成,并在我国由计划经济体制向社会主义市场经济体制转型以及完善社会主义市场经济体制的过程中不断壮大的一个以农民工为主体的特殊群体。从理论上讲,城镇化是经济社会发展的必然趋势,推进农业转移人口市民化只需顺势而为,便能十拿九稳。但是,从现实来看,我国农业转移人口市民化进程非常缓慢:据《2011 年我国农民工调查监测报告》,2011 年,全国农民工总量达到 25278 万人。其中,大多数人只是实现了地域空间的转移和职业的转变,并没有同步获得同等的市民待遇,实现户籍身份的转换、综合素质的提升、市民价值观念的形成、就业状态的稳定以及生活方式与行为习惯的转型。

从"十二五"期间温州市推进新型城市化进程的实践,可以得出从农业转移人口到市民转化过程中的两个基本标准,一是要有市民化意愿;二是要有城镇定居能力,两者同时具备才是农业转移人口市民化。

实际上,人口流动对流入地、流出地的作用都是巨大的。对温州市来说,四百多万新居民对温州社会经济发展产生了重大影响,其影响表现为正负两方面且正面效应大于负面效应。

正面效应表现为:首先,新居民为温州社会经济发展作出了积极贡献。全省 11 个市的新居民的时序数据显示,新居民总量与流入地经济发达程度呈明显正相关,两者之间起相互促进的关系。其次,新居民成为温州城市建设与经济发展的重要力量。新居民是城市建设与产业发展的重要力量,是温州产业结构调整的"蓄水池",大批农村剩余劳动力以其低廉的劳动成本,促进了温州经济发展壮大。最后,新居民有效缓解温州老龄化社会的进程。温州已经进入老龄化城市行列,温州市未来人口老龄趋势为老龄化规模大、程度高且呈加速趋势。在年龄上具有绝对优势的新居民极大地缓解了温州的老龄化进程,为温州应对老龄化社会挑战、实现可持续发展提供了人力资源保证。

新居民在为温州社会经济发展发挥积极作用的同时,也带来一系列负面效应:首先,极大地增加了城市基础设施的压力和城市管理成本。新居民在居住、就业、出行、卫生医疗等方面的巨大需求给温州城市基础设施、社会环境造成前所未有的压力,对温州市环境卫生、交通秩序、投资环境、公共事业都带来挑战。其次,流动人员违法犯罪增加了治安压力和城市不稳定因素,会导致社会管理面临较大风险。近年来,新居民成为温州刑事犯罪案件的主体,严重影响了该市社会的稳定与和谐。最后,新居民低素质制约温州人力资源整体水平和城市综合竞争力提升。该市新居民受教育年限低,其中初中及以下文化程度的占九成以上,其较低的素质制约了温州市经济从粗放型向集约型的转变和城市综合竞争力的提升。

应当说,外来人口的市民化对于温州市新型城市化具有重要的意义:

(1)有利于促进城镇化健康发展

当前,温州市城镇化水平相对滞后于工业化,仍有相当一部分没有稳定的就业和固定居所。即使一些已经长期生活在城镇的农村户籍居民,也难以得到与城镇居民同等的权益,成为被边缘化的“市民”。有序推进农业转移人口市民化,将有利于逐步实现农民工在劳动就业、子女上学、公共服务、住房租购以及社会保障等方面享有与当地城镇居民同等的权益,让这部分农民在城市能够定居下来、发展得好。这对于促进投资和消费、进而促进城镇化健康发展起着十分重要的作用。

(2)有利于创新社会管理

大量的流动人口对温州市社会管理提出很大挑战。如何调动流动人口建设流入地的积极性,保障流动人口在流入地的各项社会福利,让流动人口不至于因心态失衡引发行为失控,已经成为加强和创新社会管理不可回避的紧迫问题。加快户籍制度改革,有序推进农业转移人口市民化,保证农村转移到城市的居民依法享有与当地城镇居民同等的权益,实现社会公平正义、促进社会和谐稳定,是各级政府创新社会管理的一项重要举措。

(3)有利于促进农村经济社会发展

农村实行家庭联产承包责任制,在一定程度上发挥了土地的生活保障功能,但其作为生产资料的经济发展功能尚未充分体现。人多地少的农村土地供求状况造成过多农村劳动力被束缚在有限的耕地上,农民难以通过提高生产效率来实现增产增收。解决"三农"问题的关键就是要减少农村人口。通过有序推进农业转移人口市民化,有利于推动农村土地流转,促进农村土地规模化和集约化经营,实现农业及农村经济社会的可持续发展。

(4)有利于缩小城乡居民收入差距

目前,温州市城乡居民收入差距较大,2013 年温州市农村居民人均纯收入 16194 元,城镇居民人均可支配收入 37852 元,为 1∶2.34,而国际上通常城乡差距是 1∶1.5。党的十八大报告提出,到 2020 年城乡居民收入要比 2010 年翻一番。这就要求加大统筹城乡发展力度,增强农村发展活力,逐步缩小城乡差距,促进城乡共同繁荣。而推进农村人口有序转移,减少农村人口,是增加农民收入、缩小城乡差距的有效途径。人口市民化有利于缩小城乡产业、收入和社会发展的巨大差距,逐步消除二元经济社会结构,实现城乡地位平等,相互兼顾,协调发展,共同繁荣。

把中心镇培育成小城市,提高小城市对外来人口的吸纳能力,实现公共服务均等化,对外来人口市民化的意义重大。

1.2 研究方法

1.2.1 调研对象

温州市有 30 多个经济强镇,2009 年,温州市入选浙江百强镇的有 13 个;入选全国千强镇 32 个,其中排在 500 名前的 28 个。本书的调研对象分面上调研和点上调研,面上调研对象为温州市各中心镇,点上调研对象为浙江省第一批小城市培育试点镇苍南县龙港镇、乐清市柳市镇、瑞安市塘下镇和平阳县鳌江镇。

(1)苍南县龙港镇

苍南县龙港镇是闻名遐迩的"中国第一座农民城"。1984 年建镇,镇域面积 83 平方公里,建成区 16 平方公里,总人口 30 万,其中户籍人口 25.4 万人,非农人口 13.3911 万人。2011 年,全镇实现生产总值 146.2 亿元,同比增长 15%,占全县 48.6%;工业总产值 331.2 亿元,同比增长 13%;财政总收入 14.8 亿元,同比增长 19%,占全县 47.8%;完成固定资产总投资 65.8 亿元,同比增长 110%,投资率达 52.8%。龙港镇小城市建设的功能定位是按照龙港镇的自然条件和区位优势、产业特色和竞争优势、区域职能和综合实力,着力把握城镇改革、小城市培育、温州大都市区构建、海洋开发等发展机遇,以转型发展为主线,以改革创新为动力,以保障和改善民生为出发点,加快建设全国城镇综合改革示范基地、鳌江流域中心城市和宜居宜业的滨海工贸特色城市。

龙港镇在新农村建设、民生工程建设、产业转型升级、党组织建设、社会事业等方面都取得跨越式的发展,但通过调研访谈,了解到目前龙港镇在向城市化迈进过程中存在一些问题,主要表现在:行政体制束缚,特别是2011年以来温州乡镇区划调整后,镇域面积比原来更大、人口更多、规模更大的龙港来说,"小马拉大车的"状况没有得到根本的改变;要素瓶颈制约进一步显现;投资环境亟待改善,政策处理难度较大,龙港社情民意复杂,又由于历史原因及法律法规的尚不健全,群众诉求与政策相抵触现象日益增多,导致一些重点工程和项目政策处理难以顺利进行。

(2)乐清市柳市镇

乐清市柳市镇号称"中国低压电器王国"。全镇总人口30万,镇域面积49.88平方公里,镇区建成区面积12.8平方公里,2011年,全镇全年工业总产值预计超过600亿元,同比增长超过15%;财政总收入达到30亿元,同比增长超过25%,全年实现全社会固定资产投资42亿元,超额完成市里下达的40亿元的目标任务,同比增长率超过100%。基于柳市镇的自然和区位条件、区域职能和综合实力、产业特色和竞争优势等方面要素,结合小城市培育目标,柳市镇建设小城市的功能定位是温州大都市经济圈重要城市组团、国家先进电工电气制造业基地和创业投资总部经济示范基地。柳市镇小城市建设卓有成效,主要表现在投资建设有新推进、转型升级有新成效、城乡面貌有新改善、社会事业有新进展、执政基础有新加强等方面。

(3)瑞安市塘下镇

瑞安市塘下镇是"中国汽摩配件基地"。镇域面积83平方公里,建成区9.25平方公里。辖89个行政村,常住人口17.47万人,外来人口17万人;2011年,全镇实现生产总值110.37亿元,同比增长9.4%,全社会固定资产投资65.39亿。财政收入15.87亿,同比增长13.36%,农民人均纯收入17766元,同比增长13.72%。基于对塘下镇区位条件、经济基础、产业特色、竞争优势等要素的分析,强化作为温瑞平原沿海新市的集聚辐射功能,结合小城市培育目标,塘下镇小城市建设的功能定位是中国汽摩配产业重要基地、温瑞平原重要节点城市和海滨宜居活力新城。

塘下镇城市化进程明显加快,主要表现在重点建设提速推进、城市框架不断拉开、城市功能配套不断强化、城市品位进一步提升等方面,但通过访谈调研,了解到目前塘下镇在向城市化迈进过程中也存在一些问题,主要表现在:历史欠账土地要素制约的问题,过去产业层次低带来城镇建设品位偏低的历史欠账很多,基础设施建设严重滞后于经济发展,需要增加大量的建设用地指标,致使镇里用地指标特别紧张;项目资金支出数额大、时间又紧,地方财力难消化,财政收支平衡压力非常大;省、市已明文出台的作为小城市培育试点镇应有的职能和优惠政策大部分没有真正执行到位,存在明显的"小马拉大车"和"有限职权,无限责任"现象。

(4)平阳县鳌江镇

平阳县鳌江镇是"百年重镇"。镇域面积 102 平方公里,建成区 10.8 平方公里,常住人口 15 万,辖 8 个社区、59 个行政村。2011 年,鳌江镇域经济综合实力大幅提升,全镇实现工农业总产值 166.13 亿元,同比增长21.43%;财政收入 10.77 亿元,同比增长 47.74%;全社会固定资产投资53.22 亿元,同比增长 178.49%;城镇居民人均可支配收入 26084 元,农村居民人均纯收入 14198,分别同比增长 11.23% 和 21.35%。鳌江镇小城市建设的功能定位是建设浙南新都市,重塑"瓯越明珠",抢占浙南城市发展新"鳌头",成为鳌江流域中心城市、浙南特色装备制造业基地和平阳经济社会文化副中心,努力率先建成现代化小城市。

鳌江镇在小城市培育方面成效初显,主要表现在新城区开发建设卓有成效、主干道建设加快推进、市政配套设施不断完善、城市管理不断加强等方面,但通过调研访谈,了解到目前鳌江镇在向城市化迈进过程中仍然存在一些问题,主要表现在:产业层次低、服务业占比低、高新技术产业产值占比低,要素制约比较突出,产业竞争力不强;城镇功能相对薄弱,城镇管理还跟不上形势要求;发展环境急待优化,"清障除污"力度要进一步加强;优质公共服务资源较为缺乏,少数群众生活还比较困难,改善民生、促进和谐的任务依然十分繁重,加强社会建设、创新社会管理面临诸多新课题;少数党员干部的责任心还不够强,创新意识、进取精神、服务效能有待进一步增强和提高。

综上可知,这四个中心镇的人口都在 20 万~30 万人及以上,城区建成区面积都在约 10~30 平方公里之间,地区总产值都在 77 亿~380 亿元之间,财政收入 10 亿~30 亿元之间,占所在县(市)的比例都在 30% 以上。这说明,这四个中心镇人口规模、建成区面积、经济总量及结构、财政收入等,均达到了国务院规定的相关设市标准,有的镇甚至达到了中等城市水平。温州具备了按照中央有关精神,率先探索"推进城镇化发展的制度创新"的历史条件。

1.2.2 调研内容

本次调研根据"小城镇培育政策"的主题,采取了问卷调查和访谈两种形式调研。调查问卷内容包括客观题和主观题两部分,客观题的内容主要集中在相关政策的了解、落实情况,政策执行效果的影响因素,建设过程中存在的问题,以及发展定位等方面;主观题的内容为就个人的理解上提出本镇培育成小城市的相关意见和建议。访谈的内容主要从扩权改革、要素集中、体制机制改革、外来人口市民化、美丽城镇建设等方面考察小城市培育状况。

1.2.3 调研方法

(1)实地调查访谈

为了对浙江省现代新型小城市培育政策的实施成效和存在的问题进行总结、评估,本课题重点选择了浙江省小城市培育部分试点镇进行重点考察。在多次调研考察中,分别与中心镇领导和相关部门进行座谈,并对该试点镇的政府部门、部分村两委主要干部、居民等进行了问卷调查。其中访谈内容主要涉及中心镇建设中的机构改革、管理权限、经济社会管理权限、政策落实概况、强镇扩权的体制障碍、中心镇治理的困难与思路等内容。调研问卷主要涉及小城市培育的相关政策知晓程度、小城市培育情况、新社区居民满意度等。

(2)文献研究法

本书的研究建立在充分掌握相关文献资料的基础上,并以此为基础进行研究。本课题的研究查阅了浙江省关于中心镇建设、小城镇建设的相关文件、意见,包括《统筹城乡发展、推进城乡一体化纲要》、《浙江省人民政府关于加快推进中心镇培育工程的若干意见》(浙政发〔2007〕13 号)、《关于进一步加快中心镇发展和改革的若干意见》(浙委办〔2010〕115 号)、《关于开展小城市培育试点的通知》浙政办发〔2010〕162 号)、《2011 年全省中心镇发展改革和小城市培育试点工作要点》(浙政办发〔2011〕52 号)、《2012 年浙江省小城市培育试点和中心镇发展改革工作要点》(浙政办发〔2012〕33 号)等。自开展小城市培育试点以来,浙江省发改委始终坚持把制定出台扶持政策作为加快小城市培育的强大动力来抓,在出台本部门《关于支持小城市培育试点工作实施意见》的基础上,切实履行省中心镇协调办职能,会同省财政厅出台了《关于省小城市培育试点专项资金管理若干问题的通知》,会同编委办、法制办出台了《浙江省强镇扩权改革指导意见》,会同省工商局出台了

《关于下放部分工商行政管理权限支持小城市培育试点的若干意见》等文件,做到对政策措施的科学准确把握。此外,在研究中还认真查阅了相关理论文献以及温州市、试点镇所在县及中心镇在小城市培育方面的相关文件资料。同时,还查阅了大量文献资料。

2 研究综述

国内学术界对城镇化的研究多如牛毛,尤其是以农民工为特定对象的市民化研究备受重视,且已取得丰硕成果。随着,党的十八大报告提出:"加快改革户籍制度,有序推进农业转移人口市民化,努力实现城镇基本公共服务常住人口全覆盖",以及2013年中央城镇化工作会议要求以人为本,推进以人为核心的城镇化,提高城镇人口素质和居民生活质量。新型城镇化的研究重心明显转移到了人口的市民化。2013年也成为相关研究成果的高产期,相关的学术研究观点和成果主要集中在以下几个方面:

2.1 理论支撑

由于中国特色的城乡二元结构,国外的相关理论很难准确地揭示我国人口市民化的规律,但是国外权威的经典模型早已形成,对我国人口市民化问题的研究有一定的借鉴作用。

(1)唐纳德·博格的"推—拉"理论

"推—拉"理论认为,在市场经济和人口自由流动的情况下,人口流动是两种不同方向的力作用的结果,一种力量促使人口流动,而另一种力量则阻碍人口流动。当流出地存在种种消极因素,如农村劳动力过剩导致失业和较低收入水平,就会形成将人口向外"推"的力量。而流入地则由各种积极因素,诸如就业机会多、收入较高等,就能形成吸引流动人口进入的"拉"的力量。

(2)刘易斯模型

在 20 世纪 50—60 年代,刘易斯提出了著名的二元经济模型(Lewis, 1954)。该模型将城乡人口迁移视为一种劳动力平衡机制,它能使劳动力由劳动力过剩的部门向劳动力不足的部门转移,从而在这两个部门中实现工资或收入的均等。这个模型的核心是一个二元经济,一端是存在大量边际生产率近于零的劳动力的传统农业;另一端是能实现充分就业的现代城市工业。刘易斯将发展中国家的劳动力迁移分为两个转折点:第一是从农村剩余劳动力无限供给转变为有限剩余的转折。随着资本的扩张,对劳动力的需求不断上升,劳动力因此逐渐由农业向工业转移。第二是农村剩余劳动力从有限剩余转变为被完全吸收的转折点。当所有的农业剩余劳动力都转移到工业中时,城乡的工资收入差距消失,所有的生产要素都是稀缺的了,因此工业部门的工资不再固定,而是随劳动力市场上的供求而变化,农村劳动力向城市流动才会停止。

(3)托达罗模型

托达罗(M. P. Todalo)认为人口从农村向城市的迁移,不仅取决于城市与农村实际收入的差异,还取决于城市就业率的高低和由此而做出的城乡预期收入差异,农民向城市流动是在市场经济条件下既注意现实又含预期的理性行为。托达罗认为,一个典型的非熟练农业劳动者从劳动生产率较低的农村进入城镇正规的高收入部门要经过两个阶段,首先进入城镇传统或非正规部门,然后才可能在正规部门找到工作。模型同时还表明只要城镇里还存在较高预期收入,农业人口向城镇迁移的过程就不会停止。

(4)结构转换理论

1988年,以美国经济学家钱纳里为代表的结构学派,通过对跨国的发展经验总结,向人们提供了工业化和城市化的一般性统计规律。其主要观点是随着收入水平上升,国民经济中农业份额不断下降,工业和服务业不断上升。产业结构变化带来了就业结构同步变化。两者直接是一种相互匹配关系。如果两者出现错位,就必然对经济发展带来负面影响。

(5)其他理论

国内外,与市民化、城市化相关的理论繁多,不能一一列举。除了以上几种,较为有代表性的还有:马克思主义流派的劳动转移理论,对人口迁移的动因、作用和规律等都进行了相当深入的研究和考察。泽林斯基(Zelinsky,1971)提出的"人口迁移转变假说",认为人口迁移和流动既与社会经济发展有关,同时也于人口出生率和死亡率的转变密切相关,"高出生率—低死亡率—高增长率"的人口生产模式下,人口会迅速增加,出现大规模从农村向城镇的人口迁移。斯塔克(Stark,1991)提出的"新型劳动力迁移经济学"认为,迁移的动机不仅来自城乡两地的收入差距,也来自其他个人或家庭的因素。

上述理论研究从不同的角度阐释了人口迁移的动因、规律,以及人口迁移与城市化发展的关系等问题。在一定程度上,与我国当前的人口迁移具有契合性。如唐纳德·博格的"推—拉"理论,解释了我国农村人口向城市转移的动因,地少人多,劳动力大量剩余,收入水平低。又如结构转换理论所述,我国第二、第三产业的发展促进了第一产业人口向第二、第三产业转移的必然性。但是,笔者认为,这些理论又不能完全被用来解释我国的人口市民化进程,因为上述理论都是以市场经济为背景的,人口的迁移和流动是自由的,不受任何限制,而我国现行的城乡二元户籍限制,使得人口在城乡之间的转换收到了政策上的束缚,因此不能照搬照抄。

2.2 城乡一体化研究综述

2.2.1 国内城乡一体化研究

城乡一体化在我国的提出与发展大致经历了三个时期:一是改革开放后到年代中后期,是城乡一体化的提出与探索阶段;二是年代末期到年代初期开始对城乡边缘区进行研究;三是年代中期至今,是城乡一体化理论框架与理论体系开始建立,研究内容日臻完善时期。国内学者主要对消除我国二元结构、实现城市化的必要性以及城市化发展战略等问题进行了较多研究。

2002 年,党的十六大提出了科学发展观,并将统筹城乡发展作为科学发展观的重要内容。城乡二元经济结构的存在是发展中国家的突出矛盾,"三农"问题的困扰、地区差距和收入差距扩大,归根结底都是这个矛盾的反映(邱雯,2003)。而城市化是二元经济社会结构向高级的一元经济社会结构转变的强有力的推进器。因此她提出了解决二元结构矛盾的根本出路在于走城市化道路。城市化战略是经济发展的必然要求,也是社会文明的集中标志,更是中国广大农民的迫切愿望(王骏,2003)。他认为中国城市化战略,应以发展大城市为重心,大城市具有更好的经济、社会等方面的效益,更符合中国最大多数人民的根本利益,也是中国全面实现现代化和小康社会的现实需要。城市化不是社会发展的一种结果,而是人类社会必须经历的一个过程,城乡发展的历史大致沿着这样道路演变:乡育城市——城乡分离——城乡对立——城乡融合——城乡一体化,这一演变过程既反映了城乡演变趋势,也反映出城市进程的阶段性规律(周加来,2004)。他认为城市化是社会经济发展的永恒主题,城乡一体化是城市化发展的最高阶段。其主要目标之一是要通过消除二元结构问题,实现生产力的新飞跃。2008 年,党的十七届三中全会又提出"坚定不移加快形成城乡经济社会发展一体化新格局"。

　　总的来说,目前关于城乡一体化的研究,理论上还不成熟,尚未形成一个统一的理论框架与理论模式,研究工作还在摸索当中。在不同经济发展水平国家其研究重点是不一样的发达国家的趋势是城市向乡村的产业与居住转移,所以在研究中更注重空间环境的城乡融合设计在"过度"城市化的发展中国家,城乡一体化的研究是如何阻止乡村向城市的移民,如何通过乡村内生型发展,建立以小城镇和乡村为节点,以交通通讯为网络的城乡一体化发展模式,缓解乡村剩余劳动力对大城市的压力,促进小城镇的繁荣与农民受益的提高。我国的发展不同于其他国家,我国小城镇与乡镇企业已经有一定程度的发展,重点是要通过城乡一体化解决小城镇与乡镇企业上规模上档次的问题。

2.2.2　新型城市化与新农村建设互促互进推进城乡一体化研究

　　对于新型城市化与新农村建设的关系,大部分学者认为可以良性互动共同发展。形成新型城市化和新农村建设互促互进机制,也是党的十七届三中全会《中共中央关于推进农村改革发展若干重大问题的决定》"建立促进城乡经济社会发展一体化制度"的内容(尹焕三,2010)。在当前我国促进城乡经济社会发展一体化的背景下,城市化是城乡一体化进程中的城市化,新农村建设是城乡一体化进程中的新农村建设。无论是城市化,还是新农村建设,二者都统一于城乡经济社会发展一体化的伟大实践中。

　　对新农村建设战略意义的理解,还应该从我国工业化、城市化这个大背景来考量(刘雪斌,2006)。理论上,城市化发展的战略目标是改变城乡二元经济社会结构,促进城乡一体化,实现城乡共同富裕。但在我国目前情况下,城市发展面临重大瓶颈,城乡二元结构在我国今后相当长一段时间还有其存在的必然性,只能逐步改变。因此,建设社会主义新农村将是一个长期的过程,并不只是针对目前"三农"问题的权宜之计。我们要追求的是在目前城乡二元经济结构不能迅速改变的前提下,找到农村经济社会科学发展、和谐发展的道路。要在不以农村的衰落或停滞为代价的前提下,通过工业反哺农业,城市支持农村,以城市的发展来带动农村的发展(曲凌雁、冯春萍,2007)。因此,中国应该走一条新型的城市化发展道路。

　　新型城市化是贯彻落实科学发展观的城市化(杨帆,2008)。新型城市化坚持以人为本,坚持市场机制与政府引导统一,深化改革开放,把全面、协调、和谐、可持续发展的理念落实到城市化进程的各个方面各个环节,以适应全球化进程中的竞争态势,与中国特色农业现代化和建设社会主义新农村相辅相成,构建社会主义和谐社会,促进城市和人的全面发展。把新型城市化与社会主义新农村建设结合起来,走城乡统筹的城市化道路(李丽娜,2010)。城乡统筹就是统筹城乡经济社会发展,逐步改变城乡二元结构,把城市基础设施向农村延伸,把城市公共服务向农村覆盖,推进农村工业化、农业企业化,提高农村城市化水平,促进大城市、中小城市、镇、村协调发展,建设新农村(袁海平,2010)。

总的来说,国内学者对新型城市化、新农村建设和城乡一体化互动进行了多方面和多种视角的研究。普遍认为,城乡一体化的核心问题是建立城乡经济联系,实现城市与乡村相互依存,而城乡经济联系的主线是农业和工业的联系(刘家强,2004)。城乡一体化是一个系统工程,其核心在于城乡协调发展,即把城市与乡村建设成为一个相互依存、相互促进的统一体,城能带乡、乡能促城、互为资源、互为市场、互为服务,空间上互为环境,生态上协调相融,在经济、社会、环境统一的前提下,促使整个城乡经济持续、稳定、协调发展,达到共同繁荣的目的。

2.2.3 国内外典型的城乡一体化模式和运作机制研究

城乡一体化合作模式的实质在于商品和资本、劳动力、技术等生产要素在城乡内部、城乡之间自由通畅的流动(翟志成,方齐云,2002)。

(1)国际上几种典型的推进城乡一体化的模式(王亚飞,2007)

①城市工业导向模式

这种模式是由刘易斯提出并经拉尼斯—费景汉不断完善的,用来解释发展中国家或落后国家经济发展阶段的一种经典模式。这种模式主张:城乡两大系统的联系载体是工业,通过大力发展城市工业,通过工业的高利润率和高收入不断吸引农村剩余劳动力向城市集聚,直到所有的农村剩余劳动力被转移,最后达到农业的边际收入与工业持平,农民与工人收入相等。这种城乡联系模式是一种典型的城市工业主导模式。

②地域空间单元模式

这种模式强调城乡一体化目标的实现是城市和乡村两大经济社会系统相互作用、相互影响的结果,通过两大社会系统的不断"碰撞",在区域空间上形成一种新的地域空间单元,它是城镇乡村化、乡村城镇化的过程。这种模式强调城乡融合是社会经济发展一定阶段的产物,是自然形成的。

③农村综合发展模式

这种模式以拖拉罗为代表,他认为城乡隔离、乡村落后的根本原因在于政府对城乡发展的不公平政策,片面强调城市工业的发展,而忽略了乡村农业部门的发展,从而削弱了农村自我发展的能力,要消除城乡分割,实现城乡一体化目标,最根本就是政府制定农业发展的激励性政策,缩小城乡就业机会差别,大力发展农村教育,为农业自我发展培育发展能力。

④小城镇发展模式

这种模式强调在广大农村地区大力发展小城镇,以小城镇为节点,实现城乡两大系统的联系。如弗里德曼提出农业城镇发展模式,主张在农村区级管理层次大力发展中心城镇,分散大城市的规划与权力机构,也为农村居民提供与城市交流的空间,实现城乡两大系统的融合。

⑤佩—布模式的城乡联系通道

这种模式认为区域中存在着发展条件较好的增长极,增长极具有大量的推进型产业,受它影响的为被推进型产业,这种推进型产业与被推进型产业建立一种非竞争性的联合体,通过前后向联系带动大批相关产业的发展,从而带动区域经济的发展。

(2)国内几种典型的城乡一体化的模式

从 20 世纪 80 年代中期开始,我国部分经济发达地区根据各自不同的具体情况,积极探索城乡一体化的发展道路,从实践的过程和效果观察,较具代表性的主要有以下几种模式:

①珠江三角洲"以城带乡"的城乡一体化模式

珠江三角洲城乡一体化大致经历 3 个阶段:商品农业阶段——重点提高农业劳动生产率,为农村剩余劳动力转移创造条件;农村工业化阶段——重点是以农村工业化带动农村城市化;完善基础设施阶段——重点是按现代化城市要求,构筑现代化城市框架。经过十几年的发展,珠江三角洲已发展成为具有现代化文明的城市群体,形成村中有城、城中有村、城乡一体的新格局(鲁长亮,2009)。

②苏南"以乡镇企业发展带动城乡一体化"模式

苏南是指长江三角洲的苏州、无锡、常州。改革开放以来,这里是全国经济发展最快、最活跃的地区之一。尤其是苏南的乡镇企业,已成为苏南的经济支柱,乡镇企业的不断发展壮大,使苏南可以采取以工补农、以工建农的措施,来协调工农关系,稳定农业生产。一大批小城镇脱颖而出,成为连接城乡的枢纽,改善了农民的生产、生活条件和质量,加快了农村产业结构的优化和城市化进程(刘玲玲,2009)。

③北京"工农协作、城乡结合"的城乡一体化模式

"工农协作,城乡结合"是北京市推行城乡一体化的主要做法。工农协作是指城乡工业开展多层次、多渠道的横向经济联合,通过合资经营、合股

经营等形式兴办工农联营企业,逐步形成经济协作网络;城乡结合多属于纵向经济联合,诸如定点支农、工艺性协作、产品下放、零部件专业化协作等。城市工业通过各种方式,向郊区扩散零部件加工或下放产品,大力开展帮技术、帮管理、帮设备、帮培训的"四帮"活动,使城乡经济呈现出"城乡协作、优势互补"的局面(刘玉成,1996)。

④成都市"以城市为主导"的城乡一体化型模式

成都市在推进城乡一体化的过程中也必须结合实际情况找到一条适合自己发展的道路。即统筹城乡社会经济发展,以重点突破、圈层状的空间扩散为途径,走大都市带动型的农村城市化道路。这是全面建设小康社会的有效途径。统筹城乡经济社会发展,是加快推进城乡一体化的重要方法之一;遵循循序渐进的原则,以区域重点城、镇、村为核心点,逐步以圈层扩散式向外发展;中心大都市和农村城镇化是城乡一体化的原始驱动力。实现城乡一体化,是农村劳动力转移,发展城镇工业、农业、旅游经济,增加农民收入的重要载体(张果、任平,2006)。

⑤上海"城乡统筹规划"的城乡一体化模式

上海城乡一体化模式主要体现在从社会结构的变迁层面上破除城乡二元结构,围绕率先实现现代化和建设世界城市的战略主线,通过郊区的工业化与城市化建设,推进农民社会身份的变迁,即农民市民化进程(安中轩,2007)。上海城乡一体化发展战略是以城乡为这个难题,统筹规划城乡建设,合理调整农村产业结构,彻底打破城乡封闭体制,优化城乡生产要素配置。

(3)城乡一体化的运作机制

各地区结合自身发展优势,有条不紊地进行城乡一体化。通过对国内外城乡一体化的分析研究,可以从整体上对国内城乡一体化的机制作如下理论概括:

①以乡镇企业发展为城乡一体化的桥梁

随着我国经济的发展,乡镇企业和民营企业的经济实力也逐步增强,其主要发展目标已从过去的以吸纳农村剩余劳动力为主,逐步向带动整个农村经济全面发展的方向转变。乡镇企业作为城乡一体化的联结点,在城乡经济协调发展方面,发挥了重要的桥梁和纽带作用。家庭联产承包责任制解决了农民的"吃饭"问题,大力发展乡镇企业解决了农民的"花钱"问题(李明波,2004)。

②小城镇建设为城乡一体化的载体

小城镇建设与国际上主张小城镇发展模式的思想是一致的,核心思想是通过发展小城镇,通过人口、经济要素的集中促进小城镇功能转变、规模扩大,缩小小城镇与城市的差别来实现城乡一体化(陈之权,2005)。该模式的实施方向总体来看是自下而上。

③贸工农协调发展为城乡一体化的纽带

贸工农协调发展是以市场为导向,以农副产品加工、流通企业等综合农业组织为龙头,以乡村合作经济组织和农户为基础,把农业的生产、加工、储运、销售等环节联系起来,形成一体化的经济利益集团或共同体的一种经济发展形式。贸工农协调发展打破了城乡封闭的格局,由分散性、自给性、产销分割和低效率的农业,向集约化、商品化、产销一体化和高效率的农业转化。贸工农一体化包含了产加销一条龙、种养加相结合的现代农业经营模式。现代经济发展规律和我国的实践表明,贸工农一体化的发展是联系我国城乡经济,实现农业商品化、市场化的重要环节和纽带。

④资本转移渗透为城乡一体化的推动力

我国目前经济发挥程度虽尚未进入“反哺”农业阶段,尚不具备对农业进行普遍补贴的条件,但在政策的选择上,可以实施农业和工业平等发展,实现农业与工业的平等发展。平等发展的主题是:农业不再为工业发展无偿提供剩余积累,农业的剩余留在农业内部作为农业发展的资金积累(鲁长亮,2010)。这一政策的实施,使农业剩余不再流入工业,剩余沉淀使农业的收益能力大大提高,农民可以将其收入增量转化为农业再投入,农业依靠自身积累发展而具备了较为坚实的微观基础。实践证明,以城市资本转移渗透来激活农业生产力,发展农村经济,推动城乡一体化,是十分必要的。

2.2.4 城乡一体化进程中存在的问题研究

目前,随着改革开放的不断深入、经济结构的加速调整,加快城乡一体化面临着良好形势和难得机遇。但是,随着城市经济的发展,城乡关系中存在的问题在现实中日益暴露出来,并成为城乡经济进一步发展的主要障碍。总结现有城乡一体化的研究,对城乡一体化过程中存在的问题归纳起来有以下几种:

(1)固化城乡二元结构的制度因素还没有从根本上消除

中国在实行了数十年的计划经济体制以后,在政治、经济、社会、文化等方面都有了加深和固化城乡二元分割的各种条例、政策、法规甚至是法律,形成了中国特有的城乡二元经济社会结构的格局(舒家先,2008)。由户籍管理制度、社会保障制度、就业制度、财政税收制度、教育制度、医疗卫生制度、投资制度等所构成的二元经济社会体制,造成了城市偏向的城乡交易制度,城乡之间的要素流动、资源分配以及政治权利的安排等一系列关系都被扭曲了。特别是户籍制度强化了几十年的城乡隔离(李伟,2010)。

(2)缩小城乡差距的任务十分艰巨

城乡差距不仅表现在收入方面,在基础设施、公共产品和服务等方面城乡差距也十分显著。长期以来,中国基础设施投资和公共服务明显向城市居民倾斜,城市的交通、通讯、教育、文化、卫生等基础设施和公共服务几乎完全是由国家财政投入;而对于农村的教育和基础设施,国家的投入相当有限,主要由农民或地方政府负担。

(3)城乡之间要素流动不协调、不平衡的现象十分突出

首先,几乎所有生产要素都想进入城市而不愿进入农村,形成了城乡生产要素的单向流动,造成城市的资金、人才和技术越来越多,而农村的资金、人才和技术越来越匮乏。其次,与农村劳动力和农村人口向城市的流转相比,农村资金、土地等物质要素向城镇流转得更多,城乡之间物质要素的流动与人的流动不相协调。

(4)农业和农村发展面临诸多困难

中国农地分配平均化、流转难和农业兼业化的特征阻碍了土地适度规模经营的发展,从而延缓了农业机械化、科技推广和产业化进程;而小规模、细碎化的农地经营方式又成为农业标准化、专业化生产的重大障碍,致使农产品质量安全问题日益突出。在农民组织化程度还比较低的情况下,农业生产经营处于严重的分散、独立状态,农民的市场主体地位难以确立,制约了农产品市场竞争力的提升。工业化、城镇化的快速发展加剧了土地供给和耕地保护之间的矛盾。而伴随着农村劳动力的转移,农村留守人口多为妇女、儿童和老人,留守劳动力的平均受教育年限比外出务工人员的平均水平更低。建立在农村留守人口这种年龄结构和素质结构之上的农村经济社会,容易出现农业渐趋衰落、老年人口保障差、留守儿童教育难等问题。

2.2.5 城乡一体化对策研究

(1)克服制度约束,实现制度创新

实现经济社会的一体化目标,统筹城乡发展须从制度创新入手。现存的城乡二元体制是在城乡分治的行政建制基础上形成的,包括户籍制度、土地产权制度、社会保障制度、粮食供应制度、教育制度、就业制度、婚姻制度、财政税收和金融信贷制度等(黄坤明,2009),这里主要总结前面三个问题的研究。

①建立城乡统一的户籍制度，打破城乡户籍壁垒

我国20世纪50年代制定并沿用至今的城乡分割的户籍管理制度已失去了其存在的客观前提，虽然近几年各大城市都在户籍管制上有所松动，但改革的步伐跟不上社会经济发展的需要。探讨按就业地登记户籍的原则，剔除黏附在户籍关系上的种种制度差别，让农村劳动力依法享有当地居民应有的权利，承担应尽的义务（刘心宁，2008）。

②统筹城乡土地征用制度

严格限制土地的征占，缩小征地范围，提高征地补偿，完善征地补偿办法。在征地制度安排中真正保护农民利益，有效解决地方政府在征地过程中权力过大侵害农民利益的问题。防止农业利润外流，农民利益受损，防止城乡用地成本不均衡的现象发生（龙文军，2006）。

③建立农村社会保障制度

农村社会保障制度是建设社会主义新农村的内在要求。农村社会保障制度的缺失，意味着城乡经济的运行缺乏一个完整有效的制度平台，其结果必然使农村劳动力、土地、资本等要素的市场化进程面临一系列深层制度约束，必然使市场配置资源的基础性作用难以发挥（刘卫国，2005）。只有解决了农民的养老、医疗、失业和最低生活保障等后顾之忧后，才有可能把农民从土地上彻底分离出来。只有建立农村社会保障制度，才能促进农村劳动力转移，才能使农村人口向城镇转移，推动城市化和新农村建设（李玉梅，2006）。

（2）加快城乡产业融合

长期以来，我国城乡之间的产业关联度太低，阻碍了城乡商品交换，难以形成城乡一体的市场运行体系。加快城乡统筹发展，应根据城市和农村的不同特质要求和发展优势，合理分工，互促共进。合理解决城乡之间产业关联度过低的问题，使城乡之间形成一种相互支撑的经济技术联系（胡世明，2007）。一方面，从分工角度来看，中心城市作为区域的发展极，重点应发展金融、贸易、信息、服务、文化和教育等现代化的第三产业；中小城镇以生产性功能为主，充当中心城市向农村扩散经济技术能量的中介和农村向城市集聚各种要素的节点；农村以规模化、联片种植的农业生产支撑大中小城市对资源和要素的需求，获取农业经营的规模效益和城市化发展的整体效益（杨张维，2008）。另一方面，从产业联系角度，推进产业垂直一体化。推动城市自上而下延伸其服务体系；农业通过产业化的途径延伸其加工销售环节，将加工和销售环节进入城镇。最终促进三大产业在城乡之间的广泛融合，并破除条块分割、地区封锁，增强城乡市场的联系，促使城乡间关联

性与协调性不断提高。

（3）培育中心镇为现代小城市

把中心镇培养工作作为推进新型城市化和城乡一体化的关键性举措。给中心镇以全新的定位，把中心镇作为推进新型城市化的大战略、县域经济转型发展的大载体、农村二三产业集聚集群发展的大平台、化农民为市民的大基地、农村公共服务的大中心。明确把中心镇纳入城市建设发展和管理的范畴，也就是变农村区域为城市区域，加快产业集聚人口集聚，扩大农民进城的容量，扩大中心镇建设发展地域和辐射带动地区，把中心镇作为推进城乡综合配套改革先行先试的试验区。通过联动推进城乡统筹的土地制度、户籍制度、住房制度、社保制度、集体经济产权制度和镇行政管理体制等改革，形成城市化与新农村建设互促共进、良性互动的体制机制。

（4）促进高效生态现代农业建设进程

把加快农业转型升级，全面推进高效生态农业建设作为一项重大战略任务。一方面，要通过加快推进以中心镇为重点的新型城市化，加快促进农业劳动力向二、三产业稳步转移，加快农村人口向城市迁移集聚，为土地流转和农业规模经营的快速推进创造经济社会条件，另一方面，是要对现代农业产业体系建设做出新的规划。坚持把高效生态农业作为现代农业发展的目标模式，并要运用体制创新、科技创造、文化创意、能人创业的"四创机制"来推动现代农业建设。在建设实践中要抓好六个环节：一是强化现代农业经营主体的培育；二是强化农业产业结构的战略性调整；三是强化农业的科技创新和文化创意；四是强化农产品市场和要素市场的发育；五是强化农业农村基础设施和生态环境建设；六是强化推进城乡综合配套改革。

（5）提升新农村建设水平

按照新型城市化与现代农业和新农新建设联动推进的战略思路，以中心镇和中心村为重点，以深入推进中心镇培育工程，全面提高农业农村基础设施和生态环境的建设水平。形成城乡一体化的社区布局和公共服务体系。在基础设施建设方面坚持生产生活基础设施一起抓。全面提高农村新社区建设水平，形成城市基础设施向农村延伸，城市公共服务向农村覆盖，城市现代文明向农村辐射的新格局，全面改善农村的生态环境和人居环境，全面提高农业和农村的可持续发展能力。

2.3 把中心镇培育成小城市研究综述

2.3.1 中心镇发展问题研究综述

（1）研究现状

查阅文献，发现关于小城镇发展的研究有很多，但专门研究中心镇发展问题的研究却很少，所研究的内容涉及面广，主要可以归结为以下几类：

①从统筹城乡发展、新农村建设、推进农村城镇化的角度探讨中心镇的建设

作为片区首位城镇，中心镇在有效承接周围大中城市辐射的同时，能较强地带动周边乡镇和农村发展，从而缩小城乡差距，推进农村城镇化进程、推进城乡一体化发展。邹忠欣、黄翔宇（2003）在分析对比了无锡市三条提高农村城镇化水平道路的基础上，从节省投资成本、节省土地资源、吸纳农民就业、方便统一治污改善环境四个方面指出优先发展中心镇是加快农村城镇化的最佳选择。李仁彬（2004）认为，区域中心镇是农村一定区域的经济、社会和文化中心，在农村具有聚集、辐射和带动功能，是县域经济的重要增长点，在城乡一体化进程中起着枢纽作用，是城市文明向农村文明延伸的桥头堡，必须花大力把区域中心镇建设好，提高区域中心镇在城镇化进程的承载能力和服务水平。伍子悠（2005）分析了近年来广州市把加强中心镇建设作为其重要环节而取得的一定成效，指出中心镇建设是全面推进农村工业化、城市化和农业产业化，从根本上解决"三农"问题的有效途径和必然选择。

②探讨中心镇建设是走集约型城镇化道路的必然选择

我国城镇化发展的主要矛盾，已经从数量不足的问题转化为质量不高的问题。中心镇建设强调城镇建设的集约化发展，集中配置、合理利用有限的社会资源，大力发展适应本地资源环境特征和具有内生型地域文化特征的差异性产业，追求更高的投入产出，形成应有的产业规模和集聚功能，形成特色鲜明、设施完善、规模适度、有良好发展前景的区域增长极，以点带面，促进地区经济、社会、文化、科技的繁荣与发展，是小城镇建设在量的扩张之后实现质的明显提高的必然趋势。

王忠（2005）分析了城镇化发展中城镇规模偏小、布局分散等问题，以丰顺县中心镇为研究对象，从理论和实践两个方面阐述了集约型城镇化对促进产业结构优化，实现丰顺县城镇可持续发展重要作用。对集约型城镇化

发展提出了合理撤并现有城镇、建立城镇土地统筹机制、引导人口和工业分别向中心镇区和工业园区聚集等发展思路。

王士兰(2001)分析了改革开放后由于乡镇工业和专业市场迅速发展,浙江省新的建制镇大量涌现,城镇呈现小、散、多、乱的状态。针对这一情况,作者提出了提高城镇集聚、辐射功能,加强中心镇建设的重要性,并就浙江中心镇现状,根据党和国家发展小城镇的战略部署及加速发展城市化的趋势,对发展和建设中心镇的几个问题进行了探讨。

③从产业结构、产业集群方面探讨中心镇建设问题

合理地选择主导产业、促进特色产业集群发展,是强化中心镇产业支撑、发挥规模经济效应、增强中心镇活力和经济基础的关键。

黎金钊(2003)根据产业聚集与中心镇建设及发展的关系,探讨产业聚集对中心镇区域产业竞争力的影响,认为中心镇的发展有赖于产业聚集,区域的发展实质上是产业聚集发展。并提出在中心镇区域产业聚集中,要界定政府与市场的作用,因地制宜,培育有特色的产业群,发挥民营企业与外资企业的主体作用,注意提高产业聚集的关联性。

余炬文(2005)通过引入劳动力转移的经典理论及模型,结合产业集群的内在特点,论证了中心镇建设过程中农村剩余劳动力的就业效应和转移机制问题。中心镇的区位优势和辐射作用必须以产业集群为依托。产业集群对农村剩余劳动力的巨大吸纳作用决定了其在中心镇建设过程中的重要地位。

曹邦英(2006)对2003年被成都市温江区政府列为区域中心镇之一的和盛镇在发展都市指向型现代农业的可行性进行分析后,针对其商贸大镇地位及其繁荣的花卉市场发展前景,提出和盛镇有条件也有现实需求发展都市指向型现代农业的观点,并对其发展举措如统筹规划、支撑平台建设、投资主体、营销策略、经营方式等方面作了较为详细的阐释和探索。

④中心镇的选择方法

中心镇是我国城镇体系中区位较优、实力较强、潜力较大,较一般建制镇具有更强的承接、吸纳和辐射作用的城镇。中心镇的选择评价应该从经济发展、城镇规模、区位条件、资源状况等多方面综合考虑。

王志强(2005)在分析新时期江苏省小城镇和重点中心镇发展现状特征的基础上,遵循总量控制与分区遴选、逐步筛选与优先考虑、择优精选与动态发展的原则,以科学性与可行性相结合、定量测评和多因素综合定性评估相结合的方法,确定了新时期江苏省100个重点中心镇。

赵勇、高文杰、甄峰、王海乾等人(2006)选取了包括城镇GDP、财政收

入、农民人均纯收入、第三产业产值比重、镇区人口、镇区人口占镇域人口比重、大中城市影响度、交通网络便捷度和区域资源拥有度等9项指标建立了河北省中心镇选择评价体系,继而借助SPSS软件应用因子分析法对全省建制镇的综合实力进行计算,求出综合实力得分,优选出全省个中心镇对其进行聚类分析,将其综合实力划分为4类并作出相应评价。

(2)对现有研究的评价

现有研究对中心镇建设的问题从理论和实证方面都进行了一些分析,有一定的现实意义,但还有待进一步完善:

①大部分研究仅仅局限于城镇建设层面,本课题认为应注重城镇质量建设,壮大经济基础,完善中心镇功能,培育特色,改善软硬环境,促进地域核心的形成。

②大部分研究仅仅局限于经济建设层面,本课题认为最根本的是应以科学发展观为指导,秉承统筹城乡发展的思想,承接基础设施向农村延伸,公共产品和公共服务向农村辐射,加强中心镇产业支撑,加快农村富余劳动力向非农产业和城镇转移的步伐,增加农民就业机会,实现工农之间、城乡之间发展的良性互动态势,增强中心镇对农村地区发展的辐射和带动能力,最终改善农村生产条件,改善农民生活条件,建设社会主义新农村。

③大部分研究孤立地看待中心镇发展问题,中心镇建设是小城镇建设,是中国特色城镇化、城市化道路的一个特殊阶段,是推进农村城镇化进程的一个重要环节。因此,本课题认为,除了要对中心镇问题进行专门的研究外,还要从推进农村城镇化的角度,从大、中、小城市和小城镇协调发展,构建特色的中国城市化道路的角度对中心镇的问题进行研究。

(3)中心镇发展存在的主要问题研究

如前所述,目前关于小城镇发展的研究有很多,但专门研究中心镇发展问题的研究却很少,当然,小城镇发展中存在的问题也是目前中心镇发展的矛盾所在。从现有研究文献可知,浙江省的中心镇培育工作发展加快,但与发展目标和广东、江苏及周边地市中心镇建设搞得好的地区相比,总体上发展层次还不高,培育中还存在不少问题。不少学者从不同的角度对存在的问题作了阐述。

有学者认为,在小城镇发展中存在观念上的误区:误区之一,片面地将城镇化理解为人口的区域性集中,重集镇本身规模扩张,轻短期或中长期的经济发展;重生活设施建设,轻生产投入。误区之二,忽略经济发展水平对小城市建设的制约。城镇化是社会经济发展到一定高度上的阶段性产物,其标志是分散的农村工业化和农村非农经济成分的膨胀。如果忽略经济发展水平的制约而强制性地超前向城镇化过渡,不仅不能拉动经济、刺激消费,相反会出现硬件规模浪费、土地闲置,楼宇守空,失去可持续发展的动力因素。误区之三,忽略小城镇的地域差异性。在农村城镇发展进程中,如果照搬经济发达地区的运作模式,高估小城镇在经济滞后地区的城市化作用、辐射效应及经济驱动力是行不通的。误区之四,忽略小城镇建设的可持续发展。目前,由于广大农村市场经济观念不强,加之农村经济扩张性功能偏弱,缺乏长期性投资和消费的有效驱动力,其行为多属短期行为,而小城镇建设作为一种长期性投资为主的项目建设,如果不能与农户的短期行为从结构上互补、内涵上互相渗透,与广大农户的投资和消费需求脱节,小城镇建设的聚集效能、规模效益及比较效益将会大大降低。

还有学者认为,在中心镇发展实践中存在一些问题,对已有研究归纳起来有四个典型的方面:

①中心镇发展过程中,主导产业尚未形成,产业特色不突出

中心镇发展都不同程度面临土地、人才等要素制约,以及相关产业支撑力不足问题。一是中心镇的建设用地与耕地保护存在矛盾。有些中心镇的一些产业项目由于受农保率的限制难以实施,征地难与资金不足成为制约中心镇发展的两个"瓶颈"。二是人才缺乏成为突出问题,技术人才和管理人才的不足,制约着产业的提升。中心镇的人才支撑力普遍较弱。三是产业结构有待优化。多数中心镇工业企业由于规模普遍偏小,技术含量普遍偏低,相互协作程度不高,拥有自主品牌企业偏少,产品附加值较低,在下一轮以技术为主导的竞争中将处于不利地位。

②城镇建设资金投入不足,公共服务和基础设施滞后

资金问题一直是困扰中心镇发展的大问题。目前,投融资机制虽然呈现出了多样化的特点,但总的来说,由于大部中心镇没有走出一条充分运用市场机制筹措建设资金的道路,又缺乏强有力的扶持措施和优惠政策,缺乏融资能力和融资主体,镇一级运作经费不足,难以投入足够的资金来建设基础设施和公用设施,特别是供水、污水、垃圾三大设施建设已成为各中心镇政府亟待解决的问题,这些问题的存在也不利于中心镇的发展壮大。

③中心镇集聚和辐射功能不强

由于城镇产业经济实力不强、城镇规模较小以及公共基础设施建设的滞后,原寄托于中心镇辐射农村区域的职能难以实现,相关公共服务能力极为有限。特别是在一般农村地区,随着高速公路与县域公路日渐完善,县城作为县域一级中心地的职能日益强大,成为全县政治、经济、文化、科技与公共服务一级中心。一般建制镇和乡集镇则为农村生产、生活提供初级服务,

成为农村社区初级服务中心。中心镇作为县域城镇体系中的二级中心地，并未能以小城市的定位来分担县城中心职能，也未与一般小城镇形成错位分工，多数仍承担本镇域与镇区内部的自我服务功能，无法凸显其县域副中心地位。

④责与权不对等

小城镇政府部门存在明显的"责任大、权力小"现象。镇政府需要对包含计划生育、社会治安、消防安全、节能降耗等各项事务进行负责，属于无限责任政府，但是上级政府给予的权限却极为有限。这极大地约束了中心镇的发展。发展过程中表现的责与权不对等表现在三个方面：首先是人事权不对等。有些经济比较发达的中心镇，其常住人口规模往往有几十万，但是人事编制却依然保持在原有的镇级水平，导致人员严重不足。其次是土地指标严重缺乏。镇级土地指标非常缺乏，尤其是在经济比较发达地区，产业集聚和人口的集聚需要土地资源，但是这一资源非常匮乏。最后是财权与事权不匹配。目前中心镇发展基本是依靠自己的力量。从中央的层面分析，现在城市的廉租住房建设和农村危房改造都没有覆盖小城镇，农村公路改造工程也不含镇区的内部道路，农村的安全饮水工程也不涉及镇，大部分小城镇的污水处理缺乏专项资金支持。此外，由于小城镇建设用地指标比较短缺，并且缺乏土地的抵押，基础设施建设贷款难度较大。而且市县本身也是重城轻镇，许多资源主要是更多地向县城集聚，这造成了小城镇长期的财权与事权不匹配。

总结上述问题，原因主要表现在三方面：一是中心镇的发展过多地依赖于大城市，过分重视城市的区域化扩展和发达地区城镇网络化的发展，但是却忽视了农村地区小城镇的发展；二是在发展过程中对中心镇的政策和产业不配套，资金投入不足；三是管理体制的桎梏，这是中心镇发展滞后的根本原因。

(4)加快中心镇发展的建议

加快发展中心镇是事关消除城乡二元经济结构，实现城乡一体化的一个关键问题。那么，如何加快中心镇发展呢？很多学者提出了许多有见地的看法，比较有代表性的观点有：

①对中心镇发展进行分类指导

对于不同地理位置上的中心镇，在其发展过程中要有不同的政策指导。

对于处在城镇密集地区和城市群地区的小城镇，比如重点发展的大城市周边的郊县地区、交通沿线的小城镇，要形成与大城市紧密联系、相互配套的城镇体系，以更好地承担大城市的配套服务功能和人口疏散功能，通过加强基础设施和公共服务能力的建设，提升城市和城镇群的综合承载能力。

对于传统农区和乡村地区的小城镇，最主要的是怎么样保护好特色问题。要将保护农村特色、地域特色、民族特色和促进农业现代化和产业化的发展，保护城市发展的生态屏障，作为我们乡村地区小城镇发展的主要目标。通过发挥农业地区的生态环境功能，保护和挖掘农村地区独特的文化历史和自然资源，不断提升农业服务和富裕农民的能力，同时还要准备为农村带资产、带技能进镇发展的农民创造必要的条件，通过小城镇发展来解决农村面临的一些急迫的涉及民生的公共服务能力不足的问题。

②从本镇的区位、资源、经济基础等实际出发，合理选择中心镇发展模式

中心镇发展的模式选择有四种。第一类"乡镇工业主导型"模式。这类模式又分为"资源开发型"、"传统技术开发型"和"高新技术产品扩散型"三种。第二类"贸易主导型"模式。这类模式乡镇可凭借本地资源、交通等优势，发展商业、服务业和加工业，以贸易带动而得到发展。第三类"城郊型"模式。这类镇处于大中城市郊区，没有资源优势，利用城市的扩散效应，面向城市主动接受城市的经济、技术、信息和人才等方面的辐射，服务于城市，围绕城市需要发展各具特色的支柱产业。第四类"风景旅游型"模式。这类镇是以风景名胜区为依托，通过与整体开发相结合，发展小城镇。中心镇要把发展特色经济、培育支柱产业摆到突出位置，从本镇的区位、资源、经济基础等实际出发，挖掘自身的比较优势，整合各种资源，充分发挥拥有充足发展空间的优势，优化发展环境，加大招商引资力度，积极引导村镇二、三产业向中心镇集中，尽早形成一定的产业规模，提高自我集聚、自我积累、自我强化的能力。

③建立多元化的中心镇发展投融资机制

在积极争取上级政府的财政资金支持的同时，探索引入市场机制。借助各种社会资本来弥补或扩充建设资金。例如可能充分利用股份制筹集闲散民间资本或通过出让使用权和经营权吸引本地大股民企资本以及各种外资注入，在基础设施、公共事业、土地市场和企业市场方面进行融资建设。另外，重视建立和保持与银行、保险、证券、期货业长期合作关系，以提供长期建设发展的资金和市场风险保障。

④完善基础设施建设，改善中心镇生产、生活环境

基础设施条件直接关系到城镇建设的发展速度和品位。在中心镇建设中要坚持统一规划、综合开发、配套建设的原则，把基础设施建设摆在重要位置。重点解决好供电、供水、道路和通讯等设施的配套建设，提高基础设

施的现代化水平。要大力推进城镇园林绿化景观体系建设,充分发挥自然景观的优势,提高整体绿化水平。在建设中,要切实贯彻可持续发展战略,使发展建立在生态经济系统的良性循环基础之上。同时要大力发展绿色产业,加强污染综合治理和生态环境建设,建设生态型城镇,努力实现人与自然的和谐发展。

⑤加快管理体制上的突破

要实现中心镇的健康发展,根本上是要寻求体制上的突破。这一突破过程其实就是改革的过程,而且是一系列联动改革的过程,包括了户籍制度改革、土地制度改革、住房制度改革、公共财政制度改革等。通过这些改革,为中心镇发展创造更多的政策和制度空间,实现中心镇的强镇扩权、责权对等。最终将中心镇建设成为实现城乡统筹的城市,从而真正实现农民身份置换市民身份,农村住房福利置换城市住房福利,农民土地养老儿女养老置换为社会养老,农业劳动的就业转化为非农产业的就业。

⑥加快工业园区建设

中心镇的发展必须以经济增长为支持。中心镇发展的关键是搞好产业集聚。产业集聚主要有三种途径:一是特色集聚,就是主导产业集聚。必须要创造宽松的政策环境,发挥市场化机制作用,寻求地方产业生长点,培育具有地方根植性、网络化和市场竞争力的特色产业集群。二是生产要素集聚,就是要实现规模集聚。要通过深化乡镇企业改革,采取改组改制、兼并联合、租赁拍卖、技术改造、产业结构调整、资产重组等方式促进生产要素集聚,促进企业规模集聚,促进乡镇企业向中心镇集中。三是现代农业的产业化集聚。有些中心镇靠近农村,拥有广阔的农业腹地,应围绕推进农业产业化,在中心镇镇区和周围大力发展农副产品加工业和运销服务业,创办农业科技示范园区,积极引导农业产业化龙头企业和中介组织进镇,完善农业产业化服务体系,拉长农业产业化链条。

⑦落实有关权力的下放,完善中心镇功能

目前,中心镇政府功能不全,主要的原因是县乡条块分割,肢解了中心镇的功能。其原因主要有两条:一是业务部门利用资金、项目等权力,想方设法来干预块块管理,二是现行法律、法规制约,不能下放。要加快中心镇发展,必须落实有关权力的下放。如浙江省政府出台了《关于加快推进中心镇培育工程的若干意见》,赋予中心镇部分县级经济社会管理权限,涉及建立和完善中心镇财政体制、实施规费优惠政策、加大对中心镇的投入和用地支持力度、扩大中心镇经济社会管理权限、加快推进户籍制度改革、加快建立统筹城乡的就业和社会保障制度、着力促进特色产业培育和人口集聚,同时加快社会事业发展等 10 个方面内容。广东省对中心镇的发展采取"放开手脚"和"重点照顾"的政策,向中心镇进一步下放部分管理权限,如基本建设和技术改造项目审批权、外商投资项目审批权、建设管理审批权、建设用地审批权、工商行政管理权、财税管理权、机构设置权等。

2.3.2 小城市培育研究述评

(1)对城乡二元结构问题研究较多,对小城市发展问题研究相对较少。

从 20 世纪 40 初,国际上许多著名学者开始对城市化问题进行系统的实证研究,取得了一定的成果。1954 年刘易斯提出刘易斯模型,认为在发展中国家存在着二元结构,农村的传统农业部门与城市的现代工业部门并存。1961 年拉尼斯、费景汉提出拉尼斯—费景汉模型,对刘易斯模型进行了重要补充改进,把农业发展在农村劳动力向城镇流动过程中的作用放到了一个更为关注的位置,把城镇化和工农业发展联系起来进行综合研究。1969 年,托达罗提出托达罗模型。但目前国内外对小城市还没有一个明确规范的定义,也没有具体的建设发展标准,相关研究也不多。针对这一实际,浙江省在深入研究的基础上,创造性地提出了小城市的概念。其主要内容是:小城市是参照基本相似中等城市的标准进行规划建设,按照城市的理念实施服务管理,比照城市经济和人口规模要求,推进集聚集约发展和人口有序集中,常住人口规模超过 10 万人,二、三产业从业人员比重超过 90%。

(2)对城市化问题研究较多,对中心镇培育成小城市的体制机制研究相对较少。

20 世纪 80 年代以来,我国学者结合国情对于中国城市化问题进行了广泛的研究,主要研究城市化战略、城市规划与建设、城市空间经济等。特别是从产业聚集理论、区位理论、空间结构理论、路径依赖理论等角度对城市发展进行论述,并指出我国城市发展中存在的问题。关于小城镇发展战略是我国政府和学术界共同关注的一个热门话题。80 年代初,著名经济学家、社会学家费孝通开始专注于小城镇研究,具体提出了"温州模式"等小城镇发展模式。李培林(2010)认为,加快中国城市化进程关键在于四个"突破",强调要在破除城乡二元结构上有所突破,缩小城乡差异以及加大公共设施等方面投入。至于对小城镇的培育机制问题,研究者相对较少,如顾益康(2010)等研究了中心镇培育成小城市的机制问题。

(3)对小城镇建设的重要性研究较多,对小城市培育的成功实践研究相对较少。

近些年来,有关小城镇发展理论研究逐渐增多。陈剩勇、张丙宣(2008)

认为,发展小城镇是实现我国农村现代化和城镇化,解决"三农"问题的必由之路。顾益康(2010)认为,对中心镇蝶变而成的现代小城市进行科学的形态功能定位,是这一新战略的目标任务得以全面实现的重要保证。黄祖辉(2010)认为,以城带乡战略的关键是把中小城市作为城市化战略的重点,这是非常必要和正确的选择。陈秉钊(2001)指出一般城市化研究多从经济的发展对城市化推动作用方面进行,并深入研究推动城市化的战略意义。王士兰等(2009)就小城镇城市设计的阶段划分、设计内容及必须重点研究的几个问题进行了理论和方法的探索,同时阐述了培育中小城市的目标要求,分析当前中心镇培育工作的发展优势和制约因素,中心镇培育中小城市等中国城镇化进程中的战略问题。实践中,对小城市的培育进行跟踪研究相对不多。2010 年 12 月,浙江省先后出台了《关于开展小城市培育试点的通知》、《浙江省强镇扩权改革指导意见》、《关于省小城市培育试点专项资金管理若干问题的通知》。温州龙港镇等 27 个基础条件好的中心镇,成为首批试点小城市。这为小城市培育的跟踪研究提供了可能。

2.4 外来人口市民化研究综述

2.4.1 外来人口市民化的战略与模式选择研究

在我国,市民化的战略研究往往是与城镇化战略紧密联系的,某种意义上说,两者很难割裂开来讨论。学者们从这一角度出发,进行了大量的探讨。

迟福林(2013)认为我国城镇化的关键是推进规模城镇化向人口城镇化的转型,如何解决城镇化质量不高、不可持续的矛盾和问题是当务之急,并主张推进规模城镇化向人口城镇化的转型,以人口城镇化为主要载体,以政策和体制创新为重点,有效释放城镇化内需潜力,争取到 2020 年基本形成人口城镇化的新格局。厉以宁(2012)认为,中国必须走适合中国国情的城镇化道路,即中国城镇化分三部分:老城区＋新城区＋农村新社区。王松奇(2013)认为,新型城镇化是新农村建设的高级阶段,推动农民就地城镇化和小城镇发展是新型城镇化的发展方向。

王竹林(2009)在分析城市化战略选择历史变迁的基础上,结合当前国情,提出了大都市圈和城镇城市化相结合的发展战略。一方面,要以城市群、城市圈、城市带发展为战略着眼点,构筑以核心城市为龙头,区域内各中心城市一体化整合的城市群,并在此基础上形成若干中心城市为辐射源的城市圈,最后在城市圈的基础上,由众多中小城市构成城市带。以城市群(带)为基础,让大城市大起来的同时,充分发挥大城市吸纳人口的作用。以城市圈为着力点,让中等城市强起来,形成以强势企业、强势园区的联动为纽带吸纳农民工的新型城市体。另一方面,要实施城镇城市化战略,提高小城镇的整体实力和水平,让小城镇转起来。根据现代城市功能和城市概念来建设城镇,使之发展成为新型的小城市,并通过合理规划、基础设施的建设为城镇营造高质量、高标准的生产生活环境。

李珀榕(2013)从我国的农村行政区划的现状、产业布局的现状、城市建设的现状等角度出发,提出了"万镇"模式、"企业战略转移"模式、"城市内优外特"模式等城镇化发展战略模式。其中,"万镇"模式的核心含义是在我国挑选1万个左右的乡镇打造中心镇,承担城镇化建设的主战场;而基于城镇化与产业分布平衡的考虑,其进一步提出了"企业战略"转移模式,认为中国乡镇近年来信息、交通等保障要素得到了显著改善,因此,应当鼓励企业向乡镇转移,使乡镇成为企业王牌军作战的大本营,并认为这一举措能使中国的城镇化建设出现奇迹般的局面。"城市内优外特"模式的重点则是跨区域创建"援助特区",使先进城市与经济滞后地区优势互补实现双赢。

虽然走以人口的城镇化为核心的城镇化道路已经达成了共识,但是在城镇化战略和模式的研究上却并没有得到体现。人口市民化的总体战略规划和模式的探索,在研究上非常欠缺,学者们仍然热衷于走大城市为中心的城镇化还是小城镇为中心的城镇化抑或其他模式的争论。

2.4.2 外来人口市民化存在的问题研究

目前,我国关于人口市民化存在问题的研究大体上分为两类。一类是从宏观角度分析,指出我国人口市民化存在的结构性的错位。王桂新、王利民(2008)认为,我国由于城乡二元结构的存在以及户籍制度的影响,数量巨大的城市外来人口虽然实现了地域上从农村到城市的迁移、职业从农业到非农的转变,但是身份上还是农民,还不能享受城市居民所能享受的诸如就业、医疗、教育等社会福利,存在难以融入城市和身份认同等方面的困难。第二种是从微观的角度阐述我国农民工面临的现实困境。蔡昉(2014)认为,由于没有本地户口,农民工在基本社会保险制度、最低生活保障制度及其他社会救助项目、子女义务教育、保障性住房等基本公共服务上的覆盖率,大大低于城镇居民和户籍就业人员,其中许多项目甚至在制度上就把农民工排斥在外了。钱正武(2006)基于数据分析和对农民工生存状态的描述,从就业与收入状况、基本生活状况、家庭状况、子女教育状况、交往与互动状况、思想与心态状况等方指出农民工市民化进程中面临的重重困境。杨风(2008)基于农民工与市民的比较指出,人口城市化进程中农民市民化问题,集中表现在进城农民难以享有城市经济、社会和文化权利,其遭遇的不平等主要有:经济方面的不平等、社会方面的不平等、文化方面的不平等。

从总体而言,学界对我国当前人口市民化存在的问题研究是比较透彻的,尽管存在研究角度、方法等方面的不同,基本观点上趋于一致。但笔者认为,仍然存在几点不足:一是市民化的研究对象多为农民工,而外来人口与农民工概念上是有区别的,新型城市化进程中,大量拥有城镇户籍的外来人口在其居住城市的市民化问题也需要解决。二是定性的研究较多,定量的研究偏少,对外来人口现实状况调研不足,导致对问题的把握不够深入。三是在提出问题时忽略了外来人口内部的分层化。

2.4.3 外来人口市民化的障碍体系研究

由于我国特有的城乡二元结构,学者们倾向于从影响和制约外来人口市民化的障碍体系中寻求市民化解围的途径,形成了不同的观点。王元璋(2004)认为,农民工待遇非市民化的存在是以我国现行的户籍制度为前提的……户籍是农民工和市民巨大差别的一道高墙,也是农民工待遇非市民化的根源所在。樊小钢(2004)指出,真正阻碍流动人口市民化的制度障碍是城乡二元的社会保障制度,城乡二元的社会保障制度不仅造成流动人口的权益受损,也延缓了我国农村人口城市化的进程。王小广(2013)认为,市民化要破三道大槛。第一道大槛是户籍之槛,即户口,现在所有制度和政策设计都分成城市与农村,是明显的二元体制,对农民明显不公。第二道大槛是过高的住房门槛,房价过高,实际起到了保护现有城市人口利益的目的,让农民工和外来工无法本地化,形成强大的经济性障碍,并指出,这是人口市民化的最大障碍。第三道大槛就是教育按省域分割的门槛,阻碍了人口的跨省域流动。钱正武(2005)认为,农民工市民化的障碍在于:就业遭遇歧视、合法权益受到侵害、社会保障缺乏、生活环境恶劣、精神生活空虚、心理矛盾与冲突较为严重、子女不能正常入学、难以融入城市文明等。卢向虎(2005)则把阻碍农村人口向城市转移的制度因素归纳为户籍制度、农地制度、社会保障制度、城市住房供给制度、城市用工制度、教育制度六个层面,探讨了各项制度对人口迁移的阻碍作用。胡平(2005)认为,农民工市民化的障碍追根溯源可分为两个方面:社会制度性障碍和农民工自身的障碍。

由此可见,理论界均意识到了制度性的障碍是阻碍我国人口市民化的重要原因。但在研究中存在几点不足:一是部分研究过于片面,将障碍归因于个别制度;二是缺乏系统的研究,割裂了各项阻碍制度之间的联系;三是对于障碍体系研究的视野不够开阔,主要集中在体制、政策的阻碍,对于外来人口自身的束缚研究有限,对于企业因素、行业因素、法律保障因素的研究则更是鲜见。

2.4.4 外来人口市民化的对策研究

目前,市民化对策的研究主要是以问题为导向的,是对人口市民化现存问题和障碍体系的回应。但在研究的视角上存在差异。刘传江(2006)认为,在受传统体制影响依然显著的城乡二元结构下,推进农民工市民化需要分别从农民工的农村退出、城市进入、城市融合三个环节着手,探索农民工市民化的土地制度、户籍制度、就业制度、社会保障制度创新。傅琼(2005)认为,政府应通过政策调整和制度创新促进农民工市民化,创新户籍管理制度,减少农民进城落户的限制;创新就业制度,不断吸收农村剩余劳动力进城;创新社会保障制度,将新市民纳入城镇社会保障范围;创新教育体制,让进城农民子女入学享有市民待遇;创新住房保障制度,让新市民能住上经济适用房。另有学者从特定区域实证研究的视角出发,提出具体的政策建议,傅晨(2013)在广东省的实证研究基础上,针对现有的问题,回应式的逐一从户籍制度改革、就业制度改革、社会养老保险制度改革、农民工随迁子女义务教育制度改革、住房制度改革、农村土地制度改革等方面提出了政策建议。另外,还有学者从农民工内部的差异视角出发,探讨市民化的路径。谢建社(2006)运用社会分层理论,通过调查研究和实证分析,将农民工大体上分为准市民身份的农民工、自我雇佣的农民工、依靠打工维持生计的农民工、失业农民工、失地农民工五个层次,提出了针对不同特征的农民工群体渐进的、分期分批的市民化路径。

虽然笔者罗列的资料有限,但我国理论界对市民化的对策研究材料十分丰富。同时,学者提出的政策建议从大的方面看也十分雷同,多数集中在户籍制度改革、社会保障制度改革、公共服务均等化等方面。存在的问题也十分的相似,多数政策建议只是方向性的,不够具体,缺乏可操作性,构建方案的可行性与说服力不够。此外,对于外来人口市民化过程中的思维方式和行为方式等"软件"融合的政策建议较少。

2.4.5 外来人口市民化相关问题的地方实践案例

(1)重庆——同城待遇

在重庆市统筹城乡户籍制度改革中,为充分保障农民利益和城镇的承受能力,针对农村承包地、宅基地、林地的三项权益和进城后面临的就业、社保、住房、教育、医疗等五个难题,专门为农民转户进城量身设计了一套政策体系,概括起来就是"3年过渡、3项保留和5项纳入":

"3年过渡"是指对农村居民转城镇户口后,允许转户居民继续保留宅基地和承包地的使用权和收益权,但最长时间不超过3年。

"3项保留"是保留林地使用权、保留计划生育政策、保留农村各项补贴,这是农村居民较为特殊的权益。保留之一,农村集体林权已经确权到户的,不强迫要求退出;保留之二,农转非人员在享受城镇居民社会保障和福利后,在今后5年内,原户籍地生育政策,农村计生奖励扶助政策,以及其他针对农村居民的特别扶助政策,继续享有;保留之三,在农民自愿退出承包地经营权之前,农民目前享受的农村种粮直补、农机具补贴等与土地相结合的惠农政策继续保留。

"5项纳入"。即居民转户后就业、社保、住房、教育、医疗纳入城镇保障体系。看得出来,上述"335政策体系"基本能够确保转户居民与城镇居民享有同等待遇。

(2)诸城——土地权益保障

潍坊诸城市在"村改居"、"农转非"过程中撤销1249个行政村,合并为208个新型农村社区,当地70万村民变居民。1249个行政村以2公里为半径,合并为208个新型农村社区后,农村居民正在逐步集中居住,社区功能也在不断完善。在撤销行政村后,原村的土地承包关系不变,同时原村的村民福利待遇不会降,原资产形成的收益权属关系不变。这种农民市民化,更确切地说是农民居民化形成了一个特有的亮点,那就是"撤村后土地承包关系不变,住楼照样能种地"。虽然诸城村改居模式还不是真正意义上的农民市民化,但应该是从农民向市民的过渡状态,它有利于弱化一步到位式的市民化所产生的问题。

(3)重庆——户改成本

在户籍改革上,重庆的做法是政府引导各方参与分担改革成本。2010年8月重庆市启动户籍制度改革,预测未来10年将有1000万重庆农民转户进城。以全部整户转移,全部退出土地,每个"新市民"平均有6.7万元市民化成本为依据,重庆市对户籍制度改革进行了测算。2010—2011年,重庆市需要集中转户300多万人,总的资金需求是2010亿元,2010亿元成本需要由企业、农户、政府共同承担。经匡算,企业大致需投入1229亿元;转户农民个人约需投入465亿元;政府约需投入316亿元,政府投资主要用于基础设施建设。

（4）青岛——体面生活

青岛港位于山东半岛南岸的胶州湾内,始建于1892年,具有117年历史。青岛港是我国重点国有企业,中国第二个外贸亿吨吞吐大港,是太平洋西海岸重要的国际贸易口岸和海上运输枢纽。自20个世纪90年代起,青岛港就有了"农民工就是主人,咱城市工人往上数三代都是农民"的思想认识。实际工作中,青岛港农民工和城市工同工同酬,每年还享受健康查体、带薪休假等福利待遇(徐万年2010)。2010年起,青岛港集团的农民工可以评职称,也可以提拔晋升。青岛港每年还通过大培训对农民工进行培养教育。青岛港的制度设计让农民工过得很有尊严。

2.5 "美丽小城市"建设研究综述

2.5.1 国外研究综述

国外对于"美丽小城市"建设的研究主要集中于小城镇建设方面,美国、德国、日本都从不同的道路进行了美丽小城镇的实践与探索。美国小城镇规划有四条基本原则:一是尽可能满足人的生活需要,注重功能;二是充分尊重和发扬当地的生活传统;三是最大限度地绿化和美化环境;四是塑造城镇不同的特点和培育有个性的城镇。政府在规划时,重视城镇特色,追求个性。美国的城市建设管理经验主要有两点:一是拥有健全完善的规章制度;二是依法办事,违法必究。

德国的村镇建设经验主要体现在四个方面:一是政府高度重视村镇改造和建设,颁布了一系列保护农业用地、保护农产品价格的法规,加强管理机构、管理队伍的建设、完善村镇建设的投资机制,加大政府的支持力度,形成了比较均衡的城镇结构体系;二是优先考虑基础设施和社会服务设施的建设,为改造村镇的居住环境,提高村镇居民生活的舒适度;三是注重单体设计与整体景观协调,村镇建设在统一中寻求特色,在突出特色中满足规划的统一要求;四是注重环境建设和保护古建筑。

日本注重在小城镇发展特色产业,在小城镇旧区改造时,注意保持传统风格。但是日本小城镇建设也有先天不足之处,那就是土地私有制使旧区改造非常困难,"钉子户"非常难拔,极易形成不完整和支离破碎。

2.5.2 国内研究综述

在国内城镇发展史的理论与实践中,与"美丽小城市"相关的研究与应用固然有丰富的资源可资借鉴,但在十八大"美丽中国"、省政府"美丽浙江"这一特定语境下的"美丽小城市"概念,理论界尚未展开充分阐述。国内城市发展中尚未明确提出"美丽小城市"这一概念,将城市化发展质量作为城市化建设核心指标的研究也十分鲜见。然而十八大召开前后至今全国上下围绕"美丽中国"展开的广泛讨论,为研究提供了较多参考文献。但其中大部分是"美丽中国"建设相关的新闻报道和各界人士对"美丽中国"的畅想式论述,为"美丽小城市"建设提供了众多鲜活而有创见的思路。择其与"美丽小城市"相关较为密切者进行概述:

一是阐述"美丽中国"的内容或目标。陈华洲、徐杨巧(2013)认为"美丽中国"由环环相扣的三个层次的美构成:第一个层次的美是指自然环境之美、人工之美和格局之美;第二个层次的美是指科技与文化之美、制度之美、人的心灵与行为之美;第三个层次的美是指人与自然、环境与经济、人与社会的和谐之美。高建设、丛彩云(2013)提出"美丽中国"的三种情境:自然之美——生态文明,社会之美——和谐社会,心灵之美——社会主义核心价值观。沈满洪(2013)提出建设美丽中国的基本内容:发达的生态产业;绿色的消费模式;永续的资源保障;优美的生态环境;舒适的生态人居。向云驹(2013)认为"美丽中国"体现着自然美、生态美、环境美,体现着中国人民的生活美,体现着当代中国的艺术美。来洁(2012)认为十八大报告对"美丽中国"空间格局的阐述可以浓缩为三个空间,即"集约高效的生产空间"、"宜居适度的生活空间"、"山清水秀的生态空间",因而可从生产、生活和生态三个层面布局美丽中国的空间格局。王志立(2013)强调了"美丽中国"的重点内容之一是国民幸福。工业和信息化部软件与集成电路促进中心智慧城市研究室(2012)认为智慧城市是"美丽中国"不可或缺的内容。四川大学"美丽中国"评价课题组(2012)构建了"美丽中国"的评价指标体系,在5个一级指标(生态之美[生态维度]、发展之美[经济维度]、治理之美[政治维度]、文化之美[文化维度]与和谐之美[社会维度])下分为12个二级指标和53个三级指标。

二是阐述建设"美丽中国"的途径。胡鞍钢(2012)提出"美丽中国"的四大支柱:以主体功能区战略为依托,优化空间开发格局;建设资源节约型社会,全面促进资源节约;加大自然生态系统和环境保护力度;构建生态文明的激励体制。杨伟民(2012)提出推进生态文明建设的重点任务:优化国土空间开发格局;全面促进资源节约;加大自然生态系统和环境保护力度;加强生态文明制度建设。张伟(2013)提出实施"美丽中国"战略的路径:建立促进生态文明的体制与机制;完善绿色经济政策和技术创新政策;广泛开拓生态环境项目融资渠道,大力提高生态环境项目投资效率;完善有关法律、加强环境保护的监管、执法及社会监督。李周(2013)从生态文明的角度阐述建设"美丽中国"、实现永续发展,要优化开发格局、发展绿色经济、保护生态系统、扩大生态修复范围、优化体制机制、开展生态文明教育。沈满洪(2013)指出建设"美丽中国"的根本途径是科学技术自主创新和生态文明制度建设。李志青(2012)主张以节能减排的国策、建设生态文明的战略、诸多生态环境方面的硬性指标为前提,未来城镇化必须走一条新型城镇化道路——在摆脱对工业化高度依赖的背景下实现城镇化。以上文献对"美丽小城市"建设的研究,在高度和全面性方面,提供了有益的参考。但是在"美丽小城市"的评价指标体系构建、发展策略研究等方面则存在较大空白,需进一步进行研究加以完善。

3　小城市培育政策跟踪调查

　　笔者除了对浙江省第一轮小城市培育 27 个试点镇做面上调研外,本调研重点选择温州市苍南县龙港镇作为调研对象,基于以下考虑:

　　龙港镇,是浙江省温州市五大强镇之一,也是浙江省第一人口大镇。龙港镇,地处浙江省最南部的东海之滨,1984 年建镇,在党的改革开放政策引导下,依托灵活的发展机制和敢为天下先的造城精神,30 年快速形成一座具有 45 万人口的城镇。是温州市和浙江省的经济强镇,浙江省教育强镇,浙江省文明镇,全国小城镇建设示范镇,全国群众体育先进镇,浙江省体育强镇,全国小城镇综合改革试点镇,联合国可持续发展试点镇,被誉为中国第一农民城。

　　30 年前的龙港农民,一定不会想到,就是怀着进城过好日子的朴素愿望,自己在渔村荒滩上建造的城市,竟缔造了中国城镇化的一个传奇,一个中国城镇化的开路先锋。

　　那个时候,龙港还只是鳌江江畔一个叫方岩下的地方,5 个小渔村,人口几千人,一条坑坑洼洼的老街,几十间泥屋和一片滩涂。但在龙港第一任镇委书记陈定模眼里,这是一个好地方:地处鳌江入海口,小小的方岩渡口,每天就有两万的人流,在它的背后是当时苍南最为富饶的宜山、钱库、金乡等乡镇。陈定模,带着一批干部组成"农民进城宣传队",带着手绘的规划图,到周边到处动员,说是让先富起来的农民到龙港集资建镇、到城里落户赚大钱,一场轰轰烈烈的农民造城运动由此拉开了序幕。不到半年时间,5000 多户周边农民申请到龙港建房落户,共收到地价款近 1000 万元,基本上解决了城市公共设施建设的费用。

　　农民进城,是因为那道"口子"打开了,自带口粮进城、自建住宅落户、自办企业发展、自找门路就业,这些从未有人尝试过的办法。冲破了当时的户籍制度、土地制度、经济发展三大障碍。那热闹的场面,至今都让龙港年满五十左右的人们记忆犹新。

龙港作为名扬天下的"农民城",全部的经验集中到一点,就是"敢为天下先"的改革创新精神。就凭着3万元钱可以进城建个房、入个城镇户口这一条政策,泥腿子上岸的农民专业户成了第一批龙港镇的新市民。让老百姓过上美好生活,这是龙港当年所有荣耀背后的内生逻辑与根本动力。冲破思想禁锢锐意改革,这是不变的时代呼声!

如今的龙港,在短短30年内,从5个小渔村、6000人口发展成2013年常住人口43.7万人,户籍人口36.2万人,地区生产总值185.6亿元的明星城镇。既是一个城镇化发展的成功典型,却又是城镇化后何去何从的一个探索。单从经济规模、城市建设水平来看,龙港已经不亚于内地许多县级市甚至许多地级市。虽然从表象上看,这里俨然是个规模不小的城市。但在行政体制上,龙港还是被县管制的"镇",龙港人自称这种"镇级建制、市级规模"的城市体制是"小马拉大车"。如何打破体制,创出自己的发展之路,龙港一直在摸索着前进。

2014年,各级政府相关领导经过多方调研考察并听取一线管理者的意见和建议,大胆探索行政体制改革新路,决定推荐龙港镇作为浙江省政府向国家发改委推荐的新型城镇化试点镇,适当放宽龙港镇管理机关管理权限,利用现有的发展基础,结合已有的管理经验,尝试新的管理思路,让龙港走出创新之路,为中国特大型城镇的发展与管理摸索出一条腾飞之路。

2014年12月29日,根据《关于印发国家新型城镇化综合试点方案的通知》(发改规划〔2014〕2960号),龙港镇已经成功获批国家新型城镇综合试点。

本次调研的主要访谈对象为本地居民和外来人口,户籍类型包括本镇居民(80.4%)。其中从职务看,领导占2%,科员占17.2%、普通民众占80.8%)和外来人口(19.6%),年龄结构中以21~35岁为主(62.1%),工作单位涉及政府部门(13.6%)、事业单位(18.0%)、村两委(1.6%)、企业(37.1%)及其他(29.7%)等5种岗位。

对于参与本次调研的有代表性调研对象的选定,主要运用配比方法和随机抽样调查等方法,在具体的调研过程中,方法如下:

本次问卷名称为"小城市培育政策跟踪研究调查问卷",问卷调研对象为机关事业单位、企业、村两委、居民(包括新居民)等。对于问卷调查,主要采取面谈和留置问卷相结合的方法展开调研,共发放问卷377份。最终回收问卷377份,经甄选问卷全为有效问卷,有效率达100%。

3.1 小城市培育试点镇的主要做法

苍南县龙港镇被列为全省首批小城市培育试点镇之一。根据省政府办公厅《关于开展小城市培育试点的通知》要求,龙港镇五项举措并举,积极推进小城市培育工作,目前进展情况如下:

3.1.1 建立相应的组织领导机构

苍南县建立了以县长任组长,相关分管领导副书记、副县长、龙港镇党委书记任副组长,相关部门主要领导为成员的小城市培育试点工作领导小组;龙港镇也建立了以党委书记任组长,镇长、相关分管领导任副组长,各局、办、中心主要负责人为成员的小城市培育试点工作领导小组,统一负责小城市培育试点工作。苍南县建立工作例会制度,定期召开小城市培育试点协调小组会议,及时研究解决小城市建设进程中出现的各种矛盾和问题,确保行动计划有效实施和扎实推进。建立考核奖惩机制,将小城市三年行动任务分解为年度工作任务落实到部门和单位,明确责任人;同时强化监督检查,做到年初下任务,年中查进度,年末抓考核。

3.1.2 明确功能定位和发展目标

龙港镇加快建设全国城镇综合改革示范基地、鳌江流域中心城市和宜居宜业的滨海工贸特色城市。龙港镇国家新型城镇化综合试点以实现责权利相统一,机构设置进一步优化,行政成本得到严控,公共服务显著改善,城市治理明显提升,体制机制创新取得成效,探索出一套精简高效创新的设市模式,统筹带动鳌江流域一体化发展,促进海西城市群加快发展,打造在全国具有示范意义的新型设市模式典范为试点目标。

3.1.3 小城市培育三年行动计划顺利推进

龙港镇根据省编制三年行动计划范本,结合自身实际,编制完成了小城市培育试点三年行动计划,内容主要分为功能定位、行动目标、主要任务、保障措施以及发展指标和建设项目。龙港镇小城市培育试点三年行动计划经省专家组评审通过后正在顺利推进。该镇经济实力显著增强、服务能力快速增强、人文魅力逐步展现、环境承载力不断提高、发展活力不断提升,促进了经济社会协调发展,发挥统筹城乡的战略节点作用;推动了城乡要素和流动,发挥资源要素的优化配置作用;开创了特大镇发展新模式,发挥由镇向城转变的示范作用;促进了周边地区优化发展,发挥区域集聚辐射的带动作用;建立了多元化投入新机制,发挥财政资金的杠杆作用。《浙江省苍南县龙港镇试点工作方案要点》也随同《国家新型城镇化综合试点方案》获批发布。

3.1.4 明确重点扶持政策

如果说放权是为小城市发展松绑,那么强有力的财政支持就是小城市的发展引擎。试点镇被允许城镇建设配套费、教育附加费、土地出让金净收益三个100%返还。财政返还有这么几块,第一是政策分成,首先保民生;第二是土地出让、配套设施的收入,这些基本上是用在基础建设上;第三是人力补助的资金,市里还有配套的,主要是用在城市建设上。

苍南县按照试点要求出台了一系列配套扶持政策,主要涉及推进强镇扩权改革、建立专项扶持资金和加大税费扶持、强化土地保障等。据统计,苍南县直接下放26个部门的49项经济社会管理权限,建立年1亿元以上的小城市培育专项资金,一般用地指标不少于全县1/3。

苍南江南海涂围垦工程是苍南县"十二五"重点建设项目,围区总面积为43400亩(约近30平方公里)。根据省有关文件精神,共需统筹补充耕地4340亩。经过初步设计、可行性研究及专家评审,规划新增耕地面积4340.6235亩,预算总投资23981.92万元。2013年4月,苍南县政府上报省国土资源厅和省财政厅申请立项,经审查后,认为符合滩涂围垦省统筹造地项目立项有关规定和要求,同意列入"812"工程,立项省统筹造地4340亩。2013年8月22日,浙江省国土资源厅和省财政厅批复同意苍南县江南滩涂围垦省统筹造地项目立项(浙土资厅函〔2013〕970号),省财政补助21700万元,立项后可先预拨50%补助资金10850万元,要求该项目在2014年6月底前保质保量按时竣工。苍南江南海涂围垦工程区规划建设龙港新城,龙港新城是浙台(苍南)经贸合作区的核心区,是苍南县实施"双海双区"战略主阵地。全区共分中央商务区、产业集聚区、港口经济区、现代农业综合区和新城拓展区五个区块,其中位于滩涂围垦造地的现代农业综合区,共规划面积3平方公里,主要发展精品农业、都市旅游农业、生态农业和休闲观光农业,将成为龙港新城的景观休闲核心。江南海涂围垦工程为浙江省2013年最大单个滩涂围垦省统筹造地项目,具有特别重要的意义。

目前,通过强化政策推动,该镇由分散发展低水平建设向合力推进高标准发展转变;注重规划引领,向各具特色发展转变;促进产业协调,由偏重工业向三次产业联动发展转变;推进集聚集成,由偏重外延扩张向更加注重功能完善宜居宜业提升转变。

3.1.5 重点推进各项改革创新工作

新型城镇化,新就新在从传统的"规模扩张"到更注重"人的城镇化"。通过建立健全被征地农民社会保障机制、农村宅基地换城镇住房等制度创新,让越来越多就近就地转移到龙港的农民成为"看病有医保、养老有保障、读书全免费"的市民。通过"三分三改"和"农房集聚改造"政策,在原有承包权不变的情况下,鼓励农民以农村宅基地换城镇新住房,吸引众多创业者、管理研发及高技能人才竞相到龙港镇落户兴业。通过扩大经济社会管理权,下放行政审批权、执法权等管理权限,破解发展束缚。按照三年行动计划的部署,苍南县发文明确"五大中心"和"四大重点改革"的具体实施措施、编制安排、投资计划和落实时间。苍南县"五大中心"共投资 8000 万元,落实84 名工作人员,行使 160 项职能。这些公共服务中心的建立,一举解决了试点镇以往政府职能缺失、公共服务管理短缺的问题。通过深化改革,该镇逐步实现由政策体制束缚向创新管理体制增强服务转变。

2014 年 4 月中旬,由 5 部委组成的国家新型城镇化试点调研组来到龙港,开展前期调研。6 月 9 日国家发改委等 11 部委联合下发国家新型城镇化综合试点通知,要求各省选择符合条件的不同层级市、镇作为试点,在 8 月底前上报国家发改委。7 月,苍南县委、县政府将申报方案上报浙江省人民政府。省内同时上报的有 5 个地区,除了龙港,还包括宁波市、嘉兴市、义乌市以及湖州织里镇。8 月下旬,浙江省对申报方案进行研究评估。9 月 16 日国务院确定了我国新型城镇化试点名单。

《龙港镇申报国家新型城镇化综合试点方案》对龙港镇行政管理体制的改革方向做了详细阐述:

主要任务:建立行政管理创新和行政成本降低的设市模式。

方向:小政府大服务。

主要构想:

(1)简政

部门精简:推行"大部门"制。职能相近部门合并,县派驻机构和镇内设机构合并,建立若干个"大部门"。

以城建为例,如今城建要涉及国土、住建、执法多个部门,到时可以整合为一个大部门,若涉及拆违等事宜,则不用外部协调,内部运作即可。各类行政审批、证照办理则统一集中到审批中心,老百姓办事不用在各个部门之间跑来跑去。

环节精简：明确政府职权边界，减少审批事项，简化审批环节。

人员精简：严格控制编制规模，适当减少一般性岗位的行政事业人员，增加专业技术岗位人员。加大高素质人才引进力度。

成本精简：压缩行政成本，实施全面规范、公开透明的预算制度，推行绩效预算。发挥公共资源交易中心功能，降低政府的采购成本。

（2）放权

县级放权：

把龙港列为"县级单列管理"单位，在重点建设项目上报、工业企业和招商引资准入评审等方面等同于县级单位，单独向省里上报年度用地指标，新增建设用地指标按照县级单位实行单列。

财权方面，将原镇级金库升格为县级独立金库，财政直接对省结算，龙港地方财政收入、土地出让地方部分全部留成龙港使用。

镇级放权：

原来镇政府直接管村，幅度太大，可能会造成镇政府人员和机构膨胀。因此可以将社区作为第二层级来配合政府管理。

社区就像镇政府的派出机构，可以将一些审批服务、公共服务下放，让老百姓在社区就能得到服务。

（3）增效

全面推行绩效预算，提高行政效能。建立权力清单和负面清单，规范权力运行。

健全监督机制，在加强政府自我监督的同时，加强人大监督和社会监督，形成监督合力。强化行政问责制，建立行政问责的具体实施程序和运行机制，完善和落实领导干部问责制。

（4）培育社会组织

2009年，"莫拉克"台风来袭。当时，苍南各级政府的救援车辆纷纷告急，在"抗台"一线，到处可见苍南壹加壹应急救援队的出租车。

在苍南，民间组织历来活跃，全国知名的有救治野生动物的温州"绿眼睛"，抢险救援的"壹加壹"等。

根据申报方案，多元化公共服务供给模式将成为今后的探索重点。政府职能精简了，其中一部分职能可以由社会组织承担。

通过"政府购买"、"服务外包"、企业化运作等方式，在环卫和河道保洁、绿化养护、医疗计生服务、文体设施建设等适合市场化提供公共服务的方面，更多地探索采取向社会购买公共服务，以提高公共服务的效率，降低行政运行的成本。

3.2 试点镇小城市培育的成效分析

3.2.1 社会经济成效明显

经过两年左右的中心镇小城市培育试点工作后,温州 4 个试点镇经济社会发展取得了显著的成效。2011 年,4 镇平均实现 14.9% 的工业产值增速、115.7% 的固定资产投资增长和 25.2% 的财政增收,分别比全市平均水平高出 26.5 和 9.2 个百分点,贡献了全市 19.9% 的工业总产值(16.9% 的 GDP 增加值)、13.1% 的固定资产投资和 5.8% 的财政收入;另从数据也可知,经培育试点后,4 镇镇均农村居民人均纯收入也不断提高,超过全市平均 2300 多元。2012 年龙港镇实现生产总值 161.23 亿元,完成限额以上固定资产投资额 91.78 亿元,财政总收入 16.35 亿元,税收收入 15.87 亿元,城镇居民人均可支配收入 28900 元,农村居民人均纯收入 13712 元;而 2011 年,龙港镇实现生产总值 146.15 亿元,完成限额以上固定资产投资额 79 亿元,财政总收入 14.85 亿元,税收收入 14.41 亿元,城镇居民人均可支配收入 26913 元,农村居民人均纯收入 12013 元。经过几年的发展,小城市培育试点镇各项经济社会发展指标都取得了明显增长。2012 年,柳市全镇拥有 3000 多家企业,其中规模以上工业企业 351 家,4 家企业集团跨入中国企业 500 强行列。可见,小城市培育推动了镇域经济的快速发展(详见表 3-1)。

表 3-1　2011 年温州 4 个试点镇部分经济指标发展情况

	工业总产值 (亿元,%)	全社会固定资产 投资(亿元,%)	农村居民人均 纯收入(元,%)	财政收入 (亿元,%)
柳市	609.6(15.7)	45.2(>100.0)	18238(10.0)	28.1(20.8)
塘下	325.8(8.6)	65.4(74.5)	17766(13.7)	15.9(13.4)
龙港	319(13.1)	65.8(110.0)	12013(13.3)	14.8(19.0)
鳌江	155.9(21.8)	53.2(178.4)	14198(21.4)	10.8(47.7)
平均	352.6(14.8)	57.4(115.7)	15554(14.6)	17.4(25.2)
温州	7073.6(12.8)	1751.5(89.2)	13243(16.0)	485.9(17.8)

注:括号中数据为同比增长幅度。

资料来源:4 个试点镇相关数据来自于调研;温州市数据来自《2011 年温州市国民经济和社会发展公报》。

下面,把 2013 年温州四大小城市试点镇政府公布的 2013 年经济数据收

集一下,供参考:

2013年,柳市镇共完成国内生产总值188亿元,同比增长9.8%;财政总收入29.79亿元,增长3.8%;共实现工业总产值568.4亿元,增长1.6%,完成限额以上固定资产投资68.5亿元、增长5.4%,其中限额以上工业性投资27.1亿元、增长103.3%。实现第三产业增加值58.3亿元,同比增长13.4%,占生产总值的比重达31%。实现农业增加值1.03亿元,同比增长3%。城镇居民人均可支配收入和农村居民人均纯收入为47360元和21391元,分别增长8.4%和8.1%。

2013年,龙港镇全年实现生产总值176.6亿元,同比增长10.8%;工业总产值337.5亿元,同比增长5.8%;规模以上工业产值145亿元,完成限额以上投资111.86亿元,同比增长21.9%。财政总收入18.5亿元,同比增长15.6%。社会消费品零售总额62.5亿元,同比增长11.7%;人均纯收入15300元,同比增长11.6%。

2013年,塘下镇预计实现生产总值127.5亿元,同比增长8%;工业总产值340亿元,同比增长7.6%;财政总收入20.2亿元,同比增长7%;农村居民人均纯收入22100元,同比增长10.2%,经济社会总体保持平稳发展态势。

2013年,鳌江镇预计全镇实现生产总值100亿元,同比增长17%;限额以上固定资产投资完成82亿元,同比增长64%;完成工业性投资7亿元,规模以上工业产值64亿元,同比增长4.24%;财政收入完成11.9亿元,同比增长14.5%;城镇居民人均可支配收入达到31600元、农村居民人均纯收入达到18500元,分别增长9.8%和12%。据来自鳌江镇的调查,2014年10月,"平阳县鳌江镇小城市培育试点新三年(2014—2016年)行动计划"获浙江省政府批复,这标志着鳌江镇小城市培育试点进入新阶段。共确立了五大目标(努力扩大建设投入规模,快速增强城市经济实力,稳步提升综合承载能力,有效提高要素产出水平,升级完善城市个性特色)和六大任务(着力产业升级转型,增强城市经济实力;着力完善公共设施,提升城市承载功能;着力城区特色提升,彰显城市个性魅力;着力环境综合整治,改善城市生态品质;着力城乡统筹发展,提高融合发展水平;着力体制机制创新,释放城市活力能量)。未来三年,鳌江镇将以国家全面深化改革为契机,紧紧抓住浙江省小城市试点培育机遇,牢牢把握"以人为本、四化同步、城乡统筹、体制创新、特色发展"总要求,充分发挥港、景、商优势,以鳌江"一心两轴三片"城市空间布局为导向,以做优服务业促升级,以做强工业增实力,以铁腕治水优环境,以改革开放激活力,加快建设鳌江流域商贸重镇、浙南临港产业新城和浙南滨海旅游胜地,打造现代化的"鳌江流域商贸名城"。围绕"鳌江流域商贸名城"战略定位,按照省委、省政府干好"一三五"实现"四翻番"的目标要求,三年计划实施项目91个,累计完成投资303.2亿元以上,来全力打造产城融合、宜居宜业、充满活力、生态良好的现代化小城市,打造小城市培育升级版。

2013年是浙江省第一轮小城市培育试点三年(2011—2013年)行动计划的收官之年。27个试点镇围绕行动计划和省政府办公厅出台的年度工作要点,进一步加大工作推进和培育扶持力度,"五措"并举,"五手"齐抓,取得了"五快"成效,继续保持了"投资20.1%的增速、财政13.4%的增收、GDP13.2%的增长,分别高出全省2、5.6、5个百分点"的强劲发展态势。

(1)抓有效投资,设施功能加快完善。把提升综合承载能力作为小城市培育的主要任务,积极扩大有效投资。27个试点镇共实施在建项目2241个、竣工项目2205个,完成投资1341亿元,其中非国有资本达76.4%、高出全省7.9个百分点,最多的龙港镇全年投资突破百亿元。一是基础设施加快完善。27个试点镇新增城市道路370公里、日供水能力13.81万吨、110kV变电站6个、管道煤气用户3.14万户。二是商贸设施加快建设。27个试点镇新开业村镇银行2家、小额贷款公司6家,新建商贸综合体和专业市场64.2万平方米,新开业星级宾馆6家。三是服务效能加快提升。行政审批、就业保障中心与县中心实现网络连接,高效运作,行政审批每个试点镇日均办理272件,比上年增加42件;就业保障中心全年介绍就业15万人次。

(2)抓产业培育,经济实力快速提升。把加大产业技改投入促进转型发展作为小城市培育的核心内容。27个试点镇完成工业投资580.6亿元、占总投资比重为43.3%,高出全省8.5个百分点;新增规模以上企业273家、亿元销售企业72家、累计分别达3211家、750家,全年工业投资最大的店口镇达51.7亿元、占总投资比重达到67.6%。一是总量不断增大。2013年27个试点镇完成GDP2411亿元,镇均达89.3亿元,有9个镇超100亿元,最大的柳市镇达到187.6亿元。二是实力加快增强。2013年完成财政收入305亿元,柳市、横店2个试点镇超20亿元,另有13个试点镇超10亿元,最强的柳市镇达29.8亿元,高于省内24个县的年财政收入。三是农民加快增收。2013年27个试点镇农民人均纯收入为21718元,高出全省5612元,城乡居民收入比为1.76:1,比全省低0.59倍。

(3)抓公共服务,社会事业快步发展。把提升公共服务水平,加快实现基本公共服务均等化作为小城市培育的着力点。27个试点镇完成社会公共服务投资106.5亿元,比去年增加9.6亿元。一是基础教育水平进一步提升。进一步加大教育投入和建成区校舍建设改造力度,学前教育普及率、建成区义务教育集聚率、高中段毛入学率分别达 99.4%、90.8% 和 98.5%,比上年分别提高 0.2、2.3 和 0.4 个百分点。二是医疗服务能力进一步增强。千人医院床位数达 3.5 张、千人医护人员数达 3 人,比上年分别提高 0.15 张和 0.23 人,分水、新登、泗门、石浦、织里、王江泾 6 个试点镇的医院与城市三甲医院建立了紧密型的合作机制。三是平安社会建设进一步加强。综合执法中心规范高效运行,镇均拥有执法资格人员 26 人,查处案件 4.15 万件;应急维稳中心反应快速、处理及时,全年调处纠纷和排除事故隐患 6.3 万起,每万人刑事案件发案率比上年下降 11.3%。

(4)抓转型发展,城市特色加快显现。把加快由镇向城的转型发展作为小城市培育的主攻方向。一是人口加快集中。不断增加非农就业岗位,农村人口继续快速向建成区集中,试点镇建成区常住人口和户籍人口的城镇化率分别达 64.8% 和 56%,比上年提高了 2 和 1.9 个百分点。二是产业加速集聚。加快完善工业功能区的设施功能,27 个试点镇工业功能区扩大 12 平方公里,新集聚企业 9697 家,工业功能区规模以上企业增加值占全部工业增加值比重为 75.6%,建设用地亩均 GDP 产出为 34.6 万元,比上年提高了 0.9 万元。三是功能分区更加清晰。积极推进旧城改造,全年拆除违法建筑 907.9 万平方米,柳市、周巷、分水、崇福、新市等试点镇实施老商业街整体改造,城市核心区、生活居住区、工业商贸区、生态休闲区框架初现。城市绿化亮化加速推进,建成区绿化覆盖率为 25%,比上年提高了 1.6 个百分点,柳市、分水、瓜沥等试点镇基本完成建成区亮化改造。

(5)抓机制创新,体制改革加快推进。把体制改革制度创新作为小城市培育的关键环节,着力推进重点领域的改革。一是行政区划和管理体制实现新突破。慈溪周巷镇、萧山瓜沥镇实施了行政区划调整,并入 3 个镇,新增区域面积 99 平方公里,拓展了发展空间;按照"以城促区、以区兴城、区城合一"的要求,基本理顺了富阳新登镇与开发区的管理体制;吴兴织里镇创新行政管理体制,设立了 4 个二级街道、2 个办事处,增强基层治理能力。二是农村产权改革取得新进展。全面推进宅基地换城镇住房,27 个试点镇共有 1.6 万户、5.5 万农村居民用宅基地换取了城镇住房;大力推进农村集体资产股份制改革,有 18 个试点镇着力推进这项改革,新市镇 12 个行政村全面完成了改革任务。三是要素保障建立新机制。2013 年省国土厅建立了试点镇年度建设用地不少于 300 亩的用地保障机制,温岭市建立小城市试点专项配套资金列入市人大财政预算制度,缙云县、温岭市建立了小城市急需人才单招单考机制。

商贸服务业是城市现代化形象和集聚功能的综合体现。小城市培育加快试点镇城市化进程,加速推动商贸服务业的发展。2013年27个小城市试点镇推进各类商业项目638个,完成年度投资364亿元,第三产业占比达34.6%,比试点前提高6.8个百分点。

一是加快城市基础设施建设,增强商贸发展保障力。加快推进路、水、电等城市设施建设,不断增强乡镇的商贸配套服务能力。加快自来水厂、变电站等设施建设,2013年小城市试点镇新增110kV变电站6个,日供水能力达13.81万吨,为商贸业发展提供了可靠资源保障。

二是加快现代商贸设施建设,提升商贸服务能力。根据农民消费向市民消费转变的实际,加快推进集"购物、餐饮、娱乐与休闲"于一体的商贸综合体建设;根据各地特色产业转型发展的实际,加快专业市场建设和发展生产性服务业;2013年27个小城市试点镇新建商贸综合体和专业市场64.2万平方米,新开业星级宾馆6家。

三是深化体制机制改革,激发商贸发展活力。加快建立多元投资体制,积极吸引社会资本参与小城市建设,万达、银泰、九龙仓、绿城等大集团纷纷在小城市试点镇投资建设大型商贸综合体,提升了试点镇商业层次;柯桥区钱清镇、吴兴区织里镇结合当地特色产业和中小企业发达的实际,分别打造全国知名的轻纺原料城、童装城等专业市场。进一步增强小城市商贸辐射带动作用。推进强镇扩权改革,省、市、县三级平均下放给27个小城市试点镇行政审批权191项,综合执法权455项,进一步增强了镇政府的统筹协调和市场监管能力。

2014年8月,住房城乡建设部、国家发展和改革委员会、财政部、国土资源部、农业部、民政部、科技部7个部委共同公布了全国重点镇名单,浙江省137个镇入围,全省首批27个小城市培育试点镇全部入围全国重点镇。同时,国家环境保护部公布全国2012—2013年国家级生态乡镇名单,浙江省4个小城市培育试点镇和11个省级中心镇被授予国家级生态乡镇称号。4小城市培育试点镇分别为萧山区瓜沥镇、富阳市新登镇、宁海县西店镇以及重点生态功能区县城所在地的文成县大峃镇。据悉,通过此次国家级生态乡镇复核的省份中,浙江省有131个乡镇,数量居全国第二。

2015年3月17日,国家发展改革委下发《关于开展中小城市综合改革试点工作的通知》(发改办经体〔2015〕609号),批复全国61个地区获批开展全国中小城市综合改革试点。据了解,首批全国中小城市综合改革试点工作涉及26个省、自治区、直辖市和7个省会城市共计61个地区,其中地级市20个、区14个、县(市)23个、镇4个。其中浙江省最多最全,一共8个,地级市 2 个、县(市)4 个、镇 2 个,分别为:绍兴市、湖州市,临安市、慈溪市、桐乡市、云和县,柳市镇、横店镇。

温州柳市之所以能入选,是因为这里作为中国改革开放的先行区,2010 年年底成为浙江省首批小城市培育 27 个试点镇之一。发展至今,该镇已经触碰到一些城市建设管理体制上的边界。另一方面,柳市又有能力在这些方面进行突破尝试。2014 中国综合实力百强镇榜单上,该镇列全国 17 位,省内第一。

2015 年 3 月 27 日下午,龙港国家新型城镇化综合改革研究中心正式宣布成立,市委副秘书长、政策研究室主任潘黄星为特邀专家、特邀研究员颁发聘书,浙江工商大学校长、经济学教授张仁寿,中国社会科学院社会学家王春光等专家出席成立大会。本书作者陈国胜教授也被聘为龙港国家新型城镇化综合改革研究中心特邀专家。

3.2.2 民众愿景普遍良好

(1)在试点工作的支持程度方面,均具有较高的民心。

从试点镇整体上看,全部 377 名调研对象中,有 172 人回答很支持,占 45.6%;136 人回答较为支持,占 36.7%,二者之和达到 82.3%,而回答无所谓和(很)不支持的人数分别仅占 16.7% 和 1.0%。从调查数据看,本镇居民基本选择前两项,这表明试点工作具有较好的群众基础。

(2)在对小城市转型前景认可方面,民众均具有较高的信心。

从试点镇整体上看,相对于回答少有信心(27.6%)和没有信心(6.6%)的,全部 377 名调研对象中有 49.6% 和 16.2% 的居民分别回答较有信心和信心十足;而回答少有信心和没有信心的调研对象也指出,只要各级政府部门加强宣传、提高支持力度、切实落实政策等,中心镇转型值得期待。

3.2.3 体制机制改革进展顺利

"人进城、地流转、房置换",是小城市试点镇体制创新的核心内容,有效促进了劳动力、土地、资产等资源要素的合理流动。2011 年以来,27 个小城市试点镇共帮助上万名村民"洗脚进城"过上了城里人的生活,节约了农村住房建设用地 2849 亩,促进了土地流转,流转率比全省高 6.1 个百分点。

从国家层面来看,十八大提出了加快城镇化的发展战略,为加快小城市培育带来了千载难逢的机遇,此举意味着浙江 27 个中心镇有望升级为小城市;从省级层面来看,为支持培育工作的开展,浙江省政府专门出台了《关于开展小城市培育试点的通知》,决定从 2011—2013 年,每年从省财政中拨付

10亿元专项资金用于支持试点镇的发展;另省委、省政府和省发改委也多次召开有关培育工作的推进会,督查相关工作的进展,撤镇设市进程正在提速,目前试点镇的相关工作都在按行动计划得到落实;从市级层面来看,在新型城镇化发展和经济发展需求大背景下,政府也在一定程度上支持小城市培育工作的开展,各市新型城市化的相关规划正在制订中。温州对所有的小城市都赋予了县级审批权限,特别是中心镇充分授权享有县级审批权限,简化了审批程序。据统计,试点两年多来,试点镇被下放扩权事项171个。

新机制添活力。步入经济发展快车道的小城市,投融资机制及财政体制也焕然一新。拓宽融资渠道,引得各类资本竞相而来。乐清市柳市镇垃圾焚烧发电厂、苍南县龙港镇污水处理厂等通过BT或BOT方式顺利运行;鼓励企业上市直接融资,仅2011年就新增了万安科技、露笑科技等4家上市公司,目前27个小城市试点镇拥有18家上市企业。活跃的体制,吸引了大批金融机构来到小城市。工农中建四大国有银行在钱清都设有营业网点,商业银行、股份制银行也纷至沓来,连财通证券也在这开了分支机构,落户该镇的金融机构已有10多家。财政体制改革亦破题。小城市试点镇实行"划分税种、核定基数、超收分成、三年不变"的一级财政体制和税费优惠返还机制,激励试点镇加快发展。在余姚市泗门镇,受益于新财政体制,2011年净增加镇级财政收入7200多万元。而泗门镇、慈溪市周巷镇、苍南县龙港镇还建立了金库,进一步健全了财政结算体制。

3.3 中心镇培育成小城市存在的问题

从基本的战略来讲,城市化是作为下一个经济发展的引擎,这是没有什么疑问的,现在的问题是怎样推动一个持续的、健康的城市化。所以我们要打破现在的城乡二元体制,真正实现政府主导的城市化和农民主动自发的城市化这两个城市化轨道之间的融合,这里就牵涉到我们的规划体制、土地体制、基础设施建设的体制、公共服务提供体制和社会保障体制,这些制度改革真正实现了才能实现二元体制破除。通过调研,我们发现龙港镇在培育成现代小城市过程中存在以下普遍性的问题:

3.3.1 强镇扩权措施有待进一步加强

随着中心镇的发展,虽然中心镇的规模和功能具备了小城市的性质,但镇政府缺乏应有的城镇管理、协调和执法权限,大量的职能集中在县级部门,普遍存在"乡镇看得见却管不着,主管部门管得着却看不见"的管理脱节问题。另外,行政机构设置不完善,与经济、社会、事业的发展不相适应,出现"小马拉大车"现象,严重削弱了乡、镇一级政府的管理能力。虽然省、市已明文出台了作为小城市培育试点镇应有的职能和优惠政策,但没有真正执行到位。在对关于中心镇强镇扩权的政策措施的落实情况调查中,我们发现49%的被调查者反映不了解中心镇扩权改革措施。在对了解中心镇扩权改革措施的被调查者中,对扩权改革措施的落实情况并不满意。具体来讲,落实满意度最高的是人事管理,为32.11%;其次为社会保障、财政投入、行政执法和户籍管理,分别为30.89%、29.66%、29.66%和29.17%;满意度介于10%到20%的有就业政策、项目审批、用地指标、文化建设和规费政策;其他因素的满意度在10%以下(见图3-1)。

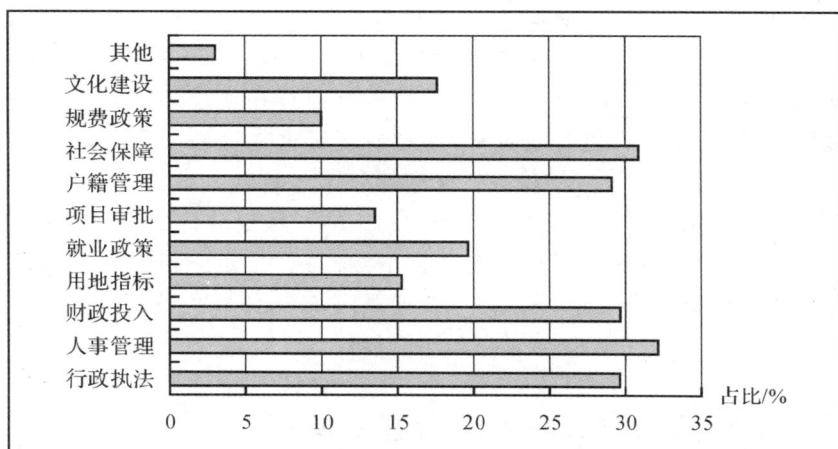

图 3-1　中心镇强镇扩权政策措施满意度调查

强镇扩权作为基层政府管理体制改革的最新实践形式之一,政策性强、涉及面广,难免存在与扩权改革相伴生的新问题。针对这些问题产生的原因,本课题对龙港镇党政机关干部、镇域企业经理、村两委干部等进行了广泛调研。在关于对试点镇开展强镇扩权因素的七个选项中,从被调查者的反映看(见图3-2),市政府支持不力以41.67%的认同度居于首位;镇政府人力财力有限的认同度为37.40%,位居第二;上级配套资金不足则以30.89%的认同度紧随其后;基层事务复杂、缺乏相关专业培训和对政策认识不到位的认同度分别为30.15%、22.80%和20.17%;其他影响因素为3.68%。这有效地说明中心镇强镇扩权改革措施落实效果有限受到上述因素的影响。

关于县直部门在中心镇派出机构的管理模式(见图3-3),39.22%的人

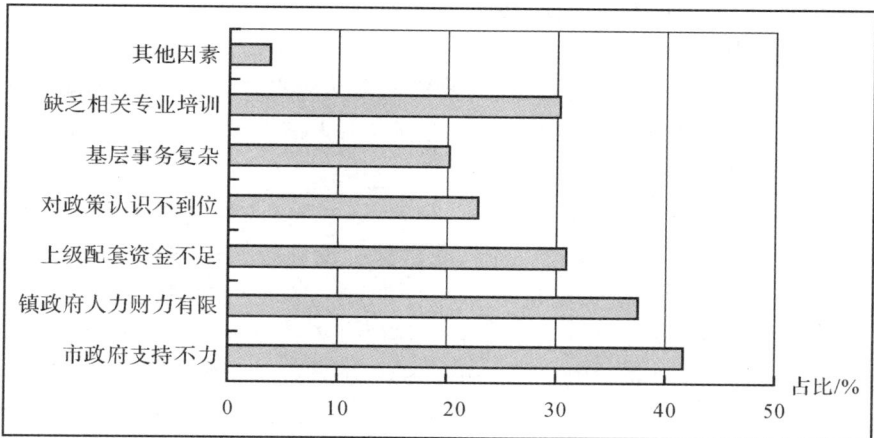

图 3-2　强镇扩权改革措施影响因素分析调查

认为可以实施县直部门和中心镇共同管理、中心镇管理为主的管理模式，22.55％的人认为应全面下放县直部门派出机构归中心镇管理，15.44％的人赞同实施县直部门管理派出机构的完全垂直管理体制，22.79％的人表示不清楚。总而言之，倾向认为县直部门在中心镇派出机构实施中心镇管理或中心镇管理为主的人数占总调研对象的 61.77％。

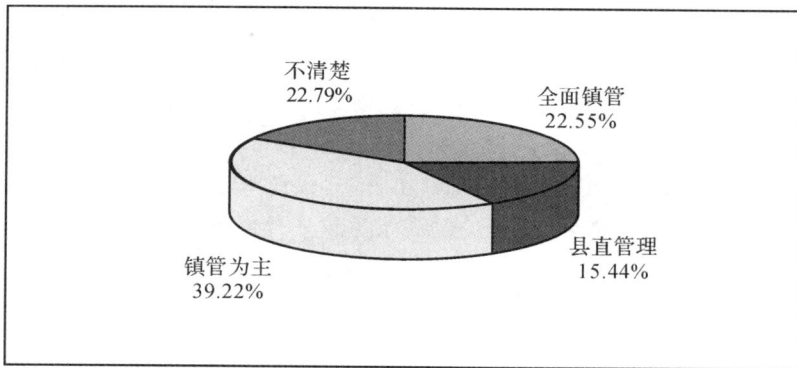

图 3-3　县直部门在中心镇派出机构的管理模式调查

从前面三个问题的调研可知，中心镇强镇扩权改革效果有限，相应的扩权政策的执行效果并不理想。

3.3.2　要素瓶颈制约进一步显现

调研发现，各中心镇在转型成现代化小城市过程中，最突出和最普遍的问题仍是资金、土地、人才等要素制约。

（1）资金问题突出

中心镇培育包含基础设施建设、城镇配套功能完善，产业扶持等都需要一定的建设资金和配套资金。虽然省政府专门为试点镇出台了扶持政策和改革举措，并设立专项扶持资金，支持小城市培育，但目前资金问题还是比较突出。一方面由于中心镇没有独立完整的一级财政体制和镇级金库，中心镇能支配的财政资金是非常有限，城镇基础设施投入基本靠土地出让金返回和银行贷款解决，远远满足不了需求，城镇污水管网建设、工业园区、旧城改造、新城开发、文化教育卫生等重大基础设施建设和事业项目的投入力度更显不足。另一方面，当前国有商业银行要求必须县级以上融资平台才能进行融资，作为市级中心镇，其融资平台等级不够，而且运用市场机制筹措建设资金的渠道尚未形成。龙港镇的小城市建设三年行动计划要完成6大类74个项目，总投资达147.3亿元，尽管该镇超前意识已到位，但项目资金支出数额大、时间又紧，地方财力难消化，财政收支平衡压力非常大。

（2）土地约束明显

随着国家土地政策持续收紧，土地因素对中心镇发展的制约作用越来越明显。随着中心镇建设进程的加快，各中心镇日益显现出可用土地资源总量有限与用地需求量逐年增加的矛盾，而中心镇与其他镇一样，受"农保地"政策制约，尤其是温州市高农保率的情况下，即使有资金投入能力，往往也因发展空间不足、没有土地指标而不能有效开发，成为制约城镇建设与经济发展的最大瓶颈。如龙港镇总体上也是一个人多地少的城镇，随着一大批工业设施、基础设施和公共设施等重大项目上马建设，"小城市三年行动计划"设定三年要使用建设用地4400亩，但县里统筹下达的用地指标远远不能满足经济社会发展需要，土地的供需矛盾越来越突出。

（3）人才资源匮乏

关于如何吸引人才，其实是个俗套的话题。待遇留人，感情留心，事业留魂，政府人士对这样的话大都耳熟能详。可是真正做得好的也不多，可见俗套的话题里有不俗套的经验。

通过强镇扩权工作，大量事权下放到中心镇。部分下放的管理权限往往专业性比较强，现有工作人员难以适应，部分岗位特别是一些行政处罚权的执行需要有专业执法资格，专业技术人才严重缺乏，成为影响中心镇发展的突出问题。另外，中心镇扩权后机构设置并未调整，人员编制也没有增加。如苍南县规划建设局龙港分局要负责龙港镇及周围乡的规划编制、审批和监察工作，同时还负责一些建设项目的管理工作，现有管理能力与管理需求明显不符。同时调研还发现,规划人才尤其紧缺,因而规划管理带有很大的随意性,加之农村工作的复杂性,重要的规划工作往往被束之高阁,失去应有的作用。

3.3.3 进城人口的市民化进程缓慢

目前看来,尽管浙江省的城市化进程在加快,但是存在较大偏差,核心是城市扩展很快,也有大量的农民进城务工经商,但进城农民的市民化问题解决很滞后,农民并没有从城市化中获得相应的利益。尽管在空间概念和职业概念上,农民从农村转移到了城市,但他们却难以真正转变为“市民”。这就需要反思我们的城市化道路,城市化不应仅仅是人口和产业的集聚过程,我们的城市化必须考虑与解决进城人口的市民化问题,这也是城乡二元社会结构的突破问题。

另外,浙江城市化是全域城市化,推进乡村发展可能有四条主线索,城乡生产生活方式总体趋同,城乡基础设施均衡配置,城乡公共服务均衡提升,城乡生产要素无障碍流动。乡村发展的一个重要方面是促进乡村人口进入城镇,在这一问题上,户籍改革大致是个伪命题,真正的症结是公共服务均等化。我们当前已面临着给农民以市民待遇,农民却予以拒绝的难题。就未来而言,所谓市民待遇,应该不是城市想不想给,而是农民工领不领情、愿不愿接受的问题。统计口径的城镇化率与户籍人口的城镇化率落差是很大的,温州统计口径的城镇化率就达到了 66.7%,但是户籍人口的城镇化只有 30% 多。想搞城市化,千万不要把它变成造城运动,重要的是真正把农民变成市民。

3.3.4 小城市文化建设滞后于硬件建设

现在的倾向是城镇化中似乎只关注房地产、水泥、新型建材、机械设备和大众消费品这“五朵金花”,而文化被边缘化了,这是小城市建设中较为普遍的问题。城市建设存在“重硬件、轻软件”现象,贪大求快,照搬照套,千城一面、万屋一貌,没有文化创意,城市缺乏个性和特色;有的过分重视城市规模扩展和人口集聚,城市房子漂亮了、设施齐全了,但城市文明、市民素质没有得到同步提升,只看到一个漂亮的外表,城市缺乏美的内涵;有的一味追求所谓的现代化,忽视对城市历史文化的传承保护,城市缺乏文化内涵,整体品位不高。如果城镇化浪潮让人们都进入城市一元文化,那么这是对文化多样性的致命打击。

3.3.5　小城市培育水平不均衡

2014 年 3 月 19 日,经浙江省政府同意,浙江省中心镇发展改革和小城市培育试点领导小组以浙镇培〔2014〕1 号文件公布了 2013 年度小城市培育试点考核结果。

2013 年小城市培育试点考核结果分优秀、良好、达标三个档次。

考核优秀单位:

余杭区塘栖镇、东阳市横店镇、玉环县楚门镇、诸暨市店口镇、余姚市泗门镇、慈溪市周巷镇、乐清市柳市镇、嘉善县姚庄镇、吴兴区织里镇、柯桥区钱清镇 10 个镇为考核优秀单位。

考核良好单位:

桐乡市崇福镇、温岭市泽国镇、萧山区瓜沥镇、平阳县鳌江镇、普陀区六横镇、桐庐县分水镇、苍南县龙港镇、义乌市佛堂镇、秀洲区王江泾镇、缙云县壶镇镇 10 个镇为考核良好单位。

考核合格单位:

临海市杜桥镇、瑞安市塘下镇、德清县新市镇、江山市贺村镇、奉化市溪口镇、富阳市新登镇、象山县石浦镇 7 个镇为考核合格单位。

试点小城市的选择有明显的区域平衡痕迹,首批名单中杭州地区分到了四个名额,分别给了萧山区瓜沥镇、余杭区塘栖镇、富阳市新登镇和桐庐县分水镇(2014 年公布的第二批名单中杭州地区又新增了建德市乾潭镇和淳安县千岛湖镇)。论原有的经济基础、城建水平、产业发展,新登、分水根本无力和横店、店口、柳市、织里、鳌江、龙港等省内传统强镇抗衡,在首批 27 个小城市中处于末流位置,甚至不如未列入小城市试点名单的吴兴区八里店镇、萧山区临浦镇、平湖市乍浦镇、诸暨市大唐镇、永嘉县瓯北镇等明星乡镇。先天不足的新登能挤进名单更多的是因为"杭甬占四席"和"每个县都只能分到一块饼"游戏规则,三年出成绩,从考核结果来看,起点较低的新登并未依靠高速发展逆势上扬,反而被其他竞争对手越甩越远。小城市培育,任重道远。

4 小城市培育进程中的外来人口市民化调查

为了对温州市新型城市化进程中外来人口的市民化情况及其成效和问题进行总结、评估,本调研组在面上调研(主要包括温州市新居民服务管理局、市公安局、市教育局、市人力社保局、市卫生局、人口计生委等单位)的基础上,还重点选择了浙江省小城市培育试点镇——龙港镇进行重点考察。在多次调研考察中,分别与中心镇领导和相关部门进行座谈,并对该试点镇的政府部门、部分村两委主要干部、新居民等进行了问卷调查。其中访谈内容主要涉及市民化意愿、市民化政策落实情况等内容,在几次调研访谈中,课题组获得了该试点镇的经济发展数据、外来人口市民化的相关政策文件等资料;调研问卷主要涉及该试点镇外来人口的满意度、市民化意愿和困难调查。

本课题组还查阅了浙江省关于中心镇建设、小城镇建设的相关文件、意见,包括 2010 年 12 月浙江省先后出台的《关于开展小城市培育试点的通知》、《浙江省强镇扩权改革指导意见》、《关于省小城市培育试点专项资金管理若干问题的通知》等,还有温州市政府近年来出台的《温州市区流动人口居住登记办法》(温政发〔2010〕77 号)、《关于实施新居民积分制管理的意见》、《关于进一步加强温州市区户口迁移管理的意见》等与新居民服务相关政策,做到对政策的科学准确把握。此外,研究中还认真查阅了相关理论文献以及该试点镇在推进外来人口市民化方面的相关文件资料。

本问卷名称为"外来人口市民化现状调查问卷",问卷调研对象为龙港镇新居民等。问卷共发出 232 份,收回有效问卷 232 份,其中苍南籍非龙港镇居民 151 份,非苍南籍非龙港镇居民 81 份。

4.1 外来人口基本情况

温州市是浙江省外来人口最多的城市之一,仅次于宁波。由 2005 年的

276 万上升到 2012 年的 420 万,增长速度远远超过了温州户籍人口的年均增长速度,与户籍人口的比例接近 1:2。大量新居民在为经济发展和城市建设做出重要贡献的同时,也给城市管理和公共服务带来新的挑战。2013年,市委、市政府做出优化人口结构的工作部署,通过加快淘汰落后产能,严格规范社会管理,合理配置资源要素,大力改善发展环境,力求达到人口结构与产业层次相适应,人口总量与城市承载力相匹配,人口流向与区域经济相协调。

4.1.1 外来人口总量呈下降趋势

截至 2014 年 3 月 20 日,全市共登记在册市外流入新居民(包含儿童)330.67 万人,较去年同期(373.59 万)减少 42.92 万人,同比下降 11.49%(去年同期含儿童含市内 379.8 万人)。全市共有 9 个县(市、区)新居民人数呈同比下降,降幅最大的是苍南县,较去年同期(16.01 万)减少 4.1 万人,同比下降 25.34%;人数减少最多的为瓯海区,较去年同期(64.26 万)减少 9.5万人,同比下降 14.78%。(详见图 4-1)

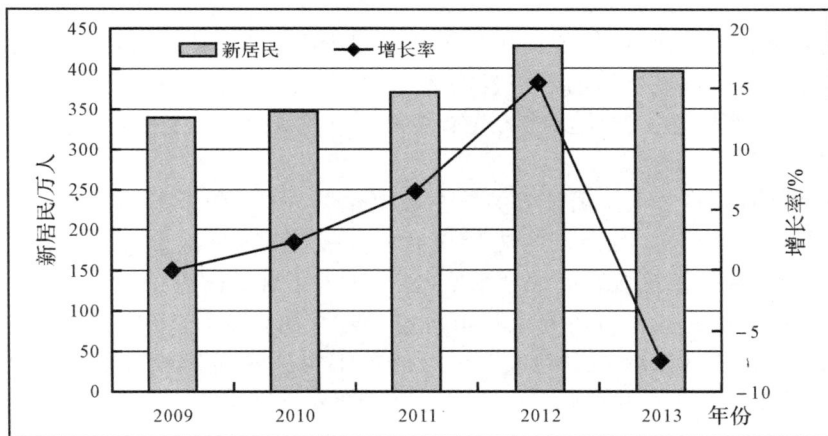

图 4-1　2009—2013 年温州市新居民增长趋势(据年报数据)

4.1.2 来源以省外流入为主

截至 2014 年 3 月 20 日,温州市新居民以省外流入为主,达 321.75 万人,占新居民总数的 97.24%。其中,来自江西、贵州、安徽、湖北、四川、河南、湖南、重庆、云南、福建十省共 304.9 万人,占来自省外新居民总数的94.76%(详见表 4-1、4-2)。

表 4-1 省外流入人数排名前十位的省份

流出地	新居民人数	占省外流入比例（％）
江西省	574743	17.86
贵州省	525737	16.34
安徽省	437880	13.61
湖北省	414075	12.87
四川省	278415	8.65
河南省	246823	7.67
湖南省	240248	7.47
重庆市	201636	6.27
云南省	77092	2.40
福建省	52310	1.63
合　计	3048959	94.76

表 4-2 省外流入人数排名前十位的城市

流出地	新居民人数	占省外流入比例（％）
江西省上饶市	202538	6.29
安徽省阜阳市	140151	4.36
贵州省遵义市	129402	4.02
江西省九江市	119465	3.71
湖北省黄冈市	84035	2.61
贵州省毕节市	75143	2.34
贵州省黔东南苗族侗族自治州	73795	2.29
河南省周口市	70006	2.18
湖北省黄石市	66783	2.08
湖北省恩施土家族苗族自治州	65462	2.03
合　计	1026780	31.91

4.1.3 年龄构成以青壮年劳动力为主

截至 2014 年 3 月 20 日,温州市 16 至 44 周岁新居民达 238.77 万人,占总数的 72.21％;45 至 59 周岁新居民 47.13 万人,占总数的 14.25％;16 周岁以下儿童 41.51 万人,占总数的 12.55％;60 周岁以上 3.26 万人,占总数 0.98％。

4.1.4 居住处所以出租房屋为主

截至 2014 年 3 月 20 日,温州市现有居住出租房屋 52.4 万间,201.24 万新居民居住在租赁房屋,占总人数的 69.6%;居住在单位内部的为 74.5 万人,占总数 25.77%;还有 4.63%在工地现场、居民家中等场所居住。近年来,温州市不断加大拆违工作力度,新居民居住条件有所改善,单位内部宿舍居住比例不断增加。

4.1.5 居住事由以务工为主

截至 2014 年 3 月 20 日,由于产业结构特点,目前温州市新居民从业结构以务工、务农、经商、服务业这四类经济型职业为主,共 289.23 万人,占全市新居民人口总数的 87.47%。其中务工人员 279.92 万,占全市新居民人口总数的 84.65%;服务人员为 1.5 万人,占全市新居民人口总数的 0.67%;经商人员为 1.9 万,占全市新居民人口总数的 0.45%;务农人员 0.82 万人,占全市新居民人口总数的 0.25%。

4.1.6 总体文化程度偏低

截至 2014 年 3 月 20 日,温州市新居民总体文化水平程度相对较低,全市新居民初中及以下学历 258.4 万人,占总数 89.36%;高中学历 24.11 万人,占总数 8.34%;大专及以上学历 6.64 万人,占总数 2.3%。近年来,通过产业转型升级,温州市新居民文化程度有所提升。近五年温州市新居民高中及以上学历占比情况见图 4-2。

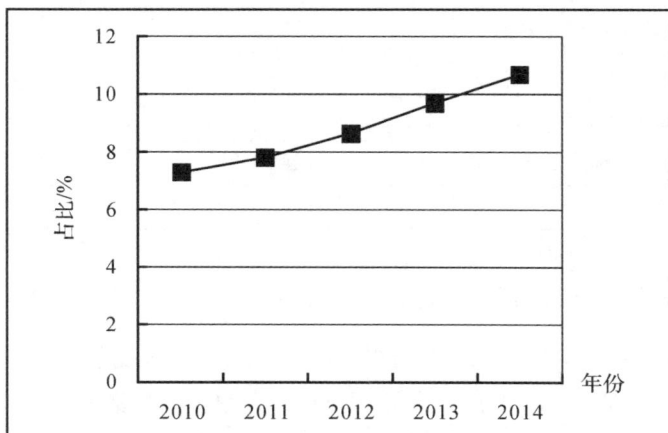

图 4-2 近五年温州市新居民高中及以上学历占比统计

4.1.7 有一定的同籍集聚情况

截至 2014 年 3 月 20 日,在乡镇(街道)层面,新居民人口呈现一定的同籍集聚情况,温州市流入来自省外同一县(市、区)新居民超过 5000 人以上的镇(街)共有 8 个,分布在鹿城、瓯海、乐清和瑞安等 4 个区(市)。流入同一县(市、区)超过 3000 人以上的镇(街)共有 24 个,市新居民服务局组织对这些重点镇(街)新居民人口进行实时监测,随时掌握新居民情况。

4.2 外来人口市民化现状

4.2.1 温州市外来人口落户现有政策

2003 年,为加快城市化进程及人才的有效集聚,促进温州市经济社会发展,温州市政府出台《关于放宽部分人员在温州市市区落户若干政策的通知》(温政办〔2003〕105 号),在政策上对几类人员落户温州作出明确规定。

一是允许纳税大户企业管理、技术和骨干人员逐步在市区落户。

(1)落户名额。在市区范围内,年纳税额(地税和国税合计,出口免抵税计算在内,查补税不予计算)50 万元以上的企业,每年给予 2 名落户名额;年纳税额 100 万元以上的企业,每年给予 5 名落户名额;年纳税额 500 万元以上的企业,每年给予 10 名落户名额;年纳税额 1000 万元以上的企业,每年给予 25 名落户名额。

(2)落户条件。与纳税大户企业签订劳动合同的管理、技术和骨干人员,男性年龄在 50 周岁以下,女性年龄在 40 周岁以下。落户人员有居住条件的,其配偶和未成年子女随迁,不受名额限制。

二是每年由团市委牵头进行"温州市百名优秀外来务工青年"评比活动,获得"温州优秀外来务工青年"称号的务工人员,可将户口迁至服务单位所在地落户。

三是外省、市大专以上毕业生,年龄在 35 周岁以下的,可在市区先落户后择业。落户可选择办理集体户口,也可以投亲靠友。

四是中专、技校、职高毕业生,已在温州市企事业单位工作的,即可落户。落户可以选择办理集体户口,也可以投亲靠友。

五是为广泛吸引各类人才,方便户口管理,符合条件在市区落户的人员,有居住条件的,在居住地落户;没有居住条件的,可落户出租房、亲戚朋友居住所在地,及单位集体户、技术工人交流服务中心和人才中心集体户。

纳税大户企业都要按规定建立集体户,以便在温落户人员的落户需要。

2012年,市政府发布《关于进一步加强温州市区户口迁移管理的意见》,一是放宽了人才引进的落户政策。对海外高层次人才在温州市市区办理相关证照的条件和程序进一步放宽;对市政府规定的六类高层次人才在市区的落户条件和落户地点进行了最大程度的放宽,规定其本人和家属可以在单位集体户落户;对企事业单位引进的基础人才在市区的落户条件也进行了放宽,取消了原来规定的需要在企事业单位就业1年以上的限制和温州其他县市不得办理的限制。二是放宽了投资纳税大户企业人员迁移政策。本着服务经济发展的理念,对在温州市投资纳税贡献较大的企业,给予了一定的落户优惠条件:在纳税落户方面,只要在市区年纳税额50万元以上的企业,即可有相应的落户额度供其使用;在投资落户方面,企业注册资金500万元以上的,也给予了相应的落户名额;另外,新政策还增加了经市政府认定的重点扶持企业、招商引资重点企业、固定资产投资较大的企业,每年给予10名落户名额,确因企业发展需要,申请追加落户名额的,经市、区(功能区)政府(管委会)批准后可以递增追加。三是放宽了特殊贡献人员迁移政策。新政策在原来的"百名优秀外来务工人员"基础上,还增加了市级以上劳动模范、道德模范,获得市级以上见义勇为荣誉称号的,获得一级治安荣誉奖章称号的、"温州市百佳新温州人"可以落户温州市区的规定。同时规定"在市区拥有合法固定产权房屋,其建筑面积60平方米以上,并取得该房屋所有权证(或购房发票)的房屋产权人,其本人和共同居住生活的配偶、未成年子女(包括无生活来源的未婚子女)、老年父母,可申请在市区落户。"

4.2.2 温州市人口市民化水平

(1)温州市人口城镇化率水平

根据2010年第六次人口普查数据,全市常住人口为912.21万人,同第五次全国人口普查2000年11月1日零时的755.80万人相比,十年共增加156.41万人,增长20.69%,年平均增长率为1.90%。其中市外流入人口284.22万人,占全市常住人口的31.16%。全市常住人口中共有家庭户291.03万户,家庭户人口为804.03万人,平均每个家庭户的人口为2.76人,比2000年第五次全国人口普查的3.35人减少0.59人。全市常住人口中,男性人口为479.74万人,占52.59%;女性人口为432.47万人,占47.41%。总人口性别比(以女性为100,男性对女性的比例)由2000年第五次全国人口普查的111.72下降为110.93。全市常住人口中,居住在城镇的人口为602.20万人,占66.02%;居住在乡村的人口为310.01万人,占

33.98%。同 2000 年第五次全国人口普查相比,城镇人口增加 213.25 万人,乡村人口减少 56.84 万人,城镇人口比重上升 14.56 个百分点。

改革开放以来尤其是进入 21 世纪,温州市人口城镇化稳步发展,该市的城市化率 66.02%,比全省平均水平 61.62% 高出 4.4%。但根据 2010 年第六次人口普查数据,温州市实际上户籍人口的城市化率只有 21.63%,可以看出两者之间存在较大的差距。因此,该市的真实城镇化率远未及 66.02% 的水平,城市化滞后于工业化和非农化,半城市化问题突出。

(2)市民化对象的构成和规模状况

结构转换理论和人口迁移理论,都将城市化的对象界定为从农村转移到城镇从事非农劳动的农民,也就是我们通常所说的农民工。据国家统计局抽样调查结果推算,2012 年全国农民工总量达到 26261 万人,比上年增加 983 万人,增长 3.9%。其中,外出农民工 16336 万人,这部分人构成了我国外来人口的主力军,数量庞大,且呈不断上升的趋势。然而,探讨人口市民化,其对象绝不应当仅仅局限于农民工,因为农民工是劳动力的概念,他们都有自己的家人,不能只允许农民工自己市民化。此外,有数量不小的一部分城镇户籍的居民在不同城市之间流动,他们是市民,但不是就业所在地的市民,某种程度上也需要市民化。综上可见,我国市民化的对象主要包括农民工、农民工的随迁家属、人户分离的城镇居民三个大类。在数量上,至少达到了 26261 万人,且呈现出继续上升的趋势。除此之外,我国 2010 年人口普查数据显示,全国农业人口总量高达 934707073 人,刨去已经分化出来的农民工,仍有大批潜在市民化对象存在。温州是东南沿海地区经济比较发达的中等城市,外来人口数量庞大,2010 年温州市外来人口数量已经达到 284.22 万人。在农民工的结构中,来温务工的农民工绝大多数是跨省流动农民工,占农民工总量的 93.6%。由于跨省流动农民工市民化成本、政策设计及制度安排的难度以及农民工流出地和流入地农民工市民化政策的协调与衔接成本均大于本省流动农民工。跨省流动农民工占比高,无疑加大了温州市现有外来人口市民化的难度。

(3)温州市人口市民化质量现状

统计方法的差异体现了对人口城镇化概念理解的不同。温州市 66.02% 的城市化率更多地体现为人口在空间上的分布。而市民化绝非仅仅指农村人口的空间转移,一般包含职业变化、生活方式变化、社会身份变化、思想观念和行为方式变化四个方面。就目前温州市的情况而言,空间上转移向城市的人口数量是庞大的,绝大部分也实现了职业的转变,但受诸多限制因素的影响,其在生活方式、社会身份以及观念和行为方式上的转变步履艰难。应当说,温州市目前的人口市民化的质量是偏低的。

(4)人口市民化的进度评估

判断城市化率是超前还是滞后,可以从不同角度,采用不同的方法。国内学者较多地采用霍利斯·钱纳里的"发展模型"作为衡量的标准。一个角度是与相同收入水平下的常态城市化水平相比较,即对世界上100多个国家的综合分析,得出在常态发展状况下的城市化水平与中国的数据相比较,得出的结论是中国城镇化严重滞后且与世界平均水平的偏差逐年扩大。另外一个视角是把城镇人口指标与工业化率、非农化率进行比较。钱纳里模型实证研究表明,一国工业化与城镇化协调发展的标志是城镇化率和工业化率的比值在1.4~2.5之间,而我国这一比值在0.4~0.9,根据2012年温州统计年鉴,温州市城镇化滞后工业化程度为30.74%,与标准值的低限相差甚远。说明温州市城镇化水平严重滞后于工业化。由此可见,温州市城镇化的发展是比较滞后的。

4.2.3 温州市人口市民化意愿问卷调查结果

本次问卷调查选择在苍南县龙港镇,共收回有效问卷232份,其中非苍南县新居民151份,苍南县新居民81份。研究目的:通过对比研究,考察非苍南县和苍南县的新居民的诸多差异,因为两组数据的问卷数据不同,所以采取频数比较(该项目问卷数/该组总的问卷数×100%)。

这里的苍南县的新居民是指具有苍南县户籍居住在龙港镇的外来人口,非苍南县的新居民是指没有苍南县户籍而居住在龙港镇的外来人口。

通过以下6个维度来考察其差异性,每个维度分别选取培训意愿、离职原因、子女教育情况、市民化意愿、社会参与、进城目的及是否达成等指标。

1.培训意愿

(1)接受的培训方式

非苍南县新居民比苍南县新居民更愿意选择常规上课方式(45%：40%)。

非苍南县新居民比苍南县新居民更少选择电视或网络教学方式(3%：10%)。

在传统的学徒方式培训上,两者没有差异(19%：19%)。

苍南县新居民更愿意选择电视或网络教学等新型的教学方式来接受培训,而非苍南县新居民更愿意选择常规的上课方式。在传统的学徒方式上,两者没有差异。

（2）到目前为止参加了多少次职业培训

苍南县新居民在0次和≥4次的选项上高于非苍南县新居民（37%：19%；14%：11%）。

苍南县新居民在1～3次的选项上低于非苍南县新居民（27%：36%）。

苍南县新居民在培训次数上，没有参加过培训和参加过4次及以上培训的要高于非苍南县新居民。而参加1～3次培训的以非苍南县新居民居多。

（3）最后一次培训费用由谁来承担

苍南县新居民在选择政府、自费、自己和单位、政府共同承担上高于非苍南县新居民（2%：0.6%；30%：28%；4%：3%）。

苍南县新居民在选择单位承担上低于非苍南县新居民（27%：30%）。

在最后一次培训费用的承担上，苍南县新居民更多地选择政府、自费，或与单位、政府共同承担，而非苍南县新居民更愿意让单位去承担。

（4）您觉得培训以后对您的工作有帮助吗？

苍南县新居民在选择有一点帮助和不知道的选项上高于非苍南县新居民（36%：32；10%：6%）。

苍南县新居民在选择有很大帮助的选项上低于非苍南县新居民（22%：25%）。

在培训的作用上，苍南县新居民比非苍南县新居民更多地认为培训有一点帮助或不知道是否有帮助，非苍南县新居民比苍南县新居民对培训效果的认可度更高。

（5）是否愿意自己花钱接受技能培训

苍南县新居民在选择上高于非苍南县新居民（48%：45%）。

苍南县新居民的自费培训意愿要高于非苍南县的新居民。

（6）如果自己花钱培训，你愿意接受哪一类的培训

苍南县新居民选择在数控机床操作、营销、财会、通信、计算机等预期赚钱多的技能培训高于非苍南县新居民（37%：27%）。

苍南县新居民在选择家政、餐饮、文秘等比较容易学、要求并不特别高的技能培训和建筑、运输、美容美发、服装、焊工、钳工等市场需求比较大，容易找到工作的技能培训上低于非苍南县新居民（22%：23%；26%：29%）。

苍南县新居民更愿意接受赚钱预期高的技能培训，而非苍南县新居民更愿意接受市场需求大，工作容易找的技能培训。

（7）您会选择哪一类培训机构

苍南县新居民在选择专业学校提供的培训、社会团体提供的培训上高于非苍南县新居民（36%：29%；9%：5%）。

苍南县新居民在选择政府组建的培训机构、用人单位提供的培训上低于非苍南县新居民（14％∶15％；16％∶22％）。

对培训机构的认可度上，苍南县新居民更倾向于专业学校和社会团体提供的培训；而非苍南县新居民更倾向于政府组建的培训机构和用人单位组织的培训。

2.离职原因

（1）离职的原因

苍南县新居民在选择因为住房离职的高于非苍南县市民（11％∶4％）。

苍南县新居民在选择因为更高的收入、更稳定的工作、更好的工作条件、更好的福利社会保障和想自谋职业低于非苍南县新居民（43％∶51％；20％∶23％；16％∶17％；15％∶17％；10％∶13％）。

苍南县新居民更多地会因住房因素选择离职，而非苍南新居民离职的原因更多的是为了更高的收入、更稳定的工作、更好的工作条件和福利社会保障及自谋职业。

（2）不离职的原因

苍南县新居民在选择因为合同期未满、住房安排有困难、现有单位领导不同意的原因不离职上高于非苍南县新居民（5％∶4％；7％∶5％；7％∶2％）。

苍南县新居民在选择因为找不到好的单位、技术与资金不够和没有熟人关系的原因不离职上低于非苍南县新居民（27％∶28％；10％∶18％；9％∶11％）。

苍南县新居民不离职的原因更多的是合同未满、住房困难、领导不同意；而非苍南县新居民不离职的原因更多的是找不到好的单位，技术与资金不够以及没有熟人关系。

3.子女教育情况

（1）您的子女的教育情况

苍南县新居民在选择本地公办学校接受教育上高于非苍南县新居民（16％∶13％）。

苍南县新居民在选择在务工地民办学校接受教育、在老家的学校接受教育、失学上低于非苍南县新居民（2％∶4％；6％∶14％；0∶1％）。

苍南县新居民更多地让子女在选择本地公办学校接受教育，而非苍南新居民则更多地让子女选择当地民办学校、老家的学校接受教育，甚至有部分子女失学。

(2)您认为目前对于进城农民工子女就学存在不平等现象吗

非苍南县新居民在选择"是"高于选择"否"(31%：22%)。

苍南县新居民在选择"是"高于选择"否"(31%：20%)。

无论是非苍南新居民还是苍南县新居民,都认为进城农民工子女就学存在不平等现象,两者没有差异。

4. 市民化意愿

(1)您对现在居住的城市总体上满意吗

苍南县新居民在不太满意、无所谓选项上高于非苍南县新居民(30%：26%;21%：19%)。

苍南县新居民在很不满意和基本满意选项上低于非苍南县新居民(5%：6%;37%：42%)。

苍南县新居民对居住的城市抱不太满意、无所谓态度的高于非苍南县新居民;非苍南县新居民在很不满意、基本满意上高于苍南县新居民。总体满意度都不高。

(2)您在现在居住的城市感到归属感吗

苍南县新居民认为感觉很好选项上高于非苍南县新居民(42%：25%)。

苍南县新居民在感觉不是自己的地方、没有什么感觉只是过来挣钱选项上低于非苍南县新居民(15%：26%;41%：47%)。

苍南县新居民在城市归属感上要强于非苍南新居民。

(3)您对自己的身份定位

苍南县新居民是城里人选项上高于非苍南新居民(30%：15%)。

苍南县新居民在不是城里人、半个城里人选项上低于非苍南新居民(30%：38%;37%：44%)。

苍南县新居民把身份定位成城里人的要明显高于非苍南县新居民。

(4)你对下面哪些方面不满意

苍南县新居民在医疗条件、工作环境、职业技能培训上选项上高于非苍南新居民(28%：25%,19%：17%,12%：7%)。

苍南县新居民在社会保险、居住状况、收入水平、子女教育、城市歧视选项上低于非苍南新居民(16%：22%;16%：20%;27%：35%;5%：15%;10%：16%)。

在权益保障上,两者没有区别,都不满意。

对城市不满意方面,苍南县新居民更看重医疗条件、工作环境、职业技能培训,而非苍南新居民对社会保险、居住状况、收入水平、子女教育和城市歧视上更不满意。

(5)你是否希望获得城镇户口

苍南县新居民在"不想"的选项上高于非苍南新居民(25%:19%)。

苍南县新居民在"无所谓"、"想"的选项上低于非苍南新居民(47%：54%;20%:25%)。

非苍南新居民比苍南县新居民更希望获得城镇户口。

(6)你是否希望您的子女获得城镇户口

苍南县新居民在"不想"、"无所谓"的选项上高于非苍南新居民(17%：14%;38%：32%)。

苍南县新居民在"想"的选项上低于非苍南新居民(30%:40%)。

让子女获得城镇户口的意愿上,非苍南新居民比苍南县新居民更强烈。

(7)城镇户口最吸引你的是什么内容

苍南县新居民在有低保、下岗扶持等措施、城市生活条件好、能购买政府保障性住房或政府提供的廉租房、子女高考容易、城市比农村福利水平高、身份平等的选项上高于非苍南新居民(5%：4%;37%：29%;14%：13%;12%：10%;15%：11%;6%：5%)。

苍南县新居民在社会保险水平高、就业稳定、子女教育条件高的选项上低于非苍南新居民(9%：19%;21%：26%;23%：32%)。

城镇户口的好处上,苍南县新居民更看重低保、下岗扶持等措施、城市生活条件好、能购买政府保障性住房或政府提供的廉租房、子女高考容易、城市比农村福利水平高、身份平等,而非苍南县新居民更看重社会保险水平高、就业稳定、子女教育条件高。

(8)假如不提供城镇户口,你愿意留在城里吗

苍南县新居民在无所谓,可以两边跑的选项上高于非苍南新居民(41%：32%)。

苍南县新居民在愿意,无论如何都要留在城里、不愿意,干些年再回去、我相信这种情况会改变的选项上低于非苍南新居民(22%：25%;2%：11%;16%：21%)。

在没有城镇户口是否还愿意留在城市里的问题上可以看出,苍南县新居民的留城意愿没有非苍南县新居民高。

(9)您目前最希望政府做的事是什么

苍南县新居民在改善社会保险、改善医疗条件、改善工作和生活环境的选项上高于非苍南新居民(32%：28%;35%：27%;26%：22%)

对政府希望上,苍南县新居民更希望政府改善社会保险、改善医疗条件、改善工作和生活环境。

5.社会参与

(1)如果您是党员或团员,您在打工企业或者所在居住社区是否经常参加党团组织活动

苍南县新居民在从不参加的选项上高于非苍南新居民(53%：45%)。

苍南县新居民在偶尔参加的选项上低于非苍南新居民(23%：25%)。

参加党团组织的活动,非苍南县新居民参与度更高。

(2)到城里后,您是否回老家参加过村委会选举

苍南县新居民在是的选项上高于非苍南新居民(28%：25%)。

进城后依然会参加老家的村委会选举的,苍南县新居民比非苍南县新居民更多。

(3)您有没有加入工会

苍南县新居民在有的选项上低于非苍南新居民(7%：10%)。

非苍南县新居民比苍南县新居民更多地参与工会。

(4)您是否经常参加社会活动(例如社区活动、慈善公益活动等)

苍南县新居民在是的选项上低于非苍南新居民(16%：21%)。

在参与社区活动、慈善公益活动上,非苍南县新居民比苍南县新居民的参与度更高。

(5)您认为农民工是否应该参加所在居住社区的选举活动

苍南县新居民在应该的选项上高于非苍南新居民(58%：46%)。

苍南县新居民在无所谓的选项上低于非苍南新居民(22%：36%)。

是否应该居住社区的选举活动上,苍南县新居民比非苍南县新居民的态度更积极。

(6)您期望用什么途径来维护自己的合法权益

苍南县新居民在通过政府用制度来维护自己的利益、参与城市的社会管理、由人大代表或政协委员代为解决的选项上高于非苍南新居民(42%：31%;10%：5%;7%：5%)。

苍南县新居民在一切用法律来解决问题、通过工会组织代为解决的选项上低于非苍南新居民(38%：39%;1%：3%)。

在维护自身的合法权益上,苍南县新居民更多地倾向于用政府用制度来维护自己的利益、参与城市的社会管理、由人大代表或政协委员代为解决;而非苍南县新居民更倾向于一切用法律来解决问题、通过工会组织代为解决。

6.进城目的及是否达成

(1)您当初进城主要是为了什么

苍南县新居民在城市的生活质量很高,很吸引我(基础设施、娱乐设施

等)的选项上高于非苍南新居民(35%：25%)。

苍南县新居民在让子女受到更好的教育、自己有更大的发展,实现我的理想、城市有更多的就业空间和机会,可以找到更好的工作、让父母过上城市里的好生活,让他们享点福、有许多亲戚、老乡、朋友等都来了,所以我也来了、这儿工作能够挣到更多的钱,可以过上城里人的生活等选项上低于非苍南新居民(17%：19%；57%：66%；38%：41%；17%：25%；12%：15%；20%：26%)。

在进城原因上,苍南县新居民更看重城市的生活质量、基础设施和娱乐设施的完善;非苍南县新居民更看重子女受到更好的教育、更大的发展,实现我的理想、更多的就业空间和机会,可以找到更好的工作、让父母过上城市里的好生活,让他们享点福、过上城里人的生活。

(2)您认为您已经达到了进城的目的吗

苍南县新居民在完全达到了、说不清楚的选项上低于非苍南新居民(2%：4%；19%：27%)。

苍南县新居民在基本达到、完全没有达到的选项上低于非苍南新居民(15%：18%；5%：18%)。

苍南县新居民更多地认为自己的进城目的完全达到;非苍南县新居民认为自己的进城目的基本达到。同时,非苍南县新居民比苍南县新居民更多地认为完全没有达到。

4.2.4　温州市人口市民化的特征

(1)城镇化水平区域差异明显

温州市区域间经济发展水平和地理环境的差异,使得区域间城镇化发展水平不平衡。东西部地带呈现明显的梯度差异,从总体上看,东部地区明显高于西部山区。同时,东部地区的城市化进程比西部山区明显要快,已经进入城市化发展的中期阶段,而西部山区则仍处于城镇化发展的初期阶段。

(2)职业转变与身份转变相分离

根据在温农民工的职业差异,可以将农民工分为智能型农民工、技术型农民工和体力型农民工。农民工从农业劳动者中分化出来,从事非农劳动,在职业身份上实现了农民向工人的转变。但城乡二元体制的限制,他们不能成为真正的城里人,同时,也无法承担在城市永久定居的巨额生活支出,如住房的支出、子女受教育的支出,且无法在城市获得令人放心的社会保障。从而无法真正在城市定居,未能实现身份上从农民到市民的转变,导致其职业转变与身份转变相分离。大部分农民工的城市归属感不强,只能"候鸟"式的奔波于城乡之间,年轻时在城市打工,年老时必须返回农村,使其成为城乡"两栖人口"。

(3)家庭化迁移趋势增强

根据国家统计局统计,2012年,我国外出农民工中,举家迁移的人数为3375万人,较之上一年度增加了96万,增幅达到2.9%。从流动迁移模式上看,家庭化迁移成为人口流动迁移的主体模式,新生代流动人口表现更为突出。调查显示,超过六成的已婚新生代流动人口与全部核心家庭成员在流入地共同居住。但大多数家庭不能一次性完成核心家庭成员的整体迁移,近七成的家庭中,家庭成员为分次流入,夫妻首先流入,再把全部或部分子女接来同住是最常见方式。调查的数据显示,农民工配偶在温人数占农民工总数的63.8%。农民工在当前城市务工和停留的时间平均为8.07年,其中62.2%的人在当前城市5年以上,35.5%的人为10年以上。农民工流动的家庭化、城市务工和停留的时间是决定农民工在流入地居住长期化趋势的重要因素。

(4)新生代农民工出现新的特质

当前来温州务工的农民工群体构成的最大特点就是新老两代并存。近年来,20世纪80年代和90年代出身的青年农民工逐渐成为农民工的主体,一般称之为"新生代农民工"。与老一辈的农民工一样,他们很难改变体制上的束缚真正融入城市,但也呈现了一些新的特点:一是受教育程度提高,初中以上文化程度的占89%,但大专及以上学历仅占7.4%。二是参加农业技术培训的比例低,缺乏从事农业生产的技能。三是对职业角色认同,由农民转向工人。四是对务工城市的心态,从过客心理向期盼在务工地长期稳定生活转变。五是外出动机,从"改善生活"向"追求梦想"转变。六是从单纯要求实现基本劳动权益,向追求体面劳动和发展转变。

4.3 外来人口的市民化存在的问题

与外来人口基本权利有关的公共服务项目,主要包括计生卫生(包括医疗救助)、基本教育(义务教育)、就业服务、居住条件和养老保险等。2010年12月,温州市出台《温州市区流动人口居住登记办法》(温政发〔2010〕77号),规定新居民在温办理《浙江省临时居住证》和《浙江省居住证》可享受的18项政策待遇和公共服务。主要公共服务及存在问题如下:

4.3.1 外来人口从农村"退出难"

农民工市民化的农村退出制度主要涉及土地承包经营权和宅基地使用

权。我国法律规定,农村的土地归村集体所有,农民是集体土地的共同所有者,但是个人产权并不清楚。同时,农民对集体土地的权利是一种"成员权",农民只有作为集体经济组织的成员时才拥有对集体财产的权利,如果退出,只能放弃自己的权利,且得不到任何补偿。基于此,许多进城农民不愿意放弃自己村集体经济组织成员的身份,甚至部分有能力在城市落户、立足的,也不愿意转为市民身份。在温州市许多地区,还出现了从城市往农村回迁户口的现象。另一个角度看,进城农民也不敢放弃农村的土地,因为其在城市没有足够的社会保障,一旦生活出现困难,返回农村是其主要的退路。因此,从农村退出制度的改革是人口市民化进程中亟待解决的问题之一。

4.3.2　外来人口城镇立足难

农村人口转移到城镇,首先要解决的就是立足问题,而要在城镇立足一是要有稳定的职业,获取稳定的经济来源;二是要有稳定且宜居的居住场所。但就目前的情况而言,工资收入水平较低、务工地房价居高不下,已成为阻碍其在务工地城市长期稳定就业、生活的最大障碍。

（1）就业创业保障不足

温州市农民工主要从事的工作还是劳动密集型和体力劳动行业,就业的质量较差,工作的环境欠佳。就业质量不高是农民工就业能力不足的表现。而缺乏职业技能的培训是其就业竞争力差的根源。近七成的农民工未接受任何的职业技能培训。由此带来的问题是,农民工的整体收入水平近年来快速增长,但农民工的收入水平明显低于城镇居民的收入。农民工欲在城镇立足,收入水平有待提高。

近年来,温州市进一步规范职介市场,依法加强对职介市场的监管,制定完善新居民减免费职业介绍服务政策。建立完善政府主导、企业支持、个人自愿、社会参与的就业培训机制,鼓励新居民参加各类职业技能培训,提高新居民就业技能培训的覆盖面。加大劳动保障监察执法和劳动争议处理力度,加强对用人单位违法行为的监管,畅通劳动纠纷化解渠道,完善劳动纠纷处理联动机制和协调劳动关系三方机制。出台了《关于加强新居民学历教育工作的实施意见》,对参加学历提升,获得学历并符合相应条件的新居民,给予3000元或全额学费补助。

新居民超时加班现象严重,周平均工作时间普遍偏长,有的甚至没有休息日和节假日(温州企业普遍是每月1日休息一天)。但由于较多新居民未与雇主签订劳动合同,只是口头协议,工作时间、劳动权利、工伤赔偿等很多合法权益无法得到法律保障。2012 年以来,金融危机又引起了部分企业的倒闭,城镇就业压力进一步加大,失业的新居民未列入"城镇登记失业人口"或未参加失业保险,难以获得政府的失业补助,再就业服务工作也有待加强。

(2)居住环境有待改善

2010 年,温州市政府出台《关于加快发展公共租赁住房的实施意见》,将不具备买房条件的职工和有稳定职业并已在温州市居住 1 年以上的外来务工人员纳入公租房保障范围,目前主要以租赁补贴的形成进行。同时,各级政府在新居民相对集中的区域,合理安排建设用地,建成一批"安心公寓"等公租房建设;也积极引导、支持民间资金投资兴建新居民公寓,按照"谁投资、谁受益"的原则,实行产业化经营、市场化运作和廉价低利润出租。同时要求企业多渠道筹建、筹集房源,解决新居民居住问题。乐清市探索新居民积分购买限价房政策,2013 年共拿出 10 套限价房供高积分新居民购买。

温州新居民主要居住形象为租住出租房,而温州市居住出租房总体上呈现"总量大,分布广,形式多,隐患突出"的特点。因外来人口集聚、城市功能混杂、出租房屋管理滞后等因素相互交织,使得温州市新居民居住环境差,群租现象突出,消防隐患大,治安情况较差,出租房卫生条件恶劣。

4.3.3　外来人口城镇融入难

农村人口要真正实现市民化,在城镇立足是前提,而融入城镇生活才是最终的归宿和目的。就目前的情况而言,农村人口市民化存在着融入难的问题,主要表现在以下几个方面:

(1)城镇户籍获取难

人口市民化不仅仅是一个户籍身份转变问题,但一般而言,城镇户籍是进城农民获得正式城市市民的基本标志,它在一定程度上影响农民工市民化的意愿。没有获取市民身份,会使农民工在精神层面上将自己隔离与城市之外。此外,没有户籍也会对农民工的工作和生活造成极大的影响,使其不能平等地享受城镇居民的各项权利,比如子女的入学要交借读费,享受不到最低社会保障等。而我国长期实行的城乡二元户籍制度给农村人口获得城镇户籍设置了制度障碍,使在城镇落户变成一件难事。

(2)卫生医疗不容乐观

温州市于 2011 年起开展流动人口计划生育基本公共服务均等化工作,新居民在现居住地乡镇(街道)可以与户籍人口同样享受"政策宣传教育、免费技术服务、免费药具服务、生育政策、生育关怀、优待维权"等待遇;流动育龄夫妻拟在现居住地生育第一个子女需要办理一孩生育手续的,现居住地人口计生部门依据国家《流动人口计划生育工作条例》为其办理相关手续。新居民可免费获得公共卫生服务和健康咨询服务,其适龄儿童在现居住地各预防接种门诊享受国家免疫规划规定的一类疫苗的免费接种服务,在疾控中心享受艾滋病免费咨询检测服务,在定点医院诊治的肺结核、艾滋病等传染病病人可减免相关部分检查和治疗费用。2011 年,温州市还发布《温州市区农民工医疗保险办法》,将与用人单位形成劳动关系的农民工纳入医疗保险。部分县(市、区)还出台外来务工人员大病救助办法,将符合外来困难务工人员医疗救助条件的,可纳入居住地相应救助范围。一些地方还结合积分制管理,对高积分新居民享受门诊优惠。

温州市虽然在医疗保障和医疗救助方面出台了一些政策制度,并取得了一定成效,但现状仍不容乐观。这里有新居民自身的原因,也有体制制约的因素。一方面,新居民居住、生活条件差,卫生知识相对缺乏,自我保健意识薄弱,劳动保护措施不足,基本的卫生防病设施得不到落实,增加了公共卫生服务难度。另一方面,温州市很多地方新居民数量和当地户籍人口数量基本持平甚至倒挂。如鹿城区双屿街道,户籍人口 4.24 万,登记在册的新居民 26.1 万,但公共卫生服务和管理机构的人员编制、公共卫生财政拨款仍然以户籍人口数量作为标准,公共服务根本无法覆盖实际人口,降低了新居民公共卫生服务和管理的效率。此外,现行合作医疗保险的就医和报销制度比较烦琐,导致新居民社会保障率低,很难享受到城乡合作医疗的真正实惠,很多新居民因医药费用过高而不去就医。

(3)教育资源难以满足

农民工随迁子女入学难主要体现在以下两点:一是农民工子女入学存在收费歧视。由于教育资源的紧张和城乡二元的教育制度,目前各地的公办学校主要面向的是本地户籍的学生,无法接纳随迁的农民工子女,很多学校仍对农民工随迁子女设置"借读费"、"赞助费"等条件,使本不富裕的农民工增加了子女教育成本。许多农民工不得不将子女留在农村就读,导致了留守儿童现象的出现。二是随迁子女就读的民办学校教育质量不高。

温州市根据省里要求,已将进城务工子女纳入义务教育发展规划,近年来相继出台《温州市义务教育阶段进城务工人员就学暂行管理办法(试行)》、《关于新居民子女就学管理暂行办法》和《关于做好非温州籍进城务工人员随迁子女接受义务教育后在温州市参加中考工作的实施方案》等政策,坚持"流入地为主、公办学校为主"的政策,按照"就近入学、统筹安排"原则,安排符合条件新居民子女入学,妥善解决义务教育阶段后中考、高考问题。

目前全市共有 929 所公办学校、99 所民办学校接纳 23.85 万名新居民随迁子女就读,其中公办学校就读占 80%以上。近二年,温州市也开展了积分入学探索,将高积分新居民的子女优先安排公办学校就读。

温州市保障新居民子女教育的公正性、平等性和教育质量等方面存在一些问题,尚没有形成"同城同待遇"。近几年,温州市新居民子女入学人数以每年近 2 万人的速度递增,如果按照每所学校 24 个班级每班 50 人的常规标准计算,相当于每年全市需新增 17 所学校 400 个班级,这是一个惊人的数字,正常的年新增学校数是远远不能满足需要的。加上在本地户籍入学人口教育资源紧张的前提下,一些地方解决新居民子女入学的积极性不高,部分学校仍未向新居民子女开放,教育资源的缺口就更大。一些新居民子女在民工子弟学校就读,但这类学校普遍办学条件较差,无论硬件条件,还是师资队伍,都与公办学校有较大距离。

(4)社会保障比率偏低

城乡社会保障制度的衔接,以及社会保障的区域流转尚未得到妥善解决。农民工是流动性较强的群体,长期在城乡之间,城市与城市之间流动。如果城乡社会保障制度仍是二元的,不能够得到很好的衔接,就会直接损害农民工的权益,也会影响其参加社会保障的积极性。同样的,各类社会保险若不能在城市之间流转,也会对其造成诸多的不便。

近年来加大工伤保险和商业保险实施力度,深入贯彻《工伤保险条例》,基本实现了工伤保险全覆盖;采取政府推广、市场运作、购买自愿、低费高效、稳步推进的原则,鼓励出租房业主或租住人员购买出租房综合险和租住人员意外伤害险。同时将新居民纳入医疗保险范围,新居民与用人单位签订劳动合同的,随所在单位参加城镇职工基本医疗保险;同时,完善医疗保险结算办法,为患病后按规定办理转外就医手续的参保流动人口提供医疗结算服务。对在城镇稳定就业的新居民,直接纳入城镇企业职工基本养老保险范围,并按规定实行城乡统一的失业保险制度,用人单位要按时足额缴纳基本养老保险费和失业保险费。新居民参加"五险一金"有所提高。

温州市当前新居民社会保障存在"低参保率、高退保率"的现象。在养老、失业、医疗、工伤、女职工生育保险的参保率平均不到三成,如不妥善解决将会给未来温州市社会经济发展留下较大的隐患。而新居民主要来自农村,素质普遍偏低,没有认识到社会保障的重要性。有的认为缴纳养老、医疗、失业等社会保险会减少他们的收入,有的担心会因为政策变化而得不到回报,返回农村的新居民,大部分选择退保城镇养老保险重新参加农村养老保险等其他险种。

4.3.4 本埠外来人口与外埠外来人口享受到公共服务的待遇差别较大

在温州市城市化推进的过程中,目前突出的矛盾,就是本埠外来人口与外埠外来人口享受到公共服务的待遇差别较大,同样是外来人口,对外埠外来人口采取歧视政策,据我们调研,培训意愿、离职原因、子女教育情况、市民化意愿、社会参与、进城目的及是否达成等指标均出现差异性,严重阻碍了外来人口市民化进程。

5 "美丽小城市"建设调查

5.1 "美丽小城市"建设调查组织与实施

　　为更全面深入了解温州市目前"美丽小城市"建设的现状和存在的问题,我们专门组织成立了"温州市美丽小城市建设社会暑期实践队"共22位同学奔赴温州各地县市针对社会公众进行了问卷调查和面对面深度访谈。由于"美丽小城市"建设需要所在乡镇有一定的前期建设基础,因此本次调查的范围选取了温州市被命名为省级生态乡镇(街道)的名单中选取了具有较强代表性的温州市市区各街道和乐清、瑞安、平阳等地县市小城市培育试点镇。本次调查共向社会公众、企事业单位人员、街道(中心镇)工作人员等发放调查问卷580份,回收564份,其中有效问卷555份,问卷回收率97.2%,问卷有效率95.7%。面对面深度访谈108人,并全部做好访谈记录。为保证问卷的有效率,调查队伍采用当面复查的方式检查调查问卷的填写完整性和有效率,保证了较高的问卷有效率。

5.2 "美丽小城市"建设调查结果分析

　　为直观起见,将本次调查结果汇总如表5-1所示:(注:表中给出了最佳选项和次佳选项,最佳选项为选择人数最多的选项,次佳选项为选择人数第二多的选项。当最佳选项一栏数据显示出绝对的优势时,次佳选项一栏就是—)

表 5-1　温州市"美丽小城市"建设情况调查结果汇总

分　类	项　目	最佳选项	次佳选项
温州市美丽小城市建设总体现状调查	认知度	知道	不知道
	了解程度	一般	较不了解
	总体评价	一般	—
	总体满意度	一般	较不满意
	对个人及家庭影响程度	影响一般,对个人生活影响不大	影响很大,提升生活品质使生活更加美好
	支持程度	很支持	较支持
	参与意愿	参与意愿一般,视具体情况而定	—
	心目中的美丽小城市	生活环境美	居民素质美
	存在的主要问题	生态环境破坏严重,各类污染严重	居民整体素质较低,低碳环保意识较差
	最重要的举措	注重生态环境及各类污染的治理	提升居民整体素质,树立低碳环保理念
温州市美丽小城市建设分项调查　生态人居建设情况调查	农村人口集聚政策实施情况	已部分实施,尚未全面铺开	—
	土地综合整治工作实施情况	已部分实施,尚未全面铺开	—
	是否鼓励建设多层公寓式或联立式住宅	不清楚	有优惠政策措施大力鼓励
	对生态环境综合整治的实施措施	家庭危房旧房改造	建立了防汛防台体系
	基础配套设施	体育健身器材	老年活动中心
	存在的主要问题	生态环境综合治理措施不得力	缺乏整体规划
	整体评价	一般	—
	整体满意度	一般	—

分　类		项　目	最佳选项	次佳选项
温州市美丽小城市建设分项调查	生态环境提升情况调查	环保配套设施	垃圾中转站或处置设施	生活生产污水处理设施
		推广使用的节能节材技术	使用太阳能热水器等	路灯太阳能供电
		环境绿化美化的措施	公园绿地种休憩林	道路河道种乔木林
		环境绿化美化方面投入的力度	一般	—
		垃圾分类实施情况	垃圾桶有实行垃圾分类,但居民尚未自觉主动实施垃圾分类,仍乱扔垃圾	垃圾桶没有实行垃圾分类,居民也没有自觉主动实施垃圾分类
		个人主动实行垃圾分类情况	有时候会,有时候不会,扔垃圾比较随意	会严格按照要求实行垃圾分类
		整体投入力度	一般	—
		存在的主要问题	环保配套设施不完善	节能、节材技术未得到推广应用
		整体评价	一般	—
		整体满意度	一般	—
	生态经济推进情况调查	发展生态农业采取的措施	扩大无公害、绿色食品和有机食品生产	未采取措施,仍是传统农业生产方式
		发展生态旅游业采取的措施	发展农家乐休闲旅游业	利用田园风光发展乡村悠闲旅游业
		工业企业发展现状	不清楚	工业企业污染严重,耗能严重,未加管制
		存在的主要问题	未有效发展生态旅游业	缺乏整体规划
		整体评价	一般	—
		整体满意度	一般	—

分 类		项 目	最佳选项	次佳选项
温州市美丽小城市建设分项调查	生态文化培育情况调查	培育特色文化乡镇（街道）采取的措施	编制农村特色文化村路保护规定和政策	充分挖掘传统农耕文化、山水文化、人居文化、民俗文化等
		开展文明村镇创建活动宣传力度	一般	—
		转变居民生活方式采取的措施	合理理性消费	生态低碳消费
		促进社会和谐采取的措施	民主选举法制化	有效化解居民矛盾纠纷
		存在的主要问题	文明村镇创建活动宣传力度不够	缺乏整体规划
		整体评价	一般	—
		整体满意度	一般	—

本次调查问卷主要用专业问卷统计软件问卷星和 EXCLE 软件进行统计,为使统计结果更为全面和深入,主要进行了描述性统计分析和交叉分析。

5.3 "美丽小城市"建设总体现状调查结论

（1）在认知度和了解程度方面

总体而言,有将近 60％的被调查者知道温州市要进行"美丽小城市"建设相关事宜,但对"美丽小城市"建设的情况了解程度不高,只有超过 50％以上的被调查者了解一些相关的情况,但了解程度也仅为一般,还有超过 30％的被调查者不了解"美丽小城市"建设的相关情况。从职业来看,国家公务员和事业单位员工对温州市"美丽小城市"建设情况认知度最高,远比其他职业人群的认知度要高得多,而自由职业者和个体工商户认知度最低。从学历来看,学历越高对"美丽小城市"建设的认知度也越高。从地区来看,温州市市区各街道和各地县市对"美丽小城市"建设了解程度也不同,市区街道相对于各地县市来说了解程度更高一些。乐清市、平阳县、瑞安其他地区对温州市"美丽小城市"建设情况了解程度比较低,由此可见,社会公众对温州市"美丽小城市"建设的知晓度和了解程度并不高,需要进一步加大宣传力度提高社会公众对"美丽小城市"建设的认知度和了解程度,尤其是对自由职业者、个体工商户和低学历者（初中以下）要做重点宣传。

（2）在总体评价和满意度方面

总体而言,有超过 60％的被调查者对温州市"美丽小城市"建设的总体评价为一般,评价较好的只有 25％左右。而对"美丽小城市"建设的总体满意度上有 45％左右的被调查满意程度一般,较满意的只有 22％左右。从职业来看,事业单位员工、自由职业者、学生等对温州市"美丽小城市"建设满意度相对较高,而教师和公务员的满意度相对较低。从月收入来看,不同收入的人群对温州市"美丽小城市"建设情况的总体满意度一般,还是有个别高收入人群满意度较低。由此可见,社会公众对温州市"美丽小城市"建设的总体评价并不高,满意度也不高,需要进一步采取措施提高社会公众尤其是教师、公务员和高收入群体对"美丽小城市"建设的好评度和满意度。

（3）在个人生活影响程度方面

总体而言,有超过 40％被调查者认为温州市实行"美丽小城市"建设对其个人和家庭影响很大,能够提升生活品质使生活更美好。但也有 45％左右的被调查者认为对其个人和家庭影响不大。从月收入来看,月收入 3000元以下的群体认为温州市实行"美丽小城市"建设对他们和家人的影响一般,对个人生活影响不大。但月收入 3000 元以上的群体则大部分认为温州市实行"美丽小城市"建设对他们的生活影响很大,可以提升他们的生活品质使生活更加美好。从居住地来看,市区居民与农村和乡镇（街道）居民相比认为"美丽小城市"建设对他们的生活影响要大得多。由此可见,不同的社会公众对"美丽小城市"建设对其生活的影响分歧度较高,需采取措施统一认识,尤其是月收入 3000 元以下群体和农村、乡镇居民需做重点引导。

（4）在支持程度和参与意愿方面

总体而言,有超过 70％的被调查者对温州市实行"美丽小城市"建设持较支持的态度,但从参与意愿来看,却只有将近 30％的被调查者是很愿意参与相关建设的,而有 67％左右的被调查者参与意愿一般,要视具体情况而定。从职业来看,公务员、事业单位员工和教师的参与愿意比其他职业人群相对较高,而学生和自由职业者则需要政府更多的引导才会愿意参与。从教育程度来看,不同受教育程度人群大部分人的参与意愿都不是特别高,但随着受教育程度的提升参与意愿也逐步提升。从地区来看,不同地区对温州市进行"美丽小城市"建设的支持程度是不尽相同的。平阳县等地支撑程度较高,而瑞安市塘下镇等地区则对美丽小城市建设的支持程度相对较低。由此可见,大部分社会公众对温州市实行"美丽小城市"是持支持态度的,但是具体的参与度高低还要需要政府的正确引导。

（5）在心目中的"美丽小城市"设想方面

总体而言,有近70％的被调查者认为他们心目中的"美丽小城市"最重要的是生态环境要美,其次是居民素质要美,再次是生活条件美和社会和谐美。从交叉分析来看,不管是什么职业、年龄、收入水平、受教育程度及所在地区的群体对此问题的调查结果都保持高度一致。由此可见,生态环境还是社会公众最为看重的方面,这也为本课题从生态文明角度切入研究提供了现实基础。

（6）在存在的问题和解决措施方面

总体而言,有70％的被调查者认为目前温州市实行"美丽小城市"建设中存在的最主要的问题是生态环境破坏严重,各类污染严重。其次是居民整体素质较低,低碳环保意识较差,再次是公共服务部门服务意识较差,配套基础设施不完善。从交叉分析来看,不管是什么职业、年龄、收入水平、受教育程度及所在地区的群体对此问题的调查结果都保持高度一致。据此,大部分被调查认为目前温州市实行"美丽小城市"建设最重要的措施首先是要注重生态环境及各类污染的治理,其次是要提升居民整体素质,树立低碳环保理念,再次是要提升公共服务部门的服务意识,完善配套基础设施建设。由此可见,如何从生态、低碳的角度切入进行"美丽小城市"建设的迫在眉睫的重任。

5.4 "美丽小城市"建设分项调查结论

5.4.1 生态人居建设情况调查结论

（1）在土地综合治理方面

有近60％的乡镇（街道）已部分实施土地综合治理工作,如整治闲置住宅、废弃住宅、私搭乱建住宅等,但尚未全面铺开,仅有8％左右的乡镇（街道）已全面实施并效果良好。有40％左右的乡镇（街道）有优惠措施大力鼓励建设多层公寓式住宅和联立式住宅。但也有近50％的被调查者对此项政策完全不清楚。由此可见,相关政策的宣传力度还不到位,导致社会公众了解不清楚。

（2）在生态环境治理方面

有近60％的乡镇（街道）实施了家庭危房旧房改造,有40％的乡镇（街道）建立了防汛防台体系,还有近30％的乡镇（街道）实施了饮用水源山塘综合整治等。由此可见,在生态环境治理方面各乡镇（街道）采取的措施是多种多样的。

（3）在基础配套设施方面

有超过 40％的乡镇（街道）有体育健身器材、老年活动中心、社区综合服务中心、社区医院和安全饮用水。而拥有率相对较低的为电气化工程和社区培训中心。由此可见，各乡镇（街道）的基础配套设施还不够完善，需进一步加强基础设施建设。

（4）在存在的问题方面

从调查结果来看被调查者认为在生态环境治理存在的问题是多样的，最主要的是生态环境综合治理措施不得力（占 46％），其次是缺乏整体规划（占 39％），再次是基础配套设施不完善和土地综合整治工作效果不理想（占 37％），还有是资金缺乏，投入力度不够（占 33％）。由此可见，在生态人居建设方面存在的问题较多，还需多管齐下。

（5）在整体评价和满意度方面

有 65％的被调查者对所在乡镇（街道）的生态人居建设整体评价仅为一般，认为较好的仅为 20％左右。而在整体满意度上有 67％的被调查者满意度仅为一般，较满意的仅为 18％左右。由此可见，社会公众对所在乡镇（街道）的人居建设整体评价和满意度都不高，需进一步采取措施提升社会公众对所在乡镇（街道）的生态人居建设的满意度和好评度。

5.4.2　生态环境提升情况调查结论

（1）在节能环保推行方面

从调查结果来看大部分乡镇（街道）采取的环保配套措施主要是垃圾中转站或处置设施（占 52％）、生活生产污水处理设施（占 46％）和卫生改厕设施（占 43％）。但是所占比例均不是很高，说明环保配套设施的普及度还不高。而在推广使用的节能节材技术方面使用最多的是使用太阳能热水器等（占 45％），其次是路灯太阳能供电（占 37％），再次是新建住宅采用节能、节水新技术和新工艺（占 22％）。而农村沼气集中供气和使用新型墙体建材和环保装修材料等使用率均低于 20％。由此可见，在节能节材技术使用上比较单一，以太阳能为主，其他节能节材技术使用有待进一步开发。

（2）在环境绿化美化方面

从调查结果来看大部分乡镇（街道）采取的环境绿化美化方面采用的最多的措施是在公园绿地种休憩林（占 54％），其次是在道路河道上种乔木林（占 43％）。而在房前屋后种果木林（占 27％）和村庄周围种护村林的比例就相对比较低（占 22％）。而在环境绿化美化投入力度方面，有 61％的被调查者认为所在乡镇（街道）投入力度一般，认为较大的仅占 19％左右。由此可见,各乡镇(街道)在环境绿化美化方面采取的措施还是比较单一的,而且投入力度也不是很大,需进一步加大投入力度,采取多种措施绿化美化环境。

(3)在垃圾分类实施方面

有55％的被调查者所在乡镇(街道)垃圾桶有实行垃圾分类,但是居民尚未自觉主动实施垃圾分类,乱扔垃圾。只有16％的乡镇(街道)垃圾桶有实行垃圾分类,居民也会自觉主动实施垃圾分类。另外值得注意的是还有30％的乡镇(街道)垃圾桶没有实行垃圾分类,居民也没有自觉主动实施垃圾分类。而在个人实施垃圾分类方面,有55％的被调查者扔垃圾比较随意,有时候会分类,有时候不分类,只有30％的被调查者会严格按照要求实行垃圾分类扔垃圾。还有将近26％的被调查者垃圾从不分类,都是一起扔垃圾。由此可见,还有相当一部分社会公众在垃圾分类方面自觉性不强,需要政府出台相应的政策措施鼓励指导居民实施垃圾分类处理。

(4)在投入力度和存在问题方面

有63％的被调查者认为所在乡镇(街道)在环境绿化美化方面投入力度一般,只有19％左右的被调查者认为投入力度较大。而在环境绿化美化存在的问题是多种多样的,如有环保配套设施不完善、节能节材技术未得到推广应用、缺乏整体规划、环境绿化美化效果不理想、垃圾分类实施未真正推行等,各项比例均占30％～40％。由此可见,各乡镇(街道)在环境绿化美化方面存在的问题是多种多样的,需要多管齐下采取措施加以解决。

(5)在整体评价和满意度方面

有68％的被调查者对所在乡镇(街道)在生态环境提升整体的评价为一般,认为较好的仅为16％左右。而对生态环境提升整体满意度方面,有68％的被调查者满意度为一般,较满意的仅为18％左右。由此可见,社会公众对所在乡镇(街道)在生态环境提升方面的整体评价度和满意度都不是很高,需要采取措施进一步提升社会公众对生态环境的好评度和满意度。

5.4.3 生态经济推进情况调查结论

(1)在已采取的措施方面

在参与调查的乡镇(街道)中在发展生态农业方面主要采取的措施是扩大无公害、绿色食品和有机食品生产,占37％;而在建立现代农业园区、建设粮食生产功能区、推广种养结合新型农作制度、推广应用有机肥,降低农药肥料使用率等方面均占比较低,均只有20％左右;还有31％的乡镇(街道)未采取措施,仍是传统农业生产方式。由此可见,在生态农业方面采取的措施还较为单一,需进一步采取措施发展生态农业。而在生态旅游发展方面,有近60％的乡镇(街道)采取的是发展农家乐休闲旅游业,还有 31%是利用田园风光发展乡村悠闲旅游业。在工业企业发展方面,有 28%的被调查者认为工业企业污染严重,耗能严重并未加管制。有 25%的被调查者认为所在乡镇(街道)已对高污染、高耗能企业进行整改和污染治理,但认为已对工业产业结构进行调整,大力推行低碳、环保、节能、无污染绿色工业生产的仅占 17%。由此可见,工业企业的高耗能和污染治理问题还比较严重,需进一步采取措施加以解决。

(2)在存在的主要问题方面

从调查结果来看,被调查者认为所在乡镇(街道)在生态经济推进方面存在的问题是多方面的,主要有未有效发展生态旅游业(占 39%)、缺乏整体规划和资金缺乏,投入力度不够(34%)、工业企业和农业生产未进行转型升级(占 28%)等。由此可见,目前各乡镇(街道)在生态经济推进方面存在的问题是多种多样的,需要采取多种措施加以解决。

(3)在整体评价和满意度方面

有 71%的被调查者对所在乡镇(街道)在生态经济推进整体的评价为一般,认为较好的仅为 16%左右。而对生态经济提升整体满意度方面,有 69%的被调查者满意度为一般,较满意的仅为 15%左右。由此可见,社会公众对所在乡镇(街道)在生态经济推进方面的整体评价度和满意度都不是很高,需要采取措施进一步提升社会公众对生态经济的好评度和满意度。

5.4.4 生态文化培育情况调查结论

(1)在已采取的措施方面

从调查结果来看,在培育特色文化乡镇(街道)方面采取的措施是多种多样的,主要有编制农村特色文化村落保护规定和政策(占 39%),充分挖掘传统农耕文化、山水文化、人居文化、民俗文化等(占 37%),充分发掘和保护古村落、古民居、古建筑、古树名木等(占 34%)。而在开展文明村镇(街道)创建活动中宣传力度一般(占 61%),认为宣传力度较大的仅占 18%。在改变居民生活方式方面采取的主要措施是倡导居民合理性消费(占 50%)和生态低碳消费(占 36%)。在促进乡镇(街道)社会和谐方面采取的主要措施是民主选举法制化(占 46%)和全面推行村务监督委员会制度及有效化解居民矛盾纠纷(各占 30%)。由此可见,各乡镇(街道)在生态文化培育方面还是采取了一些措施的,但是措施均还比较单一,而且所占比例都不大,因此应该采取措施加强各项措施的实施推广力度。

(2)在存在的主要问题方面

从调查结果来看,被调查者认为所在乡镇(街道)在生态文化培育方面存在的问题是多种多样的,主要有文明村镇(街道)创建活动宣传力度不够(占43%)、乡镇(街道)缺乏整体规划(占37%)和居民生活方式转变引导不够等(占35%)。由此可见,各乡镇(街道)在生态文化培育方面还存在着较多问题,需要及时采取措施加以解决。

(3)在整体评价和满意度方面

有71%的被调查者对所在乡镇(街道)在生态文化培育整体的评价为一般,认为较好的仅为16%左右。而对生态文化培育整体满意度方面,有71%的被调查者满意度为一般,较满意的仅为15%左右。由此可见,社会公众对所在乡镇(街道)在生态文化培育方面的整体评价度和满意度都不是很高,需要采取措施进一步提升社会公众对生态文化培育的好评度和满意度。

5.5 "美丽小城市"建设中存在的问题及原因分析

从实地调查结果和相关文献研究来看,目前温州市实行"美丽小城市"建设取得了一定的成绩,但是其中也存在诸多问题,主要存在问题如下:

(1)缺乏科学的发展规划,布局不合理。

一些地方急于进行美丽乡村和美丽小城市建设,缺乏"美丽小城市"建设的长远科学规划,有的甚至没有规划就开工建设。走到哪里黑就在哪里歇,城镇布局零乱,城镇绿化缺乏统一规划,框架不清晰,街道不规范,任意超越"红线"的行为时有发生,给排水系统和排污系统缺乏长远规划,对城镇安全带来隐患,城市内涝时有发生。现已建成的不少城镇街道,楼层高度布局不合理,楼的高度和外观形状趋同,没有形成错落有致、生动活泼的具有特色的城镇景观,将一些主要商业繁华的街道建成十分窄长的"一"字街或"一"字巷,居民感觉置身于"峡谷"之中。由于缺乏统一规划,相关配套基础设施不完善问题也同时存在。

(2)生态环境破坏仍较严重,各类污染依然存在。

目前温州市在生态环境治理和各类污染治理上下了一番功夫,也取得了阶段性的成效,但是不可否认的是生态环境的破坏和各类污染仍然存在。对生态环境破坏较严重的主要有以下几类污染:一是居民生活污水和厕所粪便等黄色污染;二是各类生活垃圾污染,尤其是塑料袋、一次性餐盒等白色污染;三是畜禽养殖污染,尤其是临近珊溪水利枢纽库区的黄坦等地,畜禽养殖污染非常严重,严重影响了饮用水水质;四是农业面源污染,主要是高毒高残留农业的使用量仍无法得到有效控制;五是企业污水污染,主要是一些高污染企业的污水没有经过科学无害化处理就直接排出,严重的污染了当地环境。

(3)居民低碳环保意识较差,宣传效果不理想。

这方面最典型的问题是垃圾分类问题,温州较早就开始实施垃圾分类,但从我们调查的情况来看,温州市各城镇实施垃圾分类其实有名无实,名存实亡,具体原因如下:一是居民缺乏垃圾分类意识与知识。虽然很多城镇街道都放置了垃圾分类的垃圾桶,但是大部分居民仍然没有垃圾分类的意识,也不太清楚如何进行准确的垃圾分类,因此几乎所有垃圾都放置在一个垃圾袋里。在扔垃圾时也比较随意,哪个垃圾桶比较空就扔哪个垃圾桶,并未严格按照垃圾分类的相关标准扔垃圾。二是环卫工人缺乏垃圾分类的相关知识和培训。我们调查了相关的环卫工人,他们几乎没有接受过有关垃圾分类方面的培训,也不知道垃圾该如何进行分类。他们的环保清洁车也只是具备单一收集垃圾的功能,并不具备分类收集垃圾的功能。因此,就算居民们确切实施了垃圾分类,最后在环卫工人收集垃圾时还是全部倒在一个清洁车里进行收集,最后做统一填埋或焚烧处理,垃圾分类实则名存实亡。三是缺乏实施垃圾分类的相关制度。温州市和各城镇并未出台强制实施垃圾分类的相关规章制度,垃圾分类还是以提倡自觉为主,这就大大降低了垃圾分类实施的执行力度,缺乏约束力。四是缺乏有效的宣传引导。目前温州市有关垃圾分类、低碳环保等方面的宣传还较少,导致很多居民对垃圾分类和低碳环保等方面的意识较淡漠。

(4)城镇新区开发缺乏科学性,对城镇资源缺乏保护性措施。

大多数城镇建设者在新区建设上习惯于沿干道延伸开发,不考虑城镇商业土地的稀缺性和城镇的后续开发,以低价方式出让沿干道土地,造成了城镇资源的极大浪费。在拓展和改造城镇街道时,缺乏正常的沟通渠道及民主决策建议渠道,对具有历史、文物价值城镇资源,没有很好地听取专家意见,没有经过专家论证,片面追求新奇,整齐划一,全面推倒重来,对一些有较高文物建筑艺术价值的古建筑物进行损毁。破坏了城镇的文化底蕴,虽然建成了新的城镇,居民们却失去了自己心中的城镇。

(5)忽视城镇功能建设,城镇建设特色不突出。

片面强调城镇面积的扩大,对城镇的产业配置,第三产业的开发重视不够,人气不旺,商气不足,有"壳"无"核"。有的地方成了"空房一条街","无人一条巷",一些房屋真正成了"鬼"房,造成城镇资源的极大浪费。现在建的城镇特别是改造和扩建相结合建起的城镇大多缺乏城镇特色,没有文化根基,千篇一律,为建城镇而建城镇,虽然有华丽的外壳,但缺乏丰富的内核。同时缺乏神形皆美的示范典型,起到形象的引领示范作用。

6 政策建议

6.1 对小城市培育工作的建议

城市化是一项极其复杂的系统性工程,牵涉到经济社会发展的各个方面,其中体制改革和机制创新是城市化成败的关键所在。中心镇向小城市的发展需要置于城乡统筹、城乡一体的框架中,要在新型城市化与新农村建设互促互进的良性互动基础上,增强产业发展、公共服务、吸纳就业、人口集聚功能,加快推进户籍制度、社会管理体制和相关制度改革,有序推进农业转移人口市民化,推进有条件的中心镇向小城市发展。

6.1.1 分类推进小城市培育

(1)抓紧完成行动计划的实施,加快推进省级小城市试点工作步伐。

要按照浙江省政府对培育试点镇的工作要求,落实省、市、县有关小城市培育配套政策,加强对27个省级小城市培育试点镇的指导和督促,坚持上下联动,吸引更多的农民入镇,在2013年完成推进三年行动计划以后,提高第一批小城市培育质量,加快第二批小城市培育步伐。紧紧围绕"人"和"城"这两大主题,深入开展全国文明城镇创建活动,不断提高市民素质和城镇品位,促进经济社会的快速发展。城市内涵上,赋予完善功能——让教育医疗等公共资源更好满足市民需求;让公共绿地、文化设施建设更好遵循市民期待;让养老失业等社会保障体系更加健全完备。

(2)全力推进地级市大都市副中心建设,培育第二类小城市(逐步发展成为中等城市)。

当前,各地县城建成区不断扩大、新城区不断崛起、城市化水平不断提升,拓展县级政府对县城的管理范围,做大做强县城,有利于增强县城在区域发展中的辐射带动能力和以城带乡的龙头作用,推动副中心向中等城市、大城市发展。

如温州市,《温州市城市总体规划(2003—2020年)》(以下简称03版《总规》)自2005年获得浙江省人民政府正式批准实施以来,有效地指导了城市的建设和发展,温州经济社会快速增长,城市空间框架基本拉开,区域交通明显改善,基础设施不断完善,山水城市特色初显。同时,城市在发展过程中也面临着一些新的问题:一是温州城市能级不强;二是城乡二元结构依然明显;三是城市空间布局结构尚不合理;四是城市综合交通问题日益严峻;五是生态环境保护面临巨大压力。因此,为更好地应对温州城市发展面临的新形势与新挑战,03版《总规》亟待修改。2013年8月,国务院同意温州启动03版《总规》修改工作。根据住房和城乡建设部《关于落实〈国务院办公厅关于印发城市总体规划修改工作规则的通知〉》以及《关于规范国务院审批城市总体规划上报成果的规定》的要求,此次总规修改工作在对03版《总规》实施评估和论证的基础上,仅对其中不适应今后发展需要的部分强制性内容进行修正、补充、完善,并非全面调整03版《总规》涉及的所有内容。本次修改提出了构建"一核两翼三极多点"的大都市区空间结构。"一核"是指以温瑞平原为大都市区主中心,形成环大罗山一体化发展的大都市核心区。为全市国际化和高端服务业集聚的核心,全市对外综合交通枢纽。"两翼"是指以乐清和平阳、苍南为大都市区副中心,形成围绕大都市核心的都市功能提升区,承担重要产业和区域服务功能,支撑温州城市化和经济社会转型发展。"三极"是指三个带动山区城市化和旅游、文化产业发展的增长极,分别是永嘉、文成和泰顺的县城。"多点"是指多个支撑全市城市化发展的中心镇,主要位于山区、海岛区以及城镇密集区,为全市人口提供均等化的公共服务和就业岗位。这个布局推进了温州市域新型城市化的步伐。

(3)着力培育区域性中心镇,打造第三类小城市。

依托各地乡镇行政区划调整成果,加快中心镇培育工作,按照"两步走"思路,将中心镇最终培育成为区域小城市。第一步是以推进城乡统筹综合改革为抓手将中心镇打造成为区域新市镇。第二步是以小城市培育改革为抓手将新市镇发展成为区域小城市。

建议新一轮中心镇扶持政策重点突出以下内容:一是下放事权。以改革的力度推进强镇扩权,赋予中心镇与人口和经济规模相适应的县级管理权限。贯彻落实《浙江省强镇扩权改革指导意见》(浙政办发〔2014〕71号)文件精神,要求县(市、区)政府出台中心镇事项扩权目录,并在市对县(市、区)考核中明确任务,加大力度督促落实。二是扩大财权。加大财政扶持力度,按照分税制的要求和财权事权一致、因地制宜、分类指导的原则,继续实行财政超收激励制度和税费返还政策,支持小城市试点镇组建镇级金库,进一步完善中心镇财政体制,增强自我发展能力。建议各县(市、区)设立中心镇发展专项补助资金,其中市属三区的专项补助由市与区按照现行体制共同承担,用于中心镇的基础设施、社会事业、产业功能区、技术创新等项目补助,支持中心镇加快发展。三是强化要素保障。加大用地支持,各县(市、区)在省下达的年度土地指标计划中,要安排一定数量的用地指标单独切块直接下达到中心镇,对中心镇盘活的存量用地指标原则上用于该中心镇建设。加大金融支持,加快推进中心镇融资平台建设,鼓励民间资本通过PPP、BT、BOT等模式参与基础设施和社会事业领域建设。加大人才培育,科学控制中心镇编制总量,结构调整给予充分放权,编制倾斜于规划、建设等紧缺的专业技术人才。

6.1.2 完善小城市培育工作载体

以落实"四个一"政策措施为途径,完善小城市培育工作载体:

(1)制定一个规划

城镇化是不可逆的发展进程,我们要坚持统筹规划,形成一个地方一张蓝图的可持续发展。推进新型城市化,必须更加重视"改革的推动力"和"规划的约束力"。以打造小城市为目标定位,可按照将新城的建设和老城区的有机更新结合在一起的思路,以做大做强"1"(中心镇建成区)、做精做优"X"(建成区以外的新社区或村居)为要求,每个中心镇制定"1+X"村镇建设规划,优化规划布局。以规划为龙头,推进小城市培育工作。

(2)建立一个平台

围绕解决小城市培育融资保障问题,每个中心镇建立新农村建设投资有限公司,承担中心镇投资融资平台功能。各县(市、区)以撤扩并后的中心镇所拥有的存量资产,通过收回改性(改变土地性质)、评估升值、注资注册以及财政投入等方式,做大做强中心镇新农村建设投资有限公司公司平台,并通过建立县级担保体制机制,为中心镇提供融资支持,扩大中心镇的投融资和建设发展能力。

(3)制定一套政策

县级层面根据中心镇布局情况,按照"一镇一策"原则,制定小城市培育政策。各中心镇围绕小城市培育目标,制定实施小城市培育实施方案,完善政策体系,推动方案的实施,落实各项政策,加快小城市培育。

(4)组织一个试点

除了省级已经启动实施的小城市培育试点以外,其余县(市、区)由县

（市、区）主要领导负责，落实一个中心镇开展小城市培育试点，拓宽小城市培育试点面。

6.1.3 以实施"扩权改革"为重点，理顺小城市政府管理体制

在当前的形势下，改革的动力虽然取决于公众和社会，但是重点在于政府。因为所谓的改革要取决于政府的决心。毕竟过去延缓中国城镇化健康发展的制度障碍，都来自政府。政府得自己改革自己，在面对市场化需求时，发现自己存在种种问题。政府的改革力度有多大，取决于政府对问题的认识有多深刻。要着力推进小城市行政管理体制改革，充分发挥市场在资源配置中的基础性作用，逐步改变依照城镇行政等级配置公共资源要素的管理体制，赋予中小城市更多的管理权限和发展机会。

按照"依法下放，能放则放"的原则，赋予中心镇部分经济或社会管理职能，提高城镇发展的行政效率。县（市）各部门要进一步通过授权委托等方式下放行政管理权，如基本建设项目审批权、企业项目核准备案权、建设管理审批权、工商行政管理权、财税管理权、违章处罚权等部分权限，能放则放，减少部门对中心镇工作的不当干预，进一步健全中心镇政府的综合协调管理能力。对于国家规定实行垂直管理的派驻部门要赋予中心镇一定的人事、财力调配权。其他县（市）一级驻镇派出机构，实行属地管理。

（1）扩大经济社会管理权限

坚持"依法放权、高效便民、分类指导、权责一致"的原则，对省、市两级政府下放的经济社会管理权限进一步延伸下放，通过授权、委托和交办等方式，赋予试点镇更大范围的经济类项目核准、备案和市政设施、市容交通、社会治安、就业社保、户籍管理等方面的经济社会管理权。

（2）实施许可和执法重心下移

按照"能放则放"的要求，将非行政许可事项由县级部门直接交办给试点镇行使，将行政许可事项委托给试点镇直接行使。按照"条块结合，以块为主"的原则，开展城市管理相对集中行政处罚改革试点。建立综合执法大队，对城管、交通、卫生、文化等行政执法权进行整合，整合归并行政执法管理权限，形成综合行政执法新体制。

（3）强化便民服务功能

加快便民服务中心平台建设，构建县、镇、社区三级便民服务网络，提升试点镇社会管理水平和服务能力。建立社区综合管理制度，强化社会管理、公共服务、维稳维权等方面的职能。

6.1.4 强化要素保障

站在全新的起点上,如何突破传统体制机制的束缚,让资金、土地、人才等要素充分涌流,让一切促进发展的活力竞相迸发?这不仅是对小城市决策者的考验,更决定着小城市的发展未来。释放新型城市化所蕴含的巨大内需潜力,就要加快改革土地、户籍、公共服务等管理体制,消除各类生产要素在城乡之间双向自由流动的障碍,为促进城乡一体化发展创造良好的政策环境。

(1)实行倾斜性财政政策

市、县各级财政每年要安排一定比例的资金支持中心镇的基础设施建设,对中心镇实行倾斜性财政政策,以保障投入资金的有序运转。在中心镇收取的行政事业性收费按规定上缴给省、温州市分成外,原则上全额返回。合理提高财政分成比例,增加土地出让金和基础设施配套费的返还。重点做好存量增量文章,存量上合理定基数,增量上重点支持中心镇发展,超基数部分中心镇享受增值税、企业所得税地方留成部分全额分成。

(2)加大用地支持力度

主推人地挂钩,适当降低中心镇的农保率,建设用地规划指标适当向中心镇集中。对落户在中心镇符合条件的项目,优先安排用地指标。从省里切块下达的用地指标分配应向中心镇倾斜,用于中心镇的新农村建设和急需的公共服务设施建设。

推进城镇低效用地再开发是国土资源部全面深化改革的重大战略部署。2013年2月,国土资源部发出《关于印发开展城镇低效用地再开发试点指导意见的通知》,这一纸通知成了温州破解土地紧张的法宝。饱受土地瓶颈制约的温州人看到了曙光,看到了希望,经过一番努力,温州成为全国首批试点城市。温州紧紧抓住了城镇低效用地再开发这个能让该市加快转型升级、促进节约集约用地的重大政策机遇。

2013年6月,温州市启动调查摸底和上图入库工作,历时4个月时间,完成市级数据汇总,并上报省国土资源厅。据统计,温州市城镇低效用地共有4137个图斑,涉及土地34.48万亩。

紧跟着,温州做到了多个"率全省之先"。率先出台了城镇低效用地再开发专项规划编制导则,规划期分为近期规划、远期规划和远景规划,其中近期规划到2017年年底,预计完成再开发13万亩,占总量的37.7%;率先出台城镇低效用地再开发配套政策;率先启动一批城镇低效用地再开发项目。目前,该市已对条件成熟的8000多亩城镇低效用地,启动了农转用、土地征收等前期工作。

实践证明,改革是最大的红利,转型之路全面铺开,新型城市化用地也将走出尴尬境地。通过推进城镇低效用地再开发,空间布局更显科学性、系统性。加强规划空间控制,科学配置城乡、区域、产业发展用地,强化"空间换地"理念,调整土地利用结构和产业结构,优化城镇用地空间布局。

在实施中,程序规范要严格执行。严格限定城镇低效用地再开发范围和对象,严格遵循再开发利用条件和审批程序,严格规范再开发工作运作,严防出现扩大再开发工作政策适用范围和违规操作。兼顾各方利益诉求,实现共赢美好局面。充分尊重土地权利人的意愿,保障其知情权和参与权,做到公开、公平、公正,实现和谐开发。进一步调动市场主体和基层的参与热情和工作积极性,兼顾各方利益,完善利益激励机制,统筹安排公益用地和产业调整用地,让群众共享城镇低效用地再开发成果,实现多方共赢。

从国际发展规律来看,城市发展到一定程度的时候,工业要远离城市,落户到远郊区。现在政府推动的工业化模式,需要承担极高的社会成本。如果把开发权交还给农村集体经济组织,他们就能直接和企业谈判,政府只要通过规划对用地性质以及环保等问题做出明确的规定和限制即可,把自己从直接参与招商、征地拆迁的困境中解脱出来。而土地是农民自己开发,所以农民就不会浪费,不会像某些政府一样,把大量闲置面积搞大马路、园区景观工程,或者以便宜的价格给开发商或工业企业,而是用最小的土地空间来实现最大的招商引资收益。

今天,当拆迁难度越来越大,工业用地对于地方政府已经是严重的鸡肋,食之无味,弃之不舍。如果把这块利益释放出来交给远郊区的农村集体经济组织,政府再加以规划约束,就可以减轻政府很大一块负担。那么这种低成本工业发展状态至少还可以维持10~20年。

实际上,现在全国一些地区有一些在集体建设用地上,由农民开发的工业园区,管理得非常好,资源配置极其合理,这些工业园区成本很低,不用拆迁,也不用补偿,可以很好地推动当地的工业发展。如果在农村集体建设用地上发展工业园区的模式得到推广,就可以继续向工业发展提供低成本空间。

(3)加大资金投入

投融资的问题是现在地方政府面临最大的问题之一。当前主要是两个问题。第一是缺钱,第二是对土地财政的过度依赖。缺钱可以想出各种各样的融资形式,但无论债务、债券、银行等等,总得要还。现在普遍的现象就是拿未来的土地出让来解决眼前的问题,造成城市空间不断扩大,需要通过房地产开发来补,补到最后会有各方面问题,土地一旦扩张了以后,整个城市的发展模式就会发生变化。

县级政府可通过投入资本金和提供以储备土地为主的抵押物,扶持中心镇建立专门的城镇建设投资管理公司,负责市镇重大项目建设筹资、投资和资产经营任务。金融机构要加大对中心镇的信贷扶持力度,通过政策引导国有商业银行认可中心镇的融资平台,可吸引民间资本进入中心镇的建设领域,鼓励以股份制、合资、独资等灵活的形式成立市政管理公司。推行城镇建设投资主体多元化、项目经营企业化、设施享用市场化的运作模式。

在考虑融资创新时,不仅想解决钱怎么来,还要解决钱怎么还。很多人包括在城镇化规划中也提出,是不是民资、外资可以进入城市基本设施投资领域?那就和政府原有的、国有的垄断基础设施投资运营体制发生冲突,那么它以什么样的形式去进行交换,以什么样的形式改变它的股权结构?是不是会动了政府利益?城市长期形成的福利体制中,包括基础设施价格的福利,现在全国水价、电价都还有强大的福利成本。想要民资和外资企业进入城市的基础设施领域,进入地铁投资、公路投资,包括城市基础设施运营和管理,可是在现行体制下,进来只是一方面,更重要的是进来了能不能解决生存问题。过去为了保稳定,增加福利,政府通过补贴的方式导致了基础设施的低价格。实际上,改革不是所有主体的利益都能保证的,否则改革根本进行不下去,价格改革就是如此,必须动这个价格体制,才可能有外资进来,获得经营的利润。

(4)加强人员配置和人才引进

中心镇领导班子成员要配齐、配好、配强,优化干部队伍结构;加大干部下派和交流力度;允许中心镇在核定编制内自行确定机构设置和人员配置。

突出人才战略,真正按照人才的客观规律,敢于在引智上有大手笔、大投入。一是规模化引智。规模烘托氛围,氛围激励成功。高智商高情商人士密集区域的人才成功率,大大高于不密集区域,而这也正是一些地方引智工作的重要经验。二是重金引智。规模化引智需要重金,高智力人才引进需要重金,营造一个好的人才生存发展环境更需重金。

6.1.5 "产城一体"推进中心镇转型提升

没有产业作为支撑,新型城镇化就是无源之水。兴业才能兴城。有产业支撑的城镇化才有内生动力,有生财之道的城镇化才能走得更踏实。完善的城市功能,是"镇"向"城"转变的关键。小城市培育过程中必须明确生产、生活、生态功能分工和空间布局。要促进生产功能配套、完善和高效,引导生产要素空间集中集聚,发挥生产领域的经济效益;促进生活功能安全、便捷和舒适,合理布局生活性设施和业态,发挥生活领域的社会效益;促进生态功能平衡、稳定和可持续,保障生态系统不同类型单元规模和边界,发挥生态领域的环境效益。围绕浙江省建设新型城市化的目标任务,可按照"产城一体、宜居宜业"的发展要求,将各地级市全域统筹起来,分门别类地规划好各地的优势产业,在区域内做好相关生活配套和环境建设。坚持新型城市化、新型工业化"两新两化互动"的理念,将产业功能、城市功能、生态功能融为一体,始终围绕产业升级、绿色生态、山水风光、特色人居等综合性目标整体打造,构建"以产兴城、以城促产、产城一体"的具有鲜明的浙江特色小城市城乡一体化发展格局,努力把中心镇中的各类新区、功能区、园区打造成产业强区、宜居新区和文化名区。

(1)制订和完善产城一体规划

坚持科学规划,引领园区发展。按照"现代化、生态化、精品化"的要求,实行"园(区)"、"城"一体化思考,产业发展和城市建设"一张图"规划,引领小城市各类园区由纯工业区向产业新城、产业新区转型。主动对接和配合规划、国土部门的工作,尽快完成浙江省现代新型城市化建设总体规划。尤其结合战略功能区和相应的重大项目建设,统筹规划工业集中发展区发展和城市建设。今后不要搞纯粹的传统的开发区,现有开发区要向功能区转变,力争早日完成全省工业集中发展区产城一体化发展的规划编制。在编制规划时,必须合理考虑工业用地、商业用地、住宅用地、基础设施用地的比例,只有比例恰当,土地才能快速增值。同时,工业集中化和立体厂房建设是浙江省未来解决小城市环境问题和用地问题的关键。

(2)以产业集聚区建设为平台打造小城市产城综合体

要着力优化小城市产业发展布局,增强小城市发展的经济驱动力。坚持功能创新,促进产业升级。清理低端产业,对产业层次低、占地多、贡献小的企业和闲置土地进行清理,推进企业"退二进三"、"退地进房"、"腾笼换鸟",提高园区土地集约程度,释放发展空间。坚持实行新型工业、现代服务业"两翼齐飞",推动单一工业园区向综合性产业新区转变,打造都市产城综合体,助推园区转型。围绕支柱性产业、战略性新兴产业、现代高端服务业等领域。在功能区建设方面,要以城市综合体为龙头优先发展现代服务业,着力提升发展现代制造业,积极拓展现代都市型农业,最终打造成高端产业集聚中心。推动工业化与信息化融合、先进制造业与现代服务业融合、新兴技术与新兴产业融合,促进生产规模由小变大、产业层次由低到高、企业关联由散到聚。做活新兴产业,拉长产业链,把培育和发展现代高端服务业作为转方式、调结构的重要抓手。

（3）以"产城一体化"项目推动"产城一体化"示范区建设

以"政企合作、市场化运作"方式，积极推进"产城一体化"项目启动，以"发展一个产业、建设一座新城（区）"为目标，加大市政基础设施、公建配套投入，通过几年左右的努力，做好最有条件实现高质量的"产城一体化"的区域产城一体的规划和建设试点示范工作，在全省小城市建成一批产城融合示范区。"产城一体化"重点项目规划有办公、会议、质量认证、营销推广、服务运营、仓储、配送、分销、培训、采购、保险、资金、生活娱乐等中心功能区，建成后企业可"拎包入驻"，生产不出城、生活不出园（区）。按照高起点规划、高标准建设、高质量管理的要求，逐步发展成为"整体结构优化、功能分工合理"且集生态产业、商务办公、养生居住、休闲服务为一体的产城一体化的成功示范基地。浙江省小城市各大开发区可有机结合城市更新计划开展"产城一体化"改造。

（4）按综合示范样板社区的标准提供"三生融合"型公共服务套餐

小城市各新区、功能区的建设按照"两化互动、产城一体"模式，着力建设"区在城中、人在区中"的新城，产业支撑城市发展，城市提供产业配套，走出一条工业化与城市化协同推进、产城相融、和谐共生的发展新路子。浙江省的"产城一体"要强调居住与产业互为推动，形成产业对城区发展的有力支撑，从而有效解决人往哪里去的问题。农民通过城市发展和产业发展成为市民，成为产业工人，在提高生活品质的同时，获得持续的收入保障。要切实抓好安居住房、人才培育、卫生健康、社会保障、就业增收、平安创建、道路交通、市政配套、环境美化、文化惠民等民生工程建设，促进产业集聚与城市功能互补，大力提升园区承载能力，实现生产区与生活区融合。工业园区内科学规划住宅、超市、街区、游园等生活配套服务以及学校、医院等公共配套设施，通过工业园区相关生活服务的配套，城市里的人根据产业发展转移到一片集中区域，最大限度地使生产和生活相融合。建成标准化的厂房、繁华的商务中心、高档的居民小区，大幅提高园区的利用率，实现生产生活都方便。注重绿化、美化、洁化"三化"工作，实现真正的"三生融合"，着力打造一批生产生活同步提升，公共服务、社会管理配套完善的统筹城乡综合示范样板社区。

（5）创新智慧型产城一体管理体制和运行机制

未来浙江省各地的城市建设还存在相当大的压力，特别是"三改一拆"等一系列规划建设，但相信在不断对城市运营模式探讨的过程当中，会找到一个好的切合点。探索建立"统一规划，科学管理，协调联动，产城相融"的产城一体管理体制和运行机制,把小城市工业集中发展区建设成为宜居宜业的现代化新城。加快战略功能区建设,按照"省内领先、全国一流"标准,以区街融合为标志健全管理体制和推进机制,创新开发建设模式和社会管理模式,完善基础设施配套,强力推进高端产业和产业高端集聚发展。智慧城市是在物联网、云计算等新一代信息技术的支撑下形成的新型信息化城市形态,应发挥其在产城一体管理和运行中积极作用,实现城市"智能化",包含城市管理智能化、基础设施智能化、社会智能化和生产、生活智能化等方面。

6.1.6 积极推进以户籍制度为核心的城乡综合配套改革

（1）户籍制度改革

户籍制度改革,即户口以实有人口、实有住所为依据,按居住地登记,剥离依附在户口制度上的身份、职业、公共服务、社会保障等附属功能,还原户口本来的社会管理功能。通过户籍制度改革之后,农民和市民没有区别,同等享有城镇居民的待遇,同时保护农民在原来农村享有的正当权益,农民就可以自愿进镇入城转变成市民,从而提高人民生活水平,加快推进城市化。

（2）城乡综合配套改革

以户籍制度为核心的城乡综合配套改革要以土地制度、社保制度、产权制度、住房制度改革的"四配套"为重点。一是农村土地制度改革,其重点是进一步赋权(不仅要赋予使用权,而且要赋予相应的财产权)与确权基础上的可流转和可交易。二是社会保障制度改革,其重点是从目前的城乡居民社保"广覆盖、低水平、可持续",向"全覆盖、提水平、可转移"转变。三是农村集体产权制度改革,其重点是对村级集体经济中的非土地资产进行股份制改革。实行股改以后,农民对自己拥有的股权享有自由处置权,这些股权不会因农民居住地的变化而丧失,这样农民就可以没有牵绊地自由流动。四是城乡统筹的住房制度改革,其重点是在规范完善农户宅基地分配制度的基础上,赋予农户宅基地上住房的财产权利,按照农民可接受,政府可承受,发展可持续的"三可"原则推进农房集聚改造,允许农户住房有偿转让、置换城镇住房或进入城乡房地产市场交易。

6.1.7 以体制改革推进社会管理创新

人民的城市人民建,人民的城市由谁管?仅仅是城管部门的事,或者是需要更多的部门协同管理?市民是否有权利且有责任参与城市管理?这些问题需要认真思考。

（1）社会民生建设——推进城市基本公共服务覆盖常住人口

浙江城市化是全域城市化，推进乡村发展可能有四条主线索，城乡生产生活方式总体趋同，城乡基础设施均衡配置，城乡公共服务均衡提升，城乡生产要素无障碍流动。乡村发展的一个重要方面是促进乡村人口进入城镇，在这一问题上，户籍改革大致是个伪命题，真正的症结是公共服务均等化。我们当前已面临着给农民以市民待遇，农民却予以拒绝的难题。就未来而言，所谓市民待遇，应该不是城市想不想给，而是农民工领不领情、愿不愿接受的问题。应加快推进以保障和改善民生为重点的社会建设，实现基本公共服务均等化。在小城市建成区，建设和完善至少一校（九年一贯制学校）、两院（二级乙等医院、综合性敬老院）、二中心（文化中心、体育中心）等设施，完善商业、金融等网点布局，加快就业、培训、司法援助等服务机构建设，实现公共服务向小城市建成区集中。

在社会民生建设过程中，小城市要构建完成比较完善的基本公共服务、居民互助服务、市场商业服务三结合的公共服务体系，形成便民利民的基本服务网络。同时，城镇化要重视就业问题。要鼓励城乡居民创办小微企业，扶植家庭农场和农民专业合作社。农民迁入新社区后，可以家住新社区，办好家庭农场，或继续在农民专业合作社中工作，也可以开办小微企业，或在城镇务工，切实营造有利于创业、创新、创造的环境。

（2）社会管理创新——构建多元协作的社会管理模式

城市是人群、机构、资源和财富的积聚之处，也是问题、矛盾、风险和危机的积聚之处，城市管理水平关乎民生、发展、宜居，集中体现城市政府的行政能力。要积极推进服务型行政机构与社会体系建设。

完善社会稳定工作体制。积极探索法治化社会管理方式，坚持"一类一策"原则，建立中心镇综合执法大队，对城管、交通、卫生、文化、环保等行政执法权进行整合，整合归并行政执法管理权限，形成综合行政执法新体制。

通过对社会权利与社会福利的平等享有破解城乡二元和户籍制度的瓶颈。建立以社会融合为取向的流动人口管理体制，实现从消极的防范式管理转向积极的公共服务供给，新老居民充分参与公共事务管理和公共社会生活的授权，在机会平等的条件下职务和地位向所有人开放。

优化利益协调工作体制。完善多元群众利益诉求表达机制、多元利益调节补偿机制和矛盾纠纷排查调处机制。

（3）治理平台创新——构建新型社区管理服务体制

在社会转型发展的新形势下，必须要以"人"为中心来考量城市综合治理举措安排，由传统的"城管执法"转型为新型的"共同治理"，将以往的城管体制纳入更加民主化、规范化和法治化的新路径。要加快社区服务中心和中介服务组织建设,构建政府主导、社会参与、社区支持的小城市综合服务功能体系。

培育和发展社会自治和自我管理能力,不断扩大社会自治和自我管理的社会空间,是推动小城市社会管理模式现代化发展的关键环节。积极推进社区组织自治化,提高社区服务专业化。

积极培育发展社区社会组织,将发现、确认和培育社会机制作为中心镇政府基本职能之一,充分发挥小城市社会自我管理的功能,大力培育一批社会中介组织,将一些可由社会自我管理的职能和权力交由社会中介组织承担。可以先尝试社区社会组织建设试点,在部分县(市、区)部分中心镇(街道)开展社区社会组织培育发展试点工作。该项工作将以社区为综合平台,率先培育一批组织健全、制度完善、运作规范、服务功能较强的社区社会组织示范点,并及时总结经验,抓好典型推广,推进浙江省社会组织培育发展工作。其核心为完善并落实政府向社会组织购买公共服务的机制和政策,以此推进政府职能转变。

6.1.8 注重文化传承,提升城市软实力

随着新型城市化进程由追求量的增长转向追求质的提高,人们对城市形象寄予了更高的期待。怎样改变"千城一面"? 如何培养公众对城市的认同感? 如何使城市外表鲜亮,同时又拥有独一无二的灵魂? 文化就是一个城市的灵魂和核心,文化是城市的根脉,是城市最持久的竞争力,是城市持久发展的动力源泉。没有文化、没有历史记忆的城市,是没有归属感的城市。小城市培育建设必须高度重视和加强文化传承,利用文化塑造城市个性和特色。

(1)激活传统文化的"现代芯"

这是在城镇化进程中文化传承与发展的不错选择。根植于这片土地上的文化可以形成新的产业亮点,变为新兴城镇的产业支撑。要用综合的方法去保护,具体问题具体分析——有的文化遗产需要抢救,必须原汁原味的保留;有的民间艺术应回归民间,把传统生活方式重新创造后再回到现代生活,进行"活态"的保护。一定要保持城市的历史时间感,任何城市的文化都是一个地域人们审美积累的结果,是历史不断积累形成的。

(2)增强城市的归属感和吸引力

要保护文化根脉,留住历史记忆。一座城市延续上千年,需要不断进行有机更新。老城区是非常具有潜力的区域,如果没有老城区的改造提升,就

不可能有城市转型。通过文化消费和文化活动,增强城镇文化认同感,构建文化层面的宜居性,繁荣小城市基层文化,提高文化竞争力。要注重教育提升市民文化素质,积极发展社区文化、校园文化、企业文化,组织开展文明创建和群众性文化活动,引导全社会形成良好的行为习惯、健康心态、社会风气和精神风貌,不断强化城市文化归属感。统筹谋划城市空间布局、建筑造型、色彩以及道路、广场、公园建设,彰显与城市文化内涵相符的城市形象,打造个性鲜明、内涵丰富的精品城市。

(3)注重保护开发历史文化街区

历史文化街区承载着重要的城市记忆,是城市文化积淀的体现。要注重历史文化保护和发展,大力弘扬城市传统特色和文化内涵,恢复历史文化古迹,加强民俗文化继承发展,促进民间组织文化交流,实现传统文化与现代文化交相辉映,文化传承与经济发展互促双赢。保护开发历史文化街区是精细活,要一点点精雕细琢、慢慢打磨,使其散发出文化光芒和独特魅力。城市化绝不是大拆大建,不是造城,而是要让农民进得来、住得下、过得好。要注重历史文化街区的公益性,发挥政府在历史文化街区规划、开发、建设、运行和管理中的主体作用,通过连片开发、有机更新相结合的方式,推进历史文化街区开发保护,进一步提升城市文化内涵。

(4)让城市雕塑更好地提升文化软实力

改革开放后,大规模的城市化建设产生了对城市艺术的强烈需求,城市雕塑也开始得到各级政府和有识之士的重视。在小城市培育中,城市雕塑应当忠实反映所在城市的文化,并加以提炼和升华。丹麦《海的女儿》具有感动人心的力量,与它位于哥本哈根的海滩——安徒生笔下童话般的环境分不开。中国部分城市热衷于布置西欧巴洛克风格的人像、马车,与所在城市的文化丝毫没有联系,甚至破坏了城市原本的文化形象。部分城市雕塑形式雷同,制作粗糙。在这个问题上,要向日本学习,提倡就地取材,注重普及。在日本,各县、市、町自治团体组织雕塑竞赛或展览,然后收购参赛作品并协调安排设置场所,以此作为城市雕塑,尤以"宇部模式"为代表。日本经验中有三点值得借鉴:一是在竞赛中限定使用石材、钢铁、陶瓷等当地材料,从而彰显地方文化特色;二是这种方式能够更好地将资助和扶持落实到雕塑家本人,青年雕塑家更是受益良多;三是这种方式过程相对开放透明,可以更好地与雕塑知识普及结合起来。比如八王子市在艺术家参赛创作过程中,组织市民集体现场参观,增进了公众对雕塑创作的直观体验,有效提升了公众参与雕塑评选所必需的审美修养。在新型城市化的进程中,要用田园城市的理念,打造城市文化支持系统,助力城市雕塑宣传。

6.2 推进外来人口市民化的建议

从古至今,城镇化以人为本的精神从未改变。城市化进程中的外来人口城市化是一个复杂的系统工程。温州作为中国民营经济的发祥地,吸引了大量的外来人口(新居民)涌入城市工作生活,像温州这样人口大进大出的现象具有一定的典型性和代表性。处理好外来人口(新居民)社会服务和管理问题,对国内二、三线城市也有较大的参考价值。

当前新型城市化质量还不够高。要真正实现人的城镇化,必须解决好三个问题,即人要进得来,更要住得好,融得进。离土不离乡,就业不离家,进厂不进城,就地市民化。这是属于农民的小幸福,也是属于小城市的大幸福。

推进外来人口市民化的总体思路是:

(1)坚持有文化、因地制宜的市民化原则

在推进全域城市化的大背景下,以中心镇建设为重点推进新型城市化,应当更加注重的是就地的城镇化,重视城市文化建设。通过基础设施的完善,公共服务的延伸,让"乡下人"过上城里人的生活,并结合农村新社区建设和中心镇建设的实践经验稳步推进。西部山区,经济基础薄弱,政府应当加大投入,结合扶贫工作,加快基础设施建设,同时要充分利用好西部山区的优势,打造一批山美水美、特色鲜明的生态小城市,逐步推进外来人口市民化进程,打造包容性小城市。

(2)走积极稳妥,以人为本的市民化道路

外来人口市民化是当前必须坚持并加速推进的一项重大改革。但过程中必须尊重客观的社会经济发展规律,市民化要与工业化以及其他社会经济发展指标相适应,要充分考虑城市的承载能力,注重市民化的质量,谨防掉入"拉美陷阱"。外来人口市民化应当坚持以人为本,以农业转移人口融入城市,在城市安居乐业为主要目标。

6.2.1 重构"市民"概念,推动农村新社区建设

从西方国家城市化的现实及其趋势看,城市化道路也不再走一条单一的传统的道路,而应有全新的视角,如有的学者提出了第二次城市化道路,有的提出了"逆城市化"趋势,等等。城市化道路的新趋势所包含的内容,如城市中的农村化或乡村化,农村的新型城市化等。未来的农村和城市,是你中有我,我中有你,地域的界限已不再像现在那样明显。基于这样的角度,

"市民"概念也有了全新的内容。"市民"和"农民"不再是地域上的区别,也不是职业上的区别。他们的区别更重要的在于:权利、待遇、生活方式、文明程度等。从这个层面上来理解,"市民"不光是指居住在城里的人,而是具有同等国民待遇、城乡共同体的正式成员。农村城市化以农村(主要是农村城镇体系)为载体,通过改造农村社会的一系列硬件、软件环境,缩小农村和城市的差距,从而实现城乡一体化。提出农村城市化的意义在于,把农民市民化研究的视角伸向了农村,要将农村城市化和农民市民化结合在一起研究。农村城市化,不是消灭农村自然村落,也不是按现有的城市模式来建设农村,而是要构筑农村城镇体系,大量的农民在城镇安居乐业,实现工业与农业、城市与农村协调发展。农民市民化,不是让所有农村人口都迁移到城市,而是要让所有人口,无论居住在城市还是农村,都能享受现代城市文明生活。农民市民化的目标是在城乡一体化基础上最终消除城乡差距。温州市原来推进的农村新社区建设应进一步深化,妥善处理村居关系,再民政综合改革试验区的框架下,积极创新农村社会治理体系。

6.2.2　推动农村产权制度改革,统筹城乡要素流向合理有序

温州市原来推进的农村要素市场化"三分三改"的总体思路没有错,只是推进过快,出现了一些问题。在下一步城市化进程中,农村产权制度改革仍是核心问题。一是明确农民的土地所有权,明晰农民在农村集体经济财产中的个人产权份额,解决农民进城的后顾之忧。二是推进土地承包经营权和宅基地使用权的流转。加大"三改一拆"力度,加快城镇集聚建设,形成城乡融合、优势互补、经济社会协调发展的新格局。

6.2.3　改革户籍制度,采取政府引导和市场决定结合的落户政策

要进行制度创新。彻底改革户籍制度,建立城乡一体化的居民户口。以居住地来划分城乡人口,以职业确定身份,建立以常住户口、暂居户口和寄居户口三种管理形式为基础的登记制度和城乡人口有序流动机制。分类分层解决农村居民的社会保障问题,逐步实现城乡最低生活保障制度一体化。

一方面要调整以小城镇为重点的户籍改革思路,全面放开落户限制,把落户的决定权交给市场,使人力资源得到优化配置。二是完善现有的积分落户政策,落户的条件不应太细致,能否落户应当主要考虑其是否有在城市长期定居的能力和意愿,关键的指标应当是合法稳定的职业,合法稳定的居住场所(含租赁),参加社会保险的年限等,适当考虑学历、技术资格等落户条件。

6.2.4 实施"产城联动"战略，完善外来人口劳动就业制度

产业结构理论认为：一国或一地区要获得经济发展，尤其是高速经济发展，非常关键的一环是要具有适时适宜地推动产业结构演进的能力。有人称这种能力为"产业结构转换能力"。产城联动发展是一个庞大的课题，是事关温州全局发展的一个大问题。温州要积极实施实现"产城联动"战略，建立健全市场机制，综合运用价格、财税、信贷等手段，提高产业升级的步伐，在项目建设、产业升级、环境整治、体制融合、民生建设和社会管理上抓落实求突破。

有了强大的产业的支撑，外来人口劳动就业才有保障。一是规范劳动力市场，依据《劳动法》、《劳动合同法》等法律法规，加强对用工单位合法用工的监管，特别是劳动合同的监管，加强外来人口就业的稳定性，促进其职业化，保障合法权益。二是加强农民工，特别是青年农民工的职业培训，政府、企业、各级职业院校均要负起社会责任。三是增加农民工就业服务体系，近一步规范职业中介机构的管理。四是建立农民工创业激励机制，加强农民工特别是青年农民工的创业教育，制定有利于农民工创业的相关政策，设立青年农民工的创业基金。五是逐步提高各地的最低工资标准，逐步提高农民工收入水平。

6.2.5 建立覆盖外来人口的城镇住房保障体系，坚持多渠道改善外来人口居住条件

以稳定优质外来人口存量，扩大高素质外来人口增量为工作重点，逐步解决住房问题。一是强化政府主导，把长期在城市就业与生活的高素质外来人口居住问题纳入城市住宅建设发展规划，加强对城乡接合部农民工聚居地区的规划、建设和管理，提高公共基础设施保障能力。二是规范房地产市场，特别是商品房租赁市场，抑制房价和商品房租金过快上涨。三是强化企业的社会责任，农民工自行安排住宿的，企业应当给予一定的住房补贴，农民工集中的开发区和工业园区，应当按照集约用地的原则，集中建设农民工集体宿舍，由企业承租后免费向农民工提供，或由农民工直接承租。四是完善农民工保障住房体系，逐步将稳定就业并居住一定年限的农民工纳入政府廉住房和经济适用房范围。五是逐步完善农民工住房公积金制度。

6.2.6 统筹城乡社会保险，完善社会保险的区域流转制度

随着农村社会保险制度的建立、健全，城乡社会保险的差距在缩小，但

实行的仍是割据的二元体制。要促进市民化,一是必须统筹城乡社会保险,具体方案是建立统一城乡的基本社会保险。在资金筹集方式上采取政府补助、集体缴纳、个人分担相结合的方式。其中政府补助部分农村的标准应当高于城镇,且由中央财政支付,集体缴纳的部分则区分城乡,农村由村集体缴纳,城镇则由职工所在单位缴纳,在数额上应当强调单位和企业的责任,比例上应当高于村集体组织。二则要完善社会保险的区域流转机制,使社会保险可以在城乡之间、城市之间流转。

6.2.7 改革现有义务教育体制,解决农民工随迁子女教育问题

根据我们的调查,子女上学是外来人口最关心的民生问题。一是改变义务教育的逐级划片管理模式,实行义务教育的属地管理模式,让农民工子女获得平等的受教育权。二是中央层面设立专项教育资金,以流入地农民工子女的人数为依据,划拨相应的教育经费,分担地方政府财政压力。三是以农民工子女人数为依据,由政府给予公办学校和民办学校相等的生均补贴。四是政府加强对社会力量举办"农民工子弟学校"的扶持力度,在师资培训、教学设备购置、校园用地等方面给予支持,同时加强对教育质量的监管。

6.2.8 构建公平合理的外来人口市民化成本分摊机制,分类推进本埠外来人口与外埠外来人口市民化

从市情出发,温州市推进农业转移人口市民化,应以在本市落户定居和公共服务均等化为重点,区分不同县域、不同群体、不同公共服务项目,根据外来人口市民化意愿选择差异化的城市化路径,有序推进。

农民工群体日趋分化,不同群体农民工市民化意愿和能力有较大差异。根据流动程度的大小,可将农业转移人口划分为三个群体:第一类是基本融入城市的农民工,以举家外出农民工及其随迁家属为主,在城市有固定的住所和工作。这一群体农民工收入水平总体较高,渴望在城市获得尊重、公平对待、实现自我价值,更倾向于在就业地城市落户定居,强烈要求子女能在就业地接受教育并参加中考和高考。总体来看,这一类农民工的市民化意愿和能力都比较强。第二类是常年在城市打工,但又具有一定流动性(主要是春节返乡)的农民工,以新生代农民工为主,在城里有相对稳定的职业、收入和居住地。新生代农民工思想观念、生活习惯、行为方式已日趋城市化,大多数渴望成为"新城市人",对保障性住房和随迁子女教育问题十分关注。这一类农民工收入水平总体较低,市民化意愿较强但市民化能力较弱。第

三类是中年以上的第一代农民工(年龄在 40 岁以上),市民化能力较强,但市民化意愿较弱,未来 10—15 年将退出城镇劳动力市场。应根据不同类型的农民工,采取相应的政策。其中,重点是逐渐解决本埠外来人口与外埠外来人口享受到公共服务不均等问题。根据测算,农民工真正市民化,人均成本通常不会超过 10 万元。温州有农民工 284.22 万人,按人均 10 万元的市民化成本计算,农民工市民化总成本为 2842.2 亿元,相当于 2012 年温州市财政收入的 10.19 倍,财政难以承受。根据谁受益,谁承担成本的原则,需要建立中央财政、地方财政、外来人口个人的市民化成本分摊机制。从国家层面来说,既要推进分税制改革,又要建立流入地与流出地的互动机制,尤其是流出地的财政转移支付制度。

6.2.9 完善凭证积分享受公共服务的供给机制,扩大高素质高技能外来人口增量

政策上我们认为可以在新居民基本公共服务供给的形式上谋一条新路子,调整和完善新居民积分制公共服务政策,建立起凭证积分享受公共服务的供给机制。同时,突出居住证的凭证功能,探索居住证与银行卡、市民卡、公交卡、图书卡等的对接举措,将居住证和积分作为来温人员享受本市公共服务的必要凭证。

具体是将与居住证件对应挂钩的公共服务分为三个梯度:第一梯度,持在温州市登记的《浙江省临时居住证》的持证人可享受计划生育、基本公共卫生、证照办理等服务,符合一定条件的,随迁子女可在本市接受义务教育;第二梯度,持《浙江省居住证》的,除第一梯度待遇外,持证人随迁子女可在本市接受义务教育,可按有关规定,在本市参加全日制普通中等职业学校自主招生考试、全日制高等职业学校自主招生考试,符合条件的可按本市有关规定申请公共租赁房;第三梯度,《浙江省居住证》积分达到标准分值的,除第二梯度待遇外,持证人同住子女可按有关规定,在本市参加高中阶段学校招生考试、普通高等学校招生考试,持证人配偶、子女可按有关规定享受本市居民医保、公租房租赁补贴、户口迁入等待遇。

实际上,除温州以外,很多城市制定积分制的政策,希望通过稳步有序的方式解决外来人口落户的问题,但标准过于苛刻。稳步有序不能当作一种限制条件。比如深圳 1200 多万外来人口,如果本地人才不到 300 万,一年只解决万八千个,那中央提出的目标是不可能实现的,所以在实行积分制度的时候既要考虑到实际条件,又要提供比较大的空间。所以所谓的有序也要有力度,没有力度,那么积分制还是横亘在本地和外来人口之间的鸿沟。

李铁认为,当前,很多管理者对这个问题的认识是有偏差的,这不仅表现在排斥外来人口上,对城市人口的结构也没有一个很好的分析,总认为我是精英,所以把积分都落在精英上,可是却忘记了服务人员的跟进,这种结构的偏差一定会需要人来继续补充,大量的短期行为会使服务水平严重下降。我们可以看到,很多流动人口,由于就业的短期性,技能得不到提高,使我们在专业技术服务人员方面出现了大量短缺,使我们城市的软环境和生活质量严重下降。从事服务业的技能提高是经过几十年的,在国外很多国家也是如此,我们在考虑人口结构的时候也要考虑到这些需求,你让他变成城市的一分子,就能改善城市软环境和城市质量,这是很重要的一个关键。所谓的积分制不能成为一个坎,而应该是一个过渡,应该是利用积分制改善城市人口结构,增加公共服务和社会市场化服务的水平,这是核心。

6.3 对"美丽小城市"建设的建议

6.3.1 在生态人居建设方面的对策建议

生态人居是指人与聚居环境关系的健康,是测度人的生存、生产、生活环境及其赖以生存的生命支持系统的代谢过程和服务功能完好程度的系统指标,包括人体和人群的生理、心理和社会生态健康,即人居物理环境、生物环境和代谢环境的健康,以及产业和区域社会生态服务功能的健康。建设生态人居是美丽城镇建设是至关重要的一部分。按照"规划科学布局美"的要求,推进中心镇培育、城镇土地综合整治和城镇住房改造建设,改善居民居住条件,构建舒适的生态人居体系。重点要做好以下工作:

1. 推进城镇人口集聚

(1)优化布局是"美丽小城市"建设的关键

温州山海江河湖岛平原兼具,自然环境多种多样,传统村落小聚集、大分散的格局十分明显。温州市在大力推进村庄环境整治的同时,于2011年构建大都市要求,着力探索在城乡发展差距大,村庄聚落数量多、规模小、分布散、半城市化问题突出的条件下,统筹谋划城乡发展的新思路。坚持城乡规划一体化,调整乡镇行政区划,编制中心镇"1+X"规划,提高中心镇产业集中、人口集聚、功能集成能力,优化城乡人口、产业、公共设施的布局。坚持"四策合一",大力推进农房集聚改造,推进农村人口向城市和中心镇搬迁。2013年,全市新开工农房改造集聚建设项目590个,88156套,建筑面积1187万平方米,累计已建设农房改造户数76835户,累计新增农房改造集聚率 5.12%。接下来应进一步继续大力推进中心镇人口集聚,统一规划,优化空间布局。要进一步探讨实施中心镇人口集聚之后新住居民的生活、生产等方面存在的问题,做到内心真正的市民化而非只是住地的市民化。

(2)继续进一步大力培育建设中心镇

以优化乡镇(街道)人口布局为导向,修编完善以中心镇为重点的"美丽城镇"建设规划。争取在 2015 年 12 月前全市 11 个县(市、区)全部完成"美丽城镇"规划编制,明确县域"美丽城镇"建设的主题、重要节点、建设时序和保障措施等。积极鼓励"美丽城镇"建设试点的申请与建设工作,并给予试点城镇相应的政策倾斜和资金支持。以三年为一个试验建设期,对实施成效显著、具有引领示范效应的"美丽城镇"试点城镇通过验收后给予丰厚的物质奖励和荣誉奖励,并进行大力推广宣传,对其他城镇创建"美丽城镇"起到引领示范作用。

通过乡镇(街道)整理、经济补偿、异地搬迁等途径,推动自然村落整合和农居点缩减,引导农村人口集中居住。开展乡镇(街道)土地综合整治,全面整治乡镇(街道)闲置住宅、废弃住宅、私搭乱建住宅,探索实施农房转让交易机制。实施"乡镇(街道)建设节地"工程,鼓励建设多层公寓住宅,推行建设联立式住宅,控制建设独立式住宅。

2.打造特色生态民居

(1)要注重传承和提升传统民居建筑特色

打造各地建筑风格各异、造型绚丽多姿的特色民居,充分体现浓郁的地域特征和民族文化。而非采用"统一模板,批量制造"的方式来打造民居,否则会陷入"千篇一律,特色全无"的怪圈。重视地方文化、地方生活的保存和再现,将地方文化要素融入城镇民居建设中去,保持城镇的可持续发展。重视城镇民居建设的生态性和自然性,提供渠道和资金鼓励居民在建造民居时采用生态节能技术,同时注重农村要素在景观塑造中的运用。要加大古建筑保护修缮力度,让古建筑融入"美丽城镇"民居建设中,并挖掘其背后的商业价值,整合历史文化资源,开发民居旅游特色线路。

(2)要充分注重住宅节能技术的应用和推广

住宅节能直接关系到住宅舒适度和经济性。不管从国家经济发展的战略高度,还是从住宅品质要求的角度,住宅节能都是一项紧迫的工作。节能住宅具有四大优势:运营成本低、室内环境好、市场前景广、环保指数高。在节能标准等行业标准方面,最好能够一步到位,例如直接达到国家规定的四级节能标准,既达到节能率 75%。如太阳能是可再生能源,我国太阳能资源很丰富,除了底层和多层住宅可以用,高层住宅很多也可以用,高层住宅屋里面积比较小,有的可以挂在阳台上。主要是把它跟建筑结合好,做到跟建筑一体化,这就需要在设计阶段考虑周全。而目前温州市太阳能热水器等使用率较高的还仅限于一些乡村,城镇的使用率并不是很高。

(3)要革新符合生态人居环境的建筑材料

当前,人居环境建设正面临着一场技术与材料领域的重大革新。对人体和生态系统无害或有益的健康建材的研制、开发与推广技术得到了人们的重视。例如,在建筑卫生陶瓷的釉料中或涂料中加入少量二氧化钛光催化剂、银铜离子型抗菌剂等制成的建筑卫生陶瓷或涂料可防止大肠杆菌、沙门氏菌和黄金葡萄球菌。在卫生间以及公共场所,这些材料发挥了很好的净化环境、防止污染、杀菌、防霉等作用。日本发明了一种由远红外陶瓷制成的内墙板可使室内空气被活化,使人有清爽感。这些环保型、健康型的绿色建材改善了建筑的舒适条件,使居住者拥有一个健康的室内环境。

3. 完善设施提升内涵

(1)要进一步完善配套基础设施建设

加强基础设施建设,增强为公众服务的功能,满足广大消费者的需求。深入实施联网公路、居民饮水安全、电气化等工程建设,促进城乡公共资源均等化。健全乡镇(街道)文化、体育、卫生、培训、托老、通讯等公共服务,尤其是要重点加强电气化工程、社区培训中心、养老院或托老服务中心、社区文化娱乐中心等基础配套设施的建设。以小区为单元,建立健全城镇中人们的生活、文化娱乐、购物消费等功能,加强社区管理基础设施诸如各类专业市场、服务中心、中介组织、物资配送中心等建设,方便和满足人们生活所需。

(2)要进一步提升精品城镇建设内涵

以历史文化的沉淀为基础,丰富城镇的文化,提高特色文化品位,建立特色标志性建筑,特色产品一条街和特色文化展示场所,保留修缮历史文化古迹及有艺术价值的建筑物,供人们观赏和学习,激发人们的自豪感和创造意识。切实加强城镇的管理,解放思想,更新管理理念,以人为本,增强人们的城镇意识、环境意识、商业意识和竞争意识,人人爱护城镇,管理城镇,自觉维护城镇的文明形象,建造和经营出一座座内涵丰富的精品城镇。

6.3.2 在生态环境提升方面的对策建议

生态环境是指影响人类生存与发展的水资源、土地资源、生物资源以及气候资源数量与质量的总称,是关系到社会和经济持续发展的复合生态系统。生态环境的整治提升是"美丽小城市"建设的基础。按照"乡镇(街道)

整洁环境美"的要求,突出重点、连线成片、健全机制,切实抓好改路、改水、改厕、垃圾处理、污水治理、村庄绿化等项目建设,提升建设水平,构建优美洁化的城镇生态环境体系。重点要做好以下工作:

1. 大力治理生态环境

自 2003 年开始温州市组织实施"千百工程"建设,大力推进村道硬化、垃圾收集处理、卫生改厕、污水治理和村庄绿化等"五大"项目建设,全面改善了农村生活环境。至 2013 年底,完成了 4320 个村的环境整治,剔除城中村和近期搬迁村外,实现整治村完成率达 90% 以上。大力推进"四边三化"、"三改一村"、"黑臭河、垃圾河"治理等专项行动,由各级党委、政府一把手牵头抓,实行定期考核、排名通报、末位约谈和由当地一把手在媒体上公开承诺整改措施、发动社会各界参与等办法,大刀阔斧地解决城乡环境"脏、乱、差"和违章建设等难题。联结城乡的公路边、铁路边、河边、山边变干净整洁,变绿变美,使城乡面貌有了明显的改善。但同时我们也不得不看到,城镇居民对生态环境的满意度并不高,普遍认为温州市要进行"美丽小城市"建设最重要的还是要注重生态环境及各类污染的治理。要全面实施"生活污水治理工程、生活垃圾治理工程、畜禽养殖污染治理工程、主要支流生态保护与修改工程、水源地水质自动在线监测和预警体系建设工程"等五大工程。2012 年投入 2.2 亿元,2013 年投入 4.78 亿元,着力推进项目建设。具体主要可从以下几方面进行:

（1）重点整治各类污染

①整治生活污水污染

为了有效遏制生活污水污染,我们建议要加大资金投入力度,加快整治基础设施建设。要加快水源集水区污水处理和污水集管网建设步伐,全力确保集水区污染物达标排放。在人口分散而且离水源较近的地区,我们建议采用农村分散的处理办法（生活污水沼气处理池）进行污水处理。在实施污水处理项目时,应坚持以小流域为依托,抓住重点,集中整治,避免污水处理设施建设项目遍地开花,但却达不到整治效果。

②整治生活垃圾污染

为了有效遏制垃圾污染,我们建议要明令禁止水源地周边生活垃圾堆放,强化基础设施建设。要尽快建立起以县域为单位的垃圾收集系统、垃圾中转站及垃圾箱:选址要远离水源地,根据人口数确定规模,以行政村为单位,服务半径不超过 500 米。要出台垃圾清运长效管理机制,逐步实现"户集、村收、乡运、县处理"的垃圾处置机制。另外,参照省内外的成功经验,我们建议相关地方政府可以出台一些优惠政策鼓励社会资金组建专业的垃圾清运公司,对城区垃圾实行产业化运作。相信此措施能够对生活垃圾的治理起到较好的效果。

③整治畜禽养殖污染

尤其是在集中饮用水源保护区内不宜发展规模化畜禽养殖业。因此,我们建议从应逐步禁止发展规模化养殖场,相关政府部门要严格限制规模化养殖场的审批,现有的养殖场也应逐步搬迁关闭。但鉴于畜禽养殖的历史因素和现实情况,一步搬迁关闭到位难度较大,因此必须对畜禽养殖进行专项整治和分布治理。我们建议当地政府务必在近期内要尽快出台畜禽养殖全面治理方案,明确划定禁养区、限养区和集中养殖区域。禁养区内一律不准建设规模化养殖场,限养区内要对规模化养殖场的数量进行严格的控制。集中养殖区域一定要远离居民生活区,确保不会对城区环境和水质产生影响才行。但让养殖户搬迁养殖场会产生一定的费用,或者是路途过远,会导致交通不便,运输成本费用增加等问题,导致养殖户不肯搬迁养殖场。为了切实解决这一问题,我们建议政府要拿出一部分专项资金用于补贴搬迁养殖户因养殖场搬迁而遭受的损失,同时还要拿出一部分专项资金用于集中养殖区域的基础设施建设,如道路的建造、水电的铺设、养殖场污水粪便的集中处理设施设备的建造等,确保集中养殖区域内的养殖户能够便利的进行生产销售而不会对城区环境和水质造成污染。经过多方努力,温州市目前在禽牧业整治方面也已取得阶段性成果,文成、泰顺两县共关停搬迁畜禽养殖户2258户,拆除养殖场65.4万平方米,生猪养殖当量从20多万头削减为1.48万头,原计划5年的畜禽整治工作任务已提前三年半基本完成,文成县黄坦坑溪水质由此前劣Ⅴ类,提升为Ⅵ、Ⅴ类,取得了阶段性成果。

④整治农业面源污染

为了遏制农业面源污染,我们建议:一要开展高毒高残留农药的"双禁"工作,对被列入"双禁"的"两高"农药进行全面清出市场,在农业生产上禁止使用。但这可能会导致农民的生产成本上升,而产量却下降,导致经济利益受损。为解决这一问题,我们建议一要出台相关的政策法规,确保"双禁"工作有法可依,能够贯彻落实,因此我们建议出台《温州市高毒高残留农药"双禁"工作实施意见》。二要给这些农民一定的经济补贴,使他们在使用低毒低残留农药时也不会遭受经济损失。或者相关政府部门可以出台一些鼓励农民使用低毒低残留农药的优惠政策措施,如给予购买低毒低残留农药的优惠补贴等。另外,还可以在农田中实施农药化肥减量控害示范工程,控制农药以及农田氮、磷用量,减少农药化肥造成的环境污染。同时要推广土肥适用技术,通过"测土配方施肥"、平衡配套施肥等土肥适用技术的推广和应用,提高农民科学施肥水平,提高化肥利用率,减少农业生产化肥投入量,有效减少和控制农业污染源。因此,我们建议要给城镇各个重点整治乡镇派遣一批科技特派员,让他们对农民的施肥技术等进行有效指导,此举将能有效减少和控制农业面源污染。

⑤整治企业污水污染

整治企业污水污染最关键的是要确保企业污水处理达标,即污水处理厂的建设是重中之重。目前,我国新建有污染的企业,建设时要配套建设污水处理等污染治理设施,这些要求一般在项目的环境影响评价文件或环保部门对项目环评的批复中都有体现,我国相关环境保护法律法规也做了明确、硬性的规定。但是,在实际工作中我们却发现,每个企业都建污水处理厂,在某种情况下,可能会造成重复建设。因此,要区分以下不同情况,来决定企业该不该建设污水处理厂:

一是在经济开发区、工业聚集区或工业园区,提倡建集中式的园区污水处理方式。这样对于厂区仅有生活污水或只排放含低浓度有机废水的排污企业,可省去建设污水处理厂的投资。污水在厂区只要简单处理,即可通过管道将污水排入集中式污水处理厂进行处理,实现达标排放。对于排放高浓度有机废水的企业,污水要经初步处理,使污水中化学需氧量的浓度达到接管标准后,方可排入集中式污水处理厂深度处理。建设工业园区污水处理厂,可大大减少单独建设污水处理厂的设备、仪器、电力和人员以及资金等不必要消耗,具有良好的社会效益、经济效益和生态效益。

二是在同一地区有多个同类厂或排污成分相近的企业,可以集中建设污水处理厂共用。在这方面,德国的做法值得我们借鉴。在德国最大的内陆港城市杜伊斯堡,有两家大型的药品厂和一家造纸厂,这3家企业合建了一家污水处理厂,并使之形成一家独立的股份制企业,再由政府出人、出资来管理和监督。一旦附近有新的企业成立,或者有企业准备新建污水处理系统,政府就会建议他们不必自己兴建,只需要铺一条管道把污水排进3家企业合力建设的污水处理厂就可以。同时,那些处理后的水又会被这3家企业循环利用,或者按照需求以低于地下水的价格出售给当地的园林和绿化部门以及一些企业和庄园,作为工业和农业用水。

三是企业污水中如果有特殊物质需要处理或独处一地的,需要建设自己的污水处理厂。经济开发区、工业聚集区或工业园区污水处理厂一般都是采用生物法处理有机废水。而化工厂、制革厂等企业排放的废水中,往往含有有毒、有害物质,这些物质对集中式污水处理厂处理污水使用的菌种构成威胁,甚至可以导致处理设施的菌种死亡。因此,这些工厂的废水不能直接进入工业园区污水处理厂处理,企业需要建设自己的污水处理厂。另外,独处一地的企业,也需要建自己的污水处理厂。

(2)真正贯彻实施垃圾分类制度

垃圾分类的好处是显而易见的:垃圾分类后被送到工厂而不是填埋场,既省下了土地,又避免了填埋或焚烧所产生的污染,还可以变废为宝。但目前温州市的垃圾处理多采用卫生填埋甚至简易填埋的方式,占用上万亩土地;并且虫蝇乱飞,污水四溢,臭气熏天,严重地污染环境。因此进行垃圾分类收集可以减少垃圾处理量和处理设备,降低处理成本,减少土地资源的消耗,具有社会、经济、生态三方面的效益。如果要真正实施垃圾分类,需要从以下几方面入手:一要加强城镇居民垃圾分类意识与知识。主要是要加强垃圾分类知识的宣传和引导,需要制作一些有关垃圾分类的宣传片和公益广告进行大范围投放,如在电视、广播、报纸、杂志、公交站台、公交车载媒体甚至网络等地方进行密集投放,营造浓厚的垃圾分类实施氛围,告诉居民为什么要实施垃圾分类,如何准确实行垃圾分类等。建议制作垃圾分类专用垃圾袋并统一发放给城镇居民,红色垃圾袋装不可回收垃圾,绿色垃圾袋装可回收垃圾。提倡居民可回收废物自行存放,自行运至废旧店变卖,达到垃圾减量化。二要对环卫工人进行垃圾分类的培训指导。环卫工人垃圾分类意识的强弱直接决定垃圾分类能否最终得到贯彻实施。因此要对环卫工作进行有关垃圾分类知识的培训,让他们明白为什么要实施垃圾分类、如何准确实行垃圾分类及最终如何进行垃圾分类处理。同时要改造现有的只有单一垃圾收集功能的环保清洁车,要根据垃圾分类原则改造成具有垃圾分类收集功能的清洁车,只有如此才能将分类处理后的垃圾进行分类收集,再进行分类处理,才能确保垃圾分类有始有终。三要出台相关的垃圾分类实施规章制度,从政策规章制度层面推动垃圾分类的强制实施,增强垃圾分类实施的约束力。若目前强制实施垃圾分类时机尚未成熟,那可以先出台一些政策措施鼓励居民实行垃圾分类,如开展垃圾分类实施评比大赛或者垃圾分类积分换礼品等活动,鼓励居民主动实施垃圾分类。

(3)开展环境治理工作专题宣传

要充分利用各种媒体和手段,加强对"美丽小城市"建设中环境整治工作的宣传,以推进整治工作的顺利开展。我们建议要充分利用中国温州的门户网站,开设"美丽城镇"环境整治专栏,专门宣传"美丽小城市"建设中的环境整治工作。温州市各有关新闻媒体,也要开设"美丽小城市"建设环境治理专栏专刊,及时报道"美丽小城市"建设中环境整治取得的成效,特别是给城镇居民带来的实惠,以及涌现出来的先进人物、先进事迹和先进单位。

有关县(市),也要大张旗鼓地宣传环境整治工作,特别是乡镇,要在环境整治的村庄和城镇,设立固定标语,讲明意义,讲清措施,千方百计提高人民群众对环境整治工作的关注度和参与度,尽最大努力取得广大群众的支持和理解,这样环境治理才有望成功。

2. 积极绿化生态环境

随着城市化和城镇化进程的加快,城市绿化的面积越来越大,水平也越来越高。这对于美化环境,美化生活,塑造城市形象,招商引资,改善投资环境意义重大。城镇环境绿化不仅是城镇建设的重要内容,而且是提高城镇品位的重要措施。近年来,城镇环境绿化在各级政府的重视下,取得了显著成绩,但同时也存在一些不容忽视的问题急需解决,主要有:①绿地系统规划不健全。目前,一些城镇绿地系统规划没有经过详细的论证,没有充分征求各方面的意见,在绿地系统规划的实施中不能严格的去执行,主观随意性强。甚至一些城镇根本没有绿地系统规划,绿地设随意性强,不考虑整体布局,一任领导建成一块绿地,下一任领导出于加快经济发展目的改建成商业性大楼。②目前的城镇环境绿化普遍缺乏特色,无论从树种选择还是从绿化方式来说,多趋于简单化,大中小城镇一个样,县乡村一个样,缺乏个性,没有特色。针对以上存在的问题,在绿化生态环境时特别需要注意以下两点:

(1)城镇环境绿化要合理规划布局全民参与

城镇环境绿化要克服"长官意志"、盲目蛮干,充分发挥园林、绿化、林业等部门绿化专业技术人员的作用,精心编制绿化规划和工程设计,做到规划先行,按图施工,以确保绿化覆盖率、绿地率、人均公共绿地面积等主要指标,做到植物配置合理、间隔距离适当、配套工程适宜。通过合理规划布局,提高绿化质量,防止重复建设,以最少的投入,取得最佳的效果。深入发动群众,形成整体效应。城镇环境绿化是一项公益性事业,要有全民参与意识。因此,要深入宣传,认真组织,采取"达标竞赛"、"门前三包"、"义务植树"、"多方筹资"等措施,动员广大市民参与,推广环保志愿者加入其中,并逐步养成习惯,珍惜和爱护花草树木,努力把居住区、单位庭院建设的环境优美,为创建"美丽城镇"打下良好的基础。

(2)城镇环境绿化要有鲜明的主题凸显特色

城镇绿化作为城镇建设的重要组成部分,需要长期为城镇服务。城镇绿化对一个城镇来说应该是一件整体性的工作。绿化工作要在综合考虑城镇的功能、大小、地理位置、人口、人文历史、文化和自然遗产、江河湖泊、道路交通等因素的基础上设计施工,要把城镇的部分自然特色和一些人文历史通过绿化展现出来。这就是一个城镇绿化的主题,这个主题因城镇的不同而不同,是有地方特色的。在这个主题的要求下,城镇绿化可以划分为不同的乡镇、街道,从不同的角度进行表现。城镇道路绿化、街道绿化、场园绿化、企业单位绿化、江河湖泊堤岸绿化以及城镇周边绿化等不能各行其是,随意而为,都要按照城镇绿化主题的要求来选择具体的绿化树种和方式,局部要服从总体。要把生态学的原理贯穿于各个乡镇、街道的设置中,使整个城镇绿化浑然一体,构成稳定的植物群落。

3. 共同保护生态环境

（1）倡导绿色交通、公共交通,加速低碳化交通的建设

针对温州目前交通存在的问题,可以借鉴世界生态之都库里蒂巴"管子车站"的经验。这个国家采取的有效措施就是遵循优先发展使用公共汽车的原则,尽量满足占城市居民大多数的中低收入者的需求。此外,投入使用的新型公共汽车设计也很独特,充分体现了人文关怀,并满足了安全、舒适、节省、方便和快捷的要求。库里蒂巴平均每 2.6 人拥有 1 辆小汽车,而公共交通的极大诱惑力,使许多有车族纷纷改乘公交车出行,于是在巴西小汽车拥有量位居第二的库里蒂巴,其小汽车的使用率却是最低的,因此节约燃料 3/4,城市空气也更加清洁。而据我们调查了解情况来说,温州目前的公交车费用是比较昂贵的,起步价 2 元起,高于大多数城市的公交车价格,如杭州、厦门等地,他们的公交车起步价仅为 1 元起,甚至更低。较高的公交车出行成本降低了居民出行乘坐公交车的积极性,致使温州市私家车拥有量居高不下,城市交通拥堵问题愈演愈烈！因此,发展绿色交通、共同交通,加速低碳化交通的建设是重中之重,尤其是降低居民公交出行成本,吸引居民采用公交出行。借鉴一些城市的先进经验建议采取以下措施降低居民乘公交车出行的成本:一是启动公交车月票制度。具体实施可借鉴杭州公交车月票制度,降低居民公交出行成本。月票是指公用交通设施上用的一种付费方式,一次性交完这个月的费用,然后可以有限次或无限次地乘坐指定的公交车等公用交通设施。学生、老人、残疾人等特殊人群可以享受半价或免费服务。二是增设公交车学生卡。公交车除员工卡和老人卡外,还应增设学生卡,具体实施可借鉴厦门的学生卡制度。学生只要凭借学生证即可到公交车服务站或者邮局办理学生卡,持学生卡可享受半价服务。使用学生卡可以降低学生上学出行成本,也算是对弱势群体的一种福利关照,同时也减少父母送孩子上学的出行成本,减少汽车拥堵。三是政府给予公交集团相应的补助。对于实施了公交月票制度和增设学生卡的公交集团而言,其收益必然会大大降低,因此若无任何政府补助公交集团必然不愿意实施这些

制度。因此,政府应本着增加居民福利的角度给予公交集团一定的财政补助,出台相关优惠政策措施鼓励公交集团积极启动公交车月票制度和增设公交车学生卡等。

(2)广泛开展生态环境保护的宣传教育

要加强电影、电视、图书、期刊和报纸等对生态环境保护的宣传舆论作用。努力提高民众的生态保护意识,特别是要提高领导决策者对生态环境保护和可持续发展的认识。定期举办生态环境保护宣传活动和如生态环境保护知识讲座等,提高居民的生态环境保护意识。在各大公交车站台、公交车电台等居民常见的地方宣传环境保护相关知识,打城市环境保护广告,营造环境保护处处可见的浓厚氛围。具体主要是要深入开展环境保护宣传工作,加强对当地群众的思想引导和教育,提高公众意识,形成"保护环境、人人有责"的互动机制。通过召开座谈会、制作大型户外广告、新闻媒体宣传报道等,宣传环境保护的重要性。同时要结合新形势的要求,继续开展环境保护宣传工作,依靠媒体的积极性,采用日常宣传、重点宣传和专项宣传,调动全社会的力量,增强广大群众保护环境的意识,调动全社会的力量,全面促进环境保护。我们建议温州市相关部门可以制定政策措施鼓励温州各大高校组织环境保护志愿者深入各个乡镇举办各种类型的环境保护宣传活动,如发放环保传单、组织环保签名活动、消灭垃圾、举办环保晚会等,都能起到一定的宣传效果。

(3)积极发挥环保 NGO 的社会服务功能

环保 NGO 是在特定法律系统下,以协会、社团、基金会、慈善信托、非营利公司或其他法人的形式存在,是不以营利为目的的非政府组织。20 世纪80 年代以来,在环境领域由 NGO 支持的志愿者活动也非常活跃,成为可持续发展和环境保护领域公众参与的非常重要的形式。一方面,不断壮大的环保 NGO 力量为城镇生态环境治理提供的服务有:向地方政府反映环保的意见、要求并提出建议,影响政策制定;提供志愿服务,普及环保知识,提供现实信息等;宣传法律、法规政策,发展文化教育,普及科技知识,对企业的环保行为施加监督作用;指导当地居民合理参与环境保护等。另一方面,环保 NGO 的生存和发展在可靠的法律保障和宽松的政策环境下,可以充分发挥其社会中介组织的积极性,全力发挥自我教育、自我管理、自我监督并监督政府和其他环境行为主体的职能。

6.3.3 在生态经济推进方面的对策建议

生态经济是指在生态系统承载能力范围内,运用生态经济学原理和系统工程方法改变生产和消费方式,挖掘一切可以利用的资源潜力,发展一些经济发达、生态高效的产业,建设体制合理、社会和谐的文化以及生态健康、景观适宜的环境。生态经济是实现经济腾飞与环境保护、物质文明与精神文明、自然生态与人类生态的高度统一和可持续发展的经济。按照"创业增收生活美"的要求,编制城镇产业发展规划,推进产业集聚升级,发展新兴产业,促进农民创业就业,构建高效的城镇生态产业体系。

富裕居民是"美丽小城市"建设的立足点。一、二、三产业联动发展是促进农民居民增收致富的主要途径。主要从以下几方面入手:

1. 大力发展生态农业

(1)构建现代生态农业产业体系,促进产业从粗放型向集约型生产方式转变

建设生态农业体系,要按照生态学原理和生态经济规律,大力发展生态经济,把发展粮食生产与发展林、牧、副、渔业、休闲、观光等产业结合起来,实现一、二、三产业有机结合,协调发展与环境之间、资源利用与保护之间的矛盾,促进城镇产业生态、绿色、低碳发展,实现经济、生态、社会三大效益的统一。

近几年来,温州市以农业"两区"建设为主要平台,大力推土地规模流转,引导工商资本投资农业,促进生产要素聚集,农业产业得到了全面提升。2013年,全市全市各级财政投入农业"两区"建设资金6.32亿元建成粮食生产功能区318个,面积35.05万亩;全市已累计建成现代农业园区221个,其中现代农业综合区2个,现代农业主导产业示范区33个(其中省级7个)、特色农业精品园区152个(其中省级32个)、休闲观光农业示范园34个(其中省级8个),园区建成数名列全省前茅。创建了瑞安雅林现代农业园、平阳的开心农场、苍南锦丰农业园、苍南晨虹生态葡萄庄园等一批上规模、上档次的农业生态休闲园。

(2)大力发展资源节约和环境友好型循环农业、生态农业

按照"减量化、再利用、资源化"的原则,通过产业结构的调整和技术创新把专业化的种植活动和养殖活动结合起来,建立和恢复中断的农业内部物质能量循环流动的链条,实现种植业和养殖业之间物质和能量的循环利用,减少物质和能量的流失,提高资源利用效率和生产效率,从源头上实现节能减排,实现农业生产的生态、绿色、低碳发展。

深入推进现代农业园区、粮食生产功能区建设,发展农业规模化、标准化和产业化经营,推广种养结合等新型农作制度,大力发展生态循环农业,扩大无公害农产品、绿色食品、有机食品和森林食品生产。大力推广应用商

品有机肥,实施"农药减量控害增效"工程,促进农业清洁化生产。

2.积极发展生态工业

(1)建立生态工业体系

建立生态工业体系,以市场为导向,以循环经济为指导,优化产业布局,按照从宏观到微观的构建尺度,可以从三个层面进行:首先,根据区域产业发展情况,在物流体系等条件充分允许的情况下,可以超出镇域在更广范围内组织产业生态链或供应链建设,形成整个城乡区域或多个城镇的产业共生关系,建立能够充分发挥地区资源优势的虚拟型生态工业园区;其次,建立生态工业园区,将有条件的多个企业组织起来形成资源共享、副产品互用的产业生态链,形成园区层面的循环;第三,在企业层面推行清洁生产,降低资源能源消耗,提高水平,减少废物排放及其对环境的污染。使工业朝着低碳、低耗能的绿色生产企业迈进。

(2)发展农村生态工业

在农村工业污染对环境压力日益加大的背景下,要转变观念,按照新型工业化发展路径,推动农村工业转型升级,在农村也要逐步通过科技创新和城乡统筹协调,建立科技含量高、经济效益好、资源消耗低、环境污染少的新型工业结构。比如很有特色的"守住青山卖生态"的"遂昌模式"就很有典型代表性。遂昌原本工业污染严重,遂昌造纸厂不仅濒临倒闭,还被列为全国500家污染最严重的造纸企业,被责令整改。通过股份制改造,凯恩华丽转生。生产高附加值的高科技特种纸,不仅一举切断污染源,企业还一举成为省清洁生产典范企业、绿色环保企业,并跻身国家高科技企业行列。遂昌多家企业自发承担起治污、治水的主体责任,不仅为五水共治捐款捐物700余万元,还在转型升级中不断发力:全国500强的元立集团主动淘汰落后产能,关停年产钢材12万多吨炼钢分厂,推进节电、节水、节气技术,利用余热发电实现90%的用电自给,还建成了全国最长的金属制品产业链;生产工业炸药的利民化工利用本地茶叶、竹叶、野菊等丰富资源,建设了年产300吨茶多酚、竹叶黄酮、野菊活性成分等机械化学提取生产线新建项目;遂昌碧岩竹炭申报的国家专利超过100项,各项生态、环保的产品赢得市场青睐,成为去年遂昌县企业在省股权交易中心成功挂牌的第一家。

遂昌坚持生态经济的发展之路,据不完全统计,县工业园区曾拒印染、化工、不锈钢处理、氟化工等"两高"行业进入园区投资,拒资达12亿元。虽然,遂昌工业自发的绿色转型并没有让遂昌经济迎来短期的飞跃式发展,但是它带来的是对遂昌生态资源的保护,是对可持续变现资源的保护。依托良好的生态资源优势,2010年3月26日遂昌网店协会成立,最传统的农特产品从此遇见了最时尚的营销方式,创造了农产品电子商务"遂昌模式"和2亿多元的年销售额。

(3)发展低耗、低排放工业

按照生态功能区规划的要求,严格产业准入门槛,严禁"二高一资"产业到水源保护区、江河源头地区及水库库区入户。深入实施"百家升级工程",严格执行污染物排放标准,集中治理污染。推动"技术创新推进工程"和"落后产能淘汰推进工程"的实施,推行"循环、减降、再利用"等绿色技术,调整城镇工业产业结构。积极探索实施企业排污权有偿使用机制,此方面可以参考借鉴嘉兴市的排污权有偿使用的"嘉兴模式"。正是排污权有偿使用制度的实施,才使得环境权益真正得以确立。对政府而言,政府作为初始排污权的所有者,通过有偿出让初始排污权,真正实现了国有资产的价值;对企业而言,有偿获得初始排污权后,既可以用于企业生产过程中的污染排放,也可以通过污染减排将节余的排污权有偿转让给其他企业;对居民而言,有偿使用排污权后,更加有力地保障了满足生活质量和生命质量所要求的环境质量。

3. 倡导发展生态服务业

(1)建立生态服务业体系

生态服务业是生态循环经济的有机组成部分,主要包括生态旅游、生态交通、生态宾馆,以及科技、教育、文化、体育、金融、房地产、信息、咨询等三产业建设规划。倡导生态消费、适度消费,对生态产品的消费、开展生态服务。其发展在总体上有利于降低城市经济的资源和能源消耗强度,发展节约型社会,是整个循环经济正常运转的纽带和保障。加快城市资本积累速度,提高地方政府税收水平,从而最终增强城市经济实力,保护生态环境,坚持可持续性发展,降低对自然资源依赖程度的能力。推进服务业生态化必须贯彻可持续发展战略,以生态经济思想为指导,促进社会—经济—自然系统的相互协调。拓展服务业发展空间,加快传统服务业的改造、提升,有重点地推进生态服务业的发展。

(2)重点发展生态旅游业

利用森林景观、田园风光、山水资源和乡村文化,发展各具特色的乡村休闲旅游业,加快形成以重点景区为龙头、骨干景点为支撑、"农家乐"休闲旅游业为基础的乡村休闲旅游业发展格局。实施"农家乐加快发展与规范提升"工程,强化"农家乐"污染整治,"农家乐"集中村实行村域统一处理生活污水,推广油烟净化处理等设备,促进"农家乐"休闲旅游业可持续发展。同时要积极开发除农家乐形式外的其他生态旅游业,如农业休闲观光采摘、古村落古文化特色游等。温州市一些景区依托村庄、环境优美村庄、古村落村庄、特色产业村庄,通过环境整治和美丽乡村建设,发展农家乐,呈现出村美业兴民富的新气象。2013年实现农家乐接待游客1709.21万人,营业收入10.38亿元,同比分别增长22.4%和23.2%,取得了较好的生态旅游效益。

(3)积极发展绿色商贸业

以营造全社会绿色消费环境为重点,以深入开展"提倡绿色消费、培育绿色市场、开辟绿色通道"的"三绿工程"为主要内容,构筑绿色市场体系,杜绝假冒伪劣商品,创建"绿色消费社区",建设绿色商场、生态服务业。合理规划布局城乡商业网点,形成绿色、有机产品的流通渠道和运输、交易体系。努力实现服务业的新突破。按照建设大市场、组织大贸易、参与大循环的思路,以推进流通现代化的为重点,整合、优化商业资源,促进新兴业态发展,加快形成以中央商业区、区域性商业中心为支撑,大型综合市场为骨干、众多专业市场为辅助,大卖场、专业店、便利店连锁店相结合布局合理、网络完善、设施先进的现代商贸中心。

(4)倡导发展绿色流通业

在流通领域要注意运输手段和包装介质,减少二次污染。包括限制各种运输工具的污染,规范运输标准和按照环保要求,保证运输过程对环境的污染和商品的安全。通过规范包装物质,鼓励包装物质的多次使用和回收率。加快生态服务业和城市循环经济的发展。宣传生态经济的理念和环保知识,使"绿色消费"的观念深入人心。在各大商场超市简化商品包装,使用可降解的包装材料,减少"白色污染"。逐步执行"绿色市场"标准,销售绿色食品,在农副产品市场上销售无公害水果、蔬菜。逐步完善蔬菜、水果等农副产品的检测。对农药超标的产品就地销毁,让城镇居民吃上"放心菜"、"放心肉"、"放心粮油"。

6.3.4　在生态文化培育方面的对策建议

生态文化就是从人统治自然的文化过渡到人与自然和谐的文化。按照"乡风文明身心美"的要求,以提高社会群众生态文明素养、形成生态文明新风尚为目标,加强生态文明知识普及教育,积极引导居民追求科学、健康、文明、低碳的生产生活和行为方式,增强居民的可持续发展观念,构建和谐的城镇生态文化体系。重点要做好以下工作:

1. 传承优秀传统文化

挖掘和传承优秀传统文化,传播和培育现代文明,是美丽城镇建设的文脉所系。发挥温州市历史文化村落数量多、历史底蕴深厚等优势,按照保护优先、合理利用的原则,精心保护古村落的建筑形态、自然环境、传统风貌及风俗民情,把历史文化村落培育成与现代文明有机结合的美丽乡村,从而打造有文化底蕴的美丽城镇。2012 年全面启动历史文化村落保护利用"百村千处"工程建设,确定具有较高保护利用价值的村落 146 个,其中古建筑村落106 个、自然生态村落 14 个、民俗风情村落 26 个,占全省总数的 15%;评定市级重点村落 25 个、实施历史文化村落之外的农村不可移动文物及优秀传统文化保护项目建设 12 个。2013 年,投入资金 43951.7 万元,续建历史文化村落 23 个、新启动 31 个、点(项)建设 200 个。

2. 开展生态教育宣传

生态教育是以保护生态、促进人与自然的和谐共生为宗旨,将生态学原理和生态规律与教育过程紧密结合,采用多种形式和手段,普及生态知识,培养生态意识,加强生态法制教育和生态道德建设的现代教育方式,是教育的生态化,也是坚持贯彻科学发展观的一种教育模式。生态教育倡导从基础教育到高等教育的一切学校教育和各级社会组织都要以生态文明、生态和谐、生态优化为着力点,具有全民性和终身性的特点。生态教育作为生态文化建设的重要举措之一,可以通过"政、企、学、民四位一体"运行机制的建立与完善以及借鉴国外先进的教育理论来推进,从而加快生态文明建设与发展。同时还要深入开展文明城镇创建活动,把提高社会公众生态文明素养作为重要创建内容。深化开展各种形式的文化活动,开辟生态文明橱窗等生态文化阵地,运用乡镇级文化教育场所,开展形式多样的生态文明知识宣传、培训活动,形成生态文明新风尚。

3. 倡导绿色消费行为

绿色消费是综合考虑环境影响、资源效率、消费者权利的消费模式,其目标是使产品的消费和回收对环境的影响最小化。伴随着温州市居民消费水平的不断提高,日益增长的消费规模给环境带来了巨大的压力。因此,转变温州市居民的消费方式,提高消费效率以推进居民的绿色消费行为,是缓解温州市环境压力的重要手段之一。因此,要加强居民的生态意识教育,建立不同社会阶层、收入层次和教育水平的绿色消费意识培养机制。由于个人或家庭的消费行为有其明显的个性和一定的习惯性,如果要改变传统落后的消费行为,在社会中就要利用电视、网络等媒体进行深层生态文化宣传,定期举办绿色文化宣传和研讨论坛,并伴随开展最新绿色产品和技术的推介会,积极引导消费者改变传统的消费模式,让人们从根本理念上重视绿色消费行为的重要性和迫切性,从而使其消费需求从满足基本的生活需要提升到关注生态环境的高度。此外,在各级教育机构应增加一些生态文化教育课程,有针对性地将其融入大、中、小学的教学计划,使绿色消费行为教育向深层次渗透。譬如,我们可以对中小学进行普及性的、趣味性的绿色消费教育,在大学里把关于环境问题的讲座与工程设计等课程有机地结合起来。真真切切地让温州市居民从熟悉温州市传统深层生态文化内容到培养生态环保意识,从认同绿色消费行为、实践绿色消费到主动宣传绿色消费。

　　综上所述,打造田园城市是"美丽小城市"建设的发展趋势。海南省琼海市依托独特的农村生态环境和人文环境推进新型城镇化,努力打造"城在村中、村在城中"的田园城市。琼海龙寿洋万亩田野公园获评中国最美田园,作为琼海"三不一就"(不砍树、不占田、不拆房,就地城镇化)新型城镇化道路的一部分,农业公园守住了农村生态,让城市望得见山,看得见水,真正做到了城在园中,村在景中,人在画中,实现了公共服务均等化、村落巷道硬板化、社区环境公园化、农业生产集约化、农民收入多样化、农民生活现代化等"六化",成效明显,在小城市培育与发展中值得借鉴。

7 结论与展望

7.1 基本结论

通过前面六章有关小城市培育政策、外来人口市民化、美丽小城市建设问题的分析,我们得出以下基本结论:

(1)新型城镇化是关系现代化全局的大战略,是最大的结构调整,事关广大群众生活的改善。必须深刻认识城镇化对经济社会发展的重大意义,牢牢把握城镇化蕴含的巨大机遇,准确研判城镇化发展的新趋势新特点,妥善应对城镇化面临的风险挑战。李铁认为,研究中国的城镇化发展规律,一定注意经济增长的过程当中有两个不可忽视的利益主体,追求资本积累的企业家和追求财政利益增长的政府,这是两个推动中国经济增长的动力。30年高速的城镇化增长,中国独特的体制条件,政府和市场的双重推动,发挥了至关重要的作用。但是凡事皆有利弊。过去的城镇化增长模式的后果,开始面临着严峻的挑战,加快小城市培育进程已成为大势所趋。

(2)大中小城市协调发展是人口众多的大国城市化发展的必然选择,也是实现城乡一体化发展的战略抉择。把农村地域建制的中心镇发展成为现代小城市,这既是优化城市空间布局的迫切需要,也是推进以人为本、以城带乡的新型城市化的必然要求。

(3)在小城市培育过程中,存在一些必须高度重视并着力解决的突出矛盾和问题。如大量农业转移人口难以融入城市社会,市民化进程滞后;"土地城镇化"快于人口城镇化,建设用地粗放低效;城镇空间分布和规模结构不合理,与资源环境承载能力不匹配;城市管理服务水平不高,"城市病"问题日益突出;自然历史文化遗产保护不力,城乡建设缺乏特色;体制机制不健全,阻碍了城镇化健康发展。当前亟须解决的三大问题有:一是把符合条件的中心镇培育成小城市试点的力度不够,要加紧制定、完善小城市培育试点的政策措施并加以落实,在条件成熟后全面推广;二是随着户籍人口与外来人口公共服务差距造成的城市内部二元结构矛盾日益凸显,主要依靠非均等化基本公共服务压低成本推动城镇化快速发展的模式不可持续,要加快外来人口市民化的步伐。三是当前经济正处在宏观政策调整期、结构调整阵痛期、增长速度换档期的"三期"叠加阶段,同时也处于前期刺激政策消化期,资源环境条件的约束性增强,粗放式发展方式已经难以为继,建设"美丽小城市"、创造美好生活,这是加快转变经济发展方式、实现高质高效发展的必由之路。保护生态环境就是保护生产力,改善生态环境就是发展生产力。必须把发展生态经济和改善生态环境作为核心任务,加快推进经济转型升级,走出一条科技含量高、经济效益好、资源消耗低、环境污染少的发展路子,实现保护与发展双赢,为建设"美丽小城市"、创造美好生活奠定坚实基础。

(4)中心镇向小城市的发展需要置于城乡统筹、城乡一体的框架中,要在新型城市化与新农村建设互促互进的良性互动基础上,增强产业发展、公共服务、吸纳就业、人口集聚功能,加快推进户籍制度、社会管理体制和相关制度改革,有序推进农业转移人口市民化,推进有条件的中心镇向小城市发展。

(5)外来人口市民化是当前必须坚持并加速推进的一项重大改革。但过程中必须尊重客观的社会经济发展规律,市民化要与工业化以及其他社会经济发展指标相适应,重构"市民"概念,推动农村新社区建设和产城一体化。要重视解决本埠外来人口与外埠外来人口享受到公共服务的待遇差别较大问题。中国要强,农业必须强;中国要富,农民必须富。没有产业化,何来城镇化?城镇化发展要防止无限膨胀的"大城市病",警惕小城市不断衰落。城镇化建设一头连着工业化,一头连着农业现代化,"三化"之间应协调共进,同步发展。

(6)在浙江省委全面部署"建设美丽浙江、创造美好生活"的"两美"战略的改革总目标、总要求和路线图的新形势下,"美丽小城市"这一重要命题,既是贯彻落实十八大精神的具体实践,也是浙江省经济社会发展的现实需要。建设"美丽小城市"已经成为下一阶段"美丽浙江"建设的重点任务之一。要加快"美丽小城市"建设,优化布局是"美丽小城市"建设的关键,城乡环境的洁化是"美丽小城市"建设的基础,富裕居民是"美丽小城市"建设的立足点,优秀传统文化的传承是"美丽小城市"建设的文脉所系。具体主要可以从四方面推进:一是建设生态人居,二是提升生态环境,三是推进生态经济,四是培育生态文化。

7.2 · 展望

推进小城市培育与发展是解决制约经济持续健康发展结构性问题的重大举措。小城市培育与发展是推动城乡区域协调发展的有力支撑，对破解城乡"双二元结构"，提升农村居民思想观念、生活习惯、文明素质，推进城乡公共服务均等化，促进人的全面发展具有重要作用。各级政府都在着力推进以人为核心的城镇化，提高城镇人口素质和居民生活质量，把促进有能力在城镇稳定就业和生活的常住人口有序实现市民化作为首要任务。可以预见，在今后一个时期，我国小城市培育与发展必将取得前所未有的成效。

（1）现代"田园城市"理念将主导未来的小城市培育与发展进程。埃比尼泽·霍华德（Ebenezer Howard，1850—1928），20 世纪英国著名社会活动家，城市学家，风景规划与设计师，"花园城市"之父，英国"田园城市"运动创始人。霍华德的田园城市理论对世界大多数国家的城市规划，特别是二战后西方国家的新城建设和城市理论产生过很大的影响，田园城市理论对后来的城市规划界产生了深远的影响，以至于其田园城市理论在其产生后的100 多年间被频频提及，被城市规划学家和史学家视为城市规划史上最有影响的理论之一。田园城市是将农村的发展纳入城市的发展系统，乡村的美好环境与城市生活的优点有机结合起来的和谐城市。"田园城市"的核心思想是"自然之美、社会公正、城乡一体"。田园城市是一种强调"以人为本"，以最大限度满足居民对生态效益、经济效益、社会效益的需求为根本目标，是一种经济高效、环境宜人、社会和谐的幸福社区，符合中国的实际。新型城镇化应该是进城人口市民化的城镇化，是产城结合、环境友好、城乡一体的城镇化。"田园城市"理念就是为了解决城市病，整治城市生态环境和实现城市的可持续发展。建设现代田园城市要着力解决三大难题：空间，功能，文化。这三者共同构成"田园城市"的等边三角形，三者缺一不可。这将要求美丽乡村建设跟上城市建设步伐，体现城市需求与文化特征。

（2）新常态下质量是小城市培育与发展的生命。小城市培育与发展不仅仅是造城运动，也不仅仅是大拆大建，更不能消灭农村。作为"十二五"规划纲要中的一项重要战略任务，城镇化被赋予了扩大内需、积极培育新的经济增长点等历史使命。从国际经验来看，快速推进的城镇化进程也是一个高碳排放的过程，这似乎是一个难以回避的阶段性特征，但这并不意味着我们将无所作为。《国家新型城镇化规划（2014—2020 年）》明确了生态文明、绿色低碳等原则和理念。实践证明，只要科学规划，就能在较大程度上避免大规模基础设施建设的高碳锁定效应。要以改革的思维和创新举措稳步提高农业户籍人口城镇化水平;大力提高城镇土地利用效率、城镇建成区人口密度;以提高能源利用效率为中心,降低能源消耗和二氧化碳排放强度。中国要美,农村必须美。"美丽小城市"应该是群众自主建设自己美好家园的有效平台,而不能沦为凸显政绩的形象工程。"美丽小城市"建设从规划、建设、管理到经营自始至终都要建立群众参与机制,从而保障所建设出的"美丽小城市"是群众真正心中所想的美丽小城市。

(3)把中心镇培育成小城市符合我国国情。我国的城市化不能仅仅依靠大城市、特大城市。通过发展中心镇,打造特色鲜明的生态宜居新城是城市发展趋势。我们的理想小城市应该是:建设风景如画的美丽田园,构建井然有序的交通体系,把控疏密有度的舒适空间,创造轻松愉悦的工作环境,提供温馨浪漫的品质家园,满足教育医疗的综合配套,优化高附加值的产业集群,实现城乡一体的和谐发展。现代都市农业必须坚持三产融合发展,城市周边都市农业公园化发展,远郊、山区都市农业景观化发展,由"生产主导型经济"向"消费主导型经济"转变,大力发展时尚农业。

(4)"镇改市"将是中国城市体制、行政区划的一大创新。数据显示,目前我国现有 152 个超过 10 万人的镇,其中有 142 个已达到小城市规模,并有 10 个达到中等城市规模,特别是东南沿海地区,一些特大镇的财政收入年均可达几十亿元,早已达到市的标准。2014 年 12 月,国家发展改革委等 11 个部门联合发文,同意将江苏、安徽两省和宁波等 62 个城市(镇)列为国家新型城镇化综合试点地区。其中,"镇改市"是此次新型城镇化试点内容之一。本次新型城镇化的试点名单是通过采取兼顾公平和均衡原则确定的,均衡涵盖东部沿海和中西部地区城市,主要包括四个方面,第一是要建立农业转移人口市民化成本分担机制,让中央、各级政府和企业共同负担成本;其次是建立多元化可持续的城镇化投融资机制,调整地方的财源结构,避免对土地财政依赖过大;另外要改善农村宅基地制度,使宅基地发挥应有的效益,增加农民进城的资本;最后则是创新行政管理和降低行政成本的设市模式,即进行"镇改市"试点。从城市化的进程来看,此前镇往往只能改为街道,但街道只是一个派出机构,很多经济强镇有几百平方公里,人口也非常多,街道显然管理不过来。如果将镇改为市,也是城镇化过程中的一大创新。如果顺利实施,那么未来中国的城市将有 5 个级别,也就是从正省级的直辖市到正科级的镇级市。可以设想,"特大镇"变为"小型市"或"镇级市"将是中国城市体制、行政区划的一大创新,而其内涵和管理模式将由乡镇理念转变为城市理念,这才是根本的;其次,城市规划建设将有更高的标准和规模;再次,治安力量、公务员队伍、户籍管理和非户籍人口管理、土地管理等都将发生重大变化;最后,小城市培育与发展进程有可能转变为城市化进程,城市形象将得到极大的提升。

(5)农民的意愿和观念应成为小城市培育与发展重点关注的内容之一。解决人的问题是推进新型城镇化的关键。要让千千万万的农民真正意识到新型城镇化的最直接受益者是他们自身而非他人,真正主动积极地投入到新型城镇化中去,就必须更多地关注农民的意愿和观念。只有了解了,才有可能尊重;只有尊重了,才有可能调动农民的积极性和主动性。如,个别地方政府主导推进的农房集聚改造,并没有得到农民的拥护,推进缓慢。又如,2014 年 7 月 30 日,备受关注的国务院《关于进一步推进户籍制度改革的意见》公之于众,标志着进一步推进户籍制度改革开始进入全面实施阶段。可据我们调查,温州的许多农民并不关心,因为在温州,盛行"非转农",而不是"农转非",部分农民对转为市民并不感兴趣,农村产权问题牵动着农民的心,这种"逆城市化"现象值得我们深思。户籍制度改革事关亿万国人的福祉,是一项必须优先推进的基础性改革,其改革决心之大、力度之大、涉及面之广、措施之实均属空前。但并不意味着今后每一位中国公民的户口均统一登记为居民户口了,就成为真正的市民了。农村产权制度改革必须同步跟进,今后要走的新型城市化之路还很长。实践证明,农民工的市民化、人的城镇化可以带来总体上的改革收益。全面深化改革肯定要触动一些既得利益,我们可利用改革收益分摊改革成本,补偿改革中的受损者。推进人的城镇化,应该在中央和地方政府之间分担改革的成本,分享改革的收益。

(6)文化发展将成为小城市培育与发展的"新指标"。以往对城镇化发展相关指标体系进行的研究,在学术层面主要从城镇化可持续发展、城市竞争力评价、城市发展质量等角度进行评价指标的探讨,在政府层面主要通过指标体系构建"生态城市"、"全国文明城市"等示范性项目具体工作进行指示和推进。不论对城镇化的评价维度和方式有何异同,文化发展指标都是维系城镇可持续发展的重要内容,包括文化环境指标、文化资源指标、文化驱动指标和文化效益指标四个方面。在小城市培育与发展过程中,要注重传承文化,发展有历史记忆、地域特色、民族特点的"美丽小城市",并重新发挥文化的社会治理功能,构建"文以治镇,以文化城"的新型城镇化治理新模式。

附　录

附录一　关于印发国家新型城镇化综合试点方案的通知

发改规划〔2014〕2960 号

各省、自治区、直辖市及计划单列市人民政府,新疆生产建设兵团:

为贯彻落实《国家新型城镇化规划（2014—2020 年）》（中发〔2014〕4号）、《关于落实中央经济工作会议和中央城镇化工作会议主要任务的分工方案》（中办发〔2014〕7 号）,按照国家发展改革委等 11 部门《关于开展国家新型城镇化综合试点工作的通知》（发改规划〔2014〕1229 号）的有关要求,经部门联审和专家评审,同意将江苏、安徽两省和宁波等 62 个城市（镇）列为国家新型城镇化综合试点地区。现将《国家新型城镇化综合试点方案》印发你们,请据此组织开展试点工作。

附件:国家新型城镇化综合试点方案

国家发展改革委

中央编办

公 安 部

民 政 部

财 政 部

人力资源社会保障部

住房城乡建设部

农 业 部

人民银行

银 监 会

国家标准委

2014 年 12 月 29 日

附:国家新型城镇化综合试点方案

国家新型城镇化综合试点总体实施方案

根据《国家新型城镇化规划(2014—2020 年)》《中发〔2014〕4 号)、《关于落实中央经济工作会议和中央城镇化工作会议主要任务的分工方案》(中办发〔2014〕7 号)的要求,国家发展改革委、中央编办、公安部、民政部、财政部、人力资源社会保障部、国土资源部、住房城乡建设部、农业部、人民银行、银监会等 11 个部门联合印发了《关于开展国家新型城镇化综合试点工作的通知》(发改规划〔2014〕1229 号),各省(区、市)、计划单列市人民政府组织开展了试点申报工作。发展改革委会同上述部门和有关专家对申报地区的试点工作方案进行了综合评审,将江苏、安徽两省和宁波等 62 个城市(镇)列为国家新型城镇化综合试点地区,原则同意各试点地区报送的试点工作方案。为扎实有效推进试点工作,制定本实施方案。

一、指导思想和基本原则

(一)指导思想

全面贯彻落实党的十八大,十八届三中、四中全会和中央城镇化工作会议精神,以人的城镇化为核心,以提升质量为关键,紧紧围绕需要深入研究解决的重点难点问题,充分发挥改革试点的先遣队作用,大胆探索、试点先行,寻找规律、凝聚共识,为全国提供可复制、可推广的经验和模式。

(二)基本原则

坚持制度创新、试点先行。着力破除现行体制机制的束缚阻碍,探索形成推进新型城镇化的新体制新机制,使市场在资源配置中起决定性作用和更好发挥政府作用。

坚持中央统筹、地方为主。中央政府统筹试点内容,赋予试点地区先行先试政策,试点地区按照试点要求,充分发挥主动性和创造性,探索出体制改革和机制创新的路径。

坚持综合推进、重点突破。试点地区既要统筹兼顾重点试点任务,又要从本地实际出发,选择本地区亟需突破的发展和改革瓶颈,通过综合和分类改革的结合,率先试验,强力推进,务求实效。

坚持定期评估、总结推广。实行改革试点进展情况年度评估报告制度,总结试点经验,完善试点内容,以点带面,梯次推进,逐步扩大试点范围,及时推广试点成功经验。

二、试点范围和时间

（一）试点地区。综合考虑申报地区的工作基础和试点工作方案，兼顾不同区域、不同类型和不同层级城市（镇），确定在江苏、安徽两省和宁波等62个城市（镇）开展试点。

（二）试点时间。2014年底前开始试点，并根据情况不断完善方案，到2017年各试点任务取得阶段性成果，形成可复制、可推广的经验；2018—2020年，逐步在全国范围内推广试点地区的成功经验。

三、试点主要任务

（一）建立农业转移人口市民化成本分担机制。按照户籍制度改革要求调整户口迁移政策，出台具体可操作的农业转移人口和其他常住人口落户标准，并向社会公布。建立居住证制度，以居住证为载体建立健全与居住年限等条件相挂钩的基本公共服务提供机制。建立健全由政府、企业、个人共同参与的农业转移人口市民化成本分担机制，根据农业转移人口市民化成本分类，明确成本承担主体和支出责任。按照事权与支出责任相适应的原则，合理确定各级政府在教育、基本医疗、社会保障等公共服务方面的事权，建立健全城镇基本公共服务支出分担机制。

（二）建立多元化可持续的城镇化投融资机制。把地方政府债务纳入全口径预算管理，编制公开透明的城市政府资产负债表，建立健全地方政府债券发行管理制度，允许地方政府通过发债等多种方式拓宽城市建设融资渠道。依据城市规划编制城市基础设施建设规划和融资规划，针对不同项目性质设计差别化融资模式与偿债机制。理顺市政公用产品和服务价格形成机制，放宽准入，完善监管，制定企业通过政府和社会资本合作（PPP）等模式进入特许经营领域的办法，鼓励社会资本参与城市公用设施投资运营。

（三）改革完善农村宅基地制度。具体试点工作按中央批准的农村宅基地制度改革试点方案实施。

（四）探索建立行政管理创新和行政成本降低的新型管理模式。按照城市设置与简化行政机构联动原则，在符合行政区划合理调整的前提下，选择部分有条件的地方进行撤镇设市设区试点，优化行政层级和行政区划设置，积极借鉴经济发达镇行政体制改革试点的经验，探索更加精干、高效的组织构架和行政体制。推进扩权强镇改革，促进这些镇更好地吸纳人口、增强经济实力，实现经济社会更好更快发展，充分发挥其在新型城镇化建设中的示范带动作用。

（五）综合推进体制机制改革创新。鼓励试点地区从推进新型城镇化实际出发,在城乡发展一体化体制机制、城乡规划编制和管理体制机制、农业现代化体制机制、城市"多规融合"制度、城市生态文明制度、城市社会治理体系,以及新型城镇化标准体系建设和创新城市、智慧城市、低碳城市、人文城市建设等方面开展形式多样、富有特色的改革探索。

四、配套政策

加强部门间政策协同配合,推动新型城镇化相关政策和改革举措率先在试点地区落地。

完善转移支付办法,建立财政转移支付同农业转移人口市民化挂钩机制,中央和省级财政安排转移支付时要考虑常住人口因素。

省级政府举债使用方向要向试点地区倾斜。国家开发银行发挥金融支持作用,运用信贷等多种手段积极支持城市基础设施、棚户区改造等工程建设。鼓励公共基金、保险资金等参与自身具有稳定收益的城市基础设施项目建设和运营。

农民工职业技能培训、城镇保障性住房建设、市政基础设施改造、产业发展和承接产业转移等相关政策,适度向试点地区倾斜。

对具备条件的行政区划调整事项,按法定程序报国务院审批。

五、组织实施

（一）组织保障。国家发展改革委依托推进新型城镇化工作部际联席会议制度,会同中央编办、公安部、民政部、财政部、人力资源社会保障部、住房城乡建设部、农业部、人民银行、银监会、标准委等共同推进试点工作,统筹研究重大问题,协调重大政策,指导各地试点实践。

各试点地区党政主要领导要高度重视,依据批复的试点工作方案要点完善试点方案,健全试点工作机制,成立由主要领导任组长的试点工作领导小组,统一领导、统筹推进试点工作。

（二）监测评估。国家发展改革委要加强对试点工作的跟踪监督,开展年度评估考核,建立试点动态淘汰机制。各试点地区要及时总结试点经验,确保完成国家新型城镇化综合试点的任务和目标。

国家新型城镇化综合试点地区名单

省:江苏省、安徽省

计划单列市:宁波市、大连市、青岛市

省会城市：河北省石家庄市、吉林省长春市、黑龙江省哈尔滨市、湖北省武汉市、湖南省长沙市、广东省广州市、重庆市主城九区

地级市（区、县）：北京市通州区、天津市蓟县、吉林省吉林市、黑龙江省齐齐哈尔市、黑龙江省牡丹江市、上海市金山区、浙江省嘉兴市、福建省莆田市、江西省鹰潭市、山东省威海市、山东省德州市、河南省洛阳市、湖北省孝感市、湖南省株洲市、广东省东莞市、广东省惠州市、深圳市（光明新区）、广西壮族自治区柳州市、广西壮族自治区来宾市、四川省泸州市、贵州省安顺市、云南省曲靖市、甘肃省金昌市、青海省海东市、宁夏回族自治区固原市

县级市（区、县）：河北省定州市、河北省张北县、山西省介休市、内蒙古自治区扎兰屯市、辽宁省海城市、吉林省延吉市、浙江省义乌市、福建省晋江市、江西省樟树市、山东省郓城县、河南省禹州市、河南省新郑市、河南省兰考县、湖北省仙桃市、湖北省宜城市、湖南省资兴市、海南省儋州市、四川省阆中市、贵州省都匀市、云南省大理市、西藏自治区日喀则市桑珠孜区、陕西省高陵县、青海省格尔木市、新疆维吾尔自治区伊宁市、新疆维吾尔自治区阿拉尔市

建制镇：浙江省苍南县龙港镇、吉林省安图县二道白河镇

试点地区试点工作方案要点

（其他地区试点工作方案要点略）

浙江省苍南县龙港镇国家新型城镇化综合试点工作方案要点

龙港镇位于浙江省八大水系之一的鳌江入海口南岸，是中国第一座农民城，面积 172 平方公里，辖区建成区 19 平方公里。2013 年常住人口 43.7 万人，户籍人口 36.2 万人，其中建成区常住人口 24.9 万人，镇区人口密度达每平方公里 1.3 万人；地区生产总值 185.6 亿元，财政总收入 18.8 亿元。

一、开展国家新型城镇化综合试点的总体目标

——指导思想：紧紧围绕国家新型城镇化试点工作要求，积极探索职能分工合理、行政层级优化、管理机构精简、行政成本降低、行政效能提高、公共服务改善、治理能力提升的新型设市模式，为浙江省乃至全国推进新型城镇化提供可复制、可推广的经验和模式。

——基本原则：坚持以人为本，转变方式；坚持改革创新，求真务实；坚持简政放权，精简高效；坚持综合配套，循序渐进；坚持政府引导，社会参与。

——试点目标：通过 3 年左右的努力，实现责权利相统一，机构设置进一

步优化,行政成本得到严控,公共服务显著改善,城市治理明显提升,体制机制创新取得成效,探索出一套精简高效创新的设市模式,统筹带动鳌江流域协调发展,促进海西城市群加快发展,打造在全国具有示范意义的新型设市模式的典范。

二、开展国家新型城镇化综合试点的主要任务

(一)厘清政府、市场和社会职能分工。明确政府职权边界,提高行政效率。充分发挥市场机制作用,通过向社会购买公共服务,改善和提高公共服务质量。充分调动社会力量,有效发挥在决策、监督和公共服务方面的积极作用,进一步改善城市治理。

(二)明确"县级单列管理"基本定位。使龙港可独立制定本地经济社会发展中长期战略规划和年度发展计划,在项目申报、工业企业和招商引资准入评审等方面等同于县级单位,单独向省上报年度用地指标,新增建设用地指标按照县级单位实行单列。

(三)按照城市发展要求合理下放权力。财权方面,把龙港升格为县级财政管理单位,把原镇级金库恢复为县级独立金库,财政直接对省结算。行政执法和审批权方面,把县级行政机关管理事项和行政执法权限下放给龙港,把经济、社会、文化、环保等方面的审批权限依法依规下放,实现县、镇之间权责关系由不稳定向稳定的转变。人事权方面,按照属地管理原则,强化镇级人事管理权。

(四)加快推行"大部门"制。优化横向分工,按照层级减少、机构精简、成本节约、职能相近部门合并和打破条条对口的部门设置原则,把县派驻龙港部门与镇内设机构及事业单位进行合并,建立若干个"大部门",实行以块为主的管理模式,条上进行业务指导。

(五)切实完善社区服务与治理。理顺纵向分工,实现"市管社区"的扁平化管理体制,赋予社区相应的社会管理和公共服务职能,提高社区自我服务和治理能力。理顺行政流程和推进电子政务,把政府行政审批和公共服务通过电子网络平台延伸至社区。

(六)调整优化人员结构和编制。严格控制机构编制规模,在不增加机构编制的前提下,结合龙港人口比例和经济规模从严核定行政事业人员编制。在总量控制的前提下,适当减少一般性岗位的行政事业人员,合理增加专业技术岗位人员,严格控制计划外用工。加大高素质人才引进力度,大力实施城市管理人才素质提升工程。

(七)有效压缩行政成本。实施全面规范、公开透明的预算制度,加强行

政成本预算源头监控,抓好预算执行的审核和监督,全面推行绩效预算,从制度上强化行政成本的控制,提高行政效能。充分发挥公共资源交易中心功能,有效降低政府对相关产品和服务的采购成本。

(八)积极探索多元化公共服务供给模式。在政府改善公共服务供给的同时,积极创新公共服务提供方式,大力培育社会化服务组织,更多地探索采取向社会购买公共服务,提高公共产品使用效率,降低行政运行的成本。

(九)建立完善城市治理体系。建立权力清单和负面清单,理清政府权力边界,规范权力运行。强化考核监督机制,健全干部绩效考核评价体系。

(十)配套推进城镇化相关制度改革。进一步健全农业转移人口市民化推进机制,完善农业转移人口社会参与机制,建设包容性城市。深化农村产权制度改革,加快建设农村要素市场交易体系。创新城镇化资金保障机制,理顺市政公用产品和服务价格形成机制,深化多元化投融资体制改革。

三、保障措施

(一)加强组织领导。组建由浙江省、温州市、苍南县、龙港镇有关领导和部门参与的试点工作领导小组,加强对试点工作的统筹协调。

(二)出台配套政策。政策保障方面,由浙江省下发龙港试点实施方案及其他相关配套政策文件。财政支持方面,建立农业转移人口市民化成本分担机制,省级财政通过转移支付手段解决龙港财政单列后带来的问题。金融支持方面,支持龙港加快建立完善相匹配的金融组织机构和信贷政策等。

(三)抓好组织实施。制定实施细则和阶段性行动计划,建立试点进展报告、成效考核、工作问责制度,落实责任分工,及时梳理和总结经验,加强对试点实施的阶段性评估。

(四)分步有序推进。在时间安排上,获批试点后一年内,制定和完善试点实施方案,各项改革任务得到系统部署,责任分解落实到单位和个人;两年内,各项措施得到全面落实,改革经验得到总结,并取得阶段性成效;三年内,试点取得明显成效,形成一套可实行、可复制、可推广的新型设市模式。

附录二 浙江省人民政府办公厅关于开展 小城市培育试点的通知

浙政办发〔2010〕162 号

各市、县（市、区）人民政府，省政府直属各单位：

根据《中共浙江省委办公厅浙江省人民政府办公厅关于进一步加快中心镇发展和改革的若干意见》（浙委办〔2010〕115 号）关于开展小城市培育试点的要求，经省政府同意，现就试点工作有关事项通知如下：

一、充分认识开展小城市培育试点的重要意义

实施"中心镇培育工程"以来，浙江省涌现出一批人口多、规模大、经济实力强、设施功能全、具有小城市形态的特大镇。这些镇在浙江省推进新型城市化、建设社会主义新农村、促进城乡一体化发展中发挥了重要的作用。但是，由于受现行管理体制等因素的制约，这些特大镇的进一步发展面临着一些困难和问题。开展小城市培育试点，着力破解这些困难和问题，加快实现特大镇向小城市转型发展，有利于基础设施、公共服务、现代文明向农村延伸、覆盖和辐射，促进城乡一体化发展；有利于优化城乡空间布局，缓解大中城市发展压力，实现大中小城市协调发展；有利于探索建立权责一致的乡镇管理体制和运作机制，提升基层社会管理和公共服务水平。各级政府各有关部门要从全局和战略的高度，充分认识开展小城市培育试点的重要意义，积极主动深化改革、推动创新，扎实做好各项工作。

二、指导思想和主要目标

（一）指导思想。坚持以科学发展观为统领，深入实施"八八战略"和"创业富民、创新强省"总战略，以加快推进人口集中、产业集聚、功能集成、要素集约为着力点，加大改革创新力度，加快培育一批经济繁荣、社会进步、功能完备、生态文明、宜居宜业、社会和谐的小城市，构筑集聚能力强、带动效应好、体制机制活、管理水平高的城市化发展新平台，走出一条具有浙江特色的城乡一体化发展新路子。

（二）主要目标。到 2015 年，纳入小城市培育试点的中心镇要实现以下主要目标：

——建设规模。建成区面积 8 平方公里以上，形成布局合理的居住、工业、商贸、生态等功能分区。建成区户籍人口 6 万人以上或常住人口 10 万人

以上,建成区户籍人口集聚率60％以上。形成比较完备的水、电、路、气、环保等基础设施网络。

——经济实力。年财政总收入10亿元以上,农村居民人均纯收入2万元以上。工业功能区工业增加值占全镇工业增加值80％以上,第三产业增加值占GDP比重40％以上,二、三产业从业人员比重90％以上。

——服务水平。科技教育、文化体育、卫生计生等设施完备,形成比较完善的社会事业发展网络。商业、金融等服务业网点布局合理,形成比较繁荣的商贸金融服务网络。社会保障体系逐步健全,保障水平稳步提高。基本公共服务、居民互助服务、市场商业服务三结合的社区服务体系进一步健全,形成便民利民的社区服务网络。

——管理体制。建立与小城市发展相适应、权责一致、运作顺畅、便民高效的行政管理体制。建立权责明确、行为规范、监督有效、保障有力的行政执法体制,推进县(市、区)综合行政执法试点和相对集中行政处罚权工作,并向试点镇延伸。健全社区党组织领导的充满活力的社区自治机制,形成管理民主、运作规范、服务完善、文明祥和的社区管理服务体系。

三、主要任务

(一)制订完善小城市规划。根据城市规划、土地利用总体规划的相关技术规范和标准,编制小城市总体规划和控制性详细规划,并与城镇体系规划、生态环境功能区规划、土地利用总体规划、农村土地综合整治规划等相衔接。按照彰显特色、集聚发展的要求,完善主城区城市设计,科学编制小城市基础设施等专项规划和以中心村为重点的村庄布局规划。

(二)着力提升小城市功能。大力推进市政基础设施、环保基础设施、教育医疗设施、文化体育设施和商贸综合设施建设,努力提高基础设施的网络化水平和综合承载能力。加快行政执法、土地储备、公共资源交易、行政审批服务等平台建设,不断提升小城市公共管理和服务水平。

(三)大力发展小城市经济。按照城市经济的特点,大力发展现代物流、商务、金融等生产性服务业,因地制宜发展旅游、商贸、文化娱乐等面向民生的服务业。坚持错位发展、集约发展的原则,主动承接大中城市产业转移,加快共性技术服务平台建设,因地制宜大力发展高新技术产业和战略性新兴产业,着力推进特色产业集群发展。大力发展城郊农业、设施农业、旅游观光农业,提升现代农业发展水平。

(四)加快集聚小城市人口。坚持集约节约用地的原则,努力改善生产生活条件。大力推进农村土地综合整治和农村住房改造建设。大力推进小城市社区建设,积极推进住房制度改革和住房保障体系建设,促进农村人口向小城市集中。创新户籍管理制度,加快出台低门槛落户、享受与当地城镇居民同等待遇的农民进城激励政策,加快推进农民市民化。

(五)全面提升小城市管理水平。按照城市管理职能和小城市建设发展的需要,积极推进保留镇级建制、赋予县级经济社会管理权限的体制改革,加快推进行政执法体制改革。根据管理服务标准不断提高、任务日益繁重的实际,积极整合公共管理资源,完善机构设置和人员编制配备,切实提高小城市管理的能力和水平。

四、扶持政策

(一)实施强镇扩权改革。根据小城市管理需求,在保持镇级建制不变的前提下,明确试点镇的职能定位,在符合法律法规的前提下,通过委托、交办、延伸机构等方式和途径,赋予试点镇与县级政府基本相同的经济社会管理权限。

(二)完善小城市机构设置。根据试点镇的人口规模、经济总量和管理任务,允许试点镇在核定的编制总数内统筹安排机构设置和人员配备;县(市、区)政府部门派驻试点镇的机构,业务上接受上级职能部门的指导,日常管理以试点镇为主,其负责人的任用、调整及工作人员的调动,应书面征得试点镇党委的同意。垂直管理部门可以在试点镇设派驻机构。

(三)合理调整行政区划。按照小城市总体规划,根据试点镇的经济社会发展实际和生产要素流向,结合小城市的管理服务水平和实际承载能力,允许适度调整试点镇的行政区划,拓展发展空间,增强集聚辐射能力,提升集约发展水平。

(四)强化要素保障机制。建立试点镇建设用地支持保障制度,各地在省下达的年度城镇建设用地切块指标中优先予以安排。加强对试点镇的金融服务,加大对试点镇的信贷支持。鼓励金融机构到试点镇设立分支机构,支持有条件的试点镇设立村镇银行和小额贷款公司。建立完善市县两级建设、规划、环保、交通等部门专业人才到试点镇挂职的制度,缓解小城市管理人才紧缺的压力。

(五)完善财政管理体制。按照分税制财政体制的总体要求,合理划分县(市、区)与试点镇的事权。按照财权与事权相匹配的原则,进一步理顺县(市、区)与试点镇的财力分配关系,建立试点镇政策倾斜、设有金库的一级财政体制,实现财力分配向试点镇倾斜,促进小城市培育。

(六)加大税费支持力度。鼓励县(市、区)政府对在试点镇新办的大型商贸企业,自营业当年度起,实行房产税、城镇土地使用税、企业所得税地方分成部分按收入级次三年内予以全额拨补;对在试点镇新办的金融保险企业,自营业当年度起,实行交纳的营业税按收入级次三年内予以拨补50%。试点镇土地出让净收益市、县(市、区)留成部分和在试点镇征收的城镇基础设施配套费,全额返还用于试点镇建设。

(七)建立试点专项资金。省政府从2010年起建立每年10亿元的省小城市培育试点专项资金(暂定三年),用于试点镇的基础设施、社会事业、产业功能区、技术创新和人才集聚服务平台、公共服务平台、规划编制及体制机制创新等项目的补助。各市、县(市、区)也应建立小城市培育试点专项资金,支持试点镇加快建设发展。

五、组织实施

(一)健全组织协调机制。省中心镇发展改革协调小组负责全省小城市培育试点工作的组织协调。协调小组及其办公室要定期召开会议研究重大问题,及时分解工作任务、落实责任单位,不断完善配套政策、加大推进力度,加强信息收集分析、实施动态管理。有关市、县(市、区)政府要建立相应的组织协调机制,将小城市培育试点工作摆上重要议事日程,纳入年度目标责任制考核,及时协调解决试点中遇到的困难和问题,推动试点工作扎实有效开展。

(二)建立绩效考核机制。按照奖励发展、激励先进的原则,建立小城市培育试点工作年度绩效考核奖励机制。与此同时,建立试点淘汰机制,对连续两年考核不合格的试点镇,取消其试点资格。

(三)强化联动推进机制。省级有关单位要抓紧出台配套政策,加大财力、要素等方面的保障,加强指导和服务。有关市、县(市、区)政府要加快出台相应的扶持政策,支持小城市培育试点工作。试点镇要按照"一年一个样、三年大变样"的培育要求,抓紧制订试点总体方案,编制三年行动计划和年度实施计划,大胆改革创新,确保试点取得明显成效。要及时总结宣传推广各地试点的成功经验,努力营造大胆改革、勇于创新、深化试点、科学发展的浓厚氛围。

附件:小城市培育试点镇名单

二○一○年十二月二十一日

附:小城市培育试点镇名单

杭州市:萧山区瓜沥镇、余杭区塘栖镇、桐庐县分水镇、富阳市新登镇。

宁波市：象山县石浦镇、慈溪市周巷镇、奉化市溪口镇、余姚市泗门镇。

温州市：苍南县龙港镇、瑞安市塘下镇、乐清市柳市镇、平阳县鳌江镇。

湖州市：吴兴区织里镇、德清县新市镇。

嘉兴市：桐乡市崇福镇、秀洲区王江泾镇、嘉善县姚庄镇。

绍兴市：诸暨市店口镇、绍兴县钱清镇。

金华市：东阳市横店镇、义乌市佛堂镇。

衢州市：江山市贺村镇。

舟山市：普陀区六横镇。

台州市：温岭市泽国镇、玉环县楚门镇、临海市杜桥镇。

丽水市：缙云县壶镇镇。

附录三　浙江省人民政府办公厅关于公布小城市培育试点扩围名单的通知

各市、县（市、区）人民政府，省政府直属各单位：

小城市培育试点是省委、省政府推进新型城市化、加快城乡一体化发展的战略举措。第一轮小城市培育试点三年来，各地、各有关部门加大工作力度，加强政策支持，试点成效显著。为深入推进小城市培育试点工作，进一步扩大试点效应，经省政府同意，在第一轮27个小城市培育试点镇的基础上，将建德市乾潭镇等9个中心镇和省级重点生态功能区范围的淳安县千岛湖镇等7个县城纳入新一轮小城市培育试点范围。各地、各有关部门要认真贯彻落实党的十八届三中全会、全国新型城镇化工作会议精神和省委、省政府推进新型城市化的决策部署，突出改革统领，做好科学规划，注重因地制宜，扎实推进小城市试点培育，引导和推动中心镇加快发展、科学发展、转型发展。

浙江省人民政府办公厅
2014 年 3 月 20 日

附件：小城市培育试点扩围名单

杭州市：淳安县千岛湖镇（县城）*、建德市乾潭镇。

宁波市：江北区慈城镇、宁海县西店镇。

温州市：文成县大峃镇（县城）*、泰顺县罗阳镇（县城）*。

湖州市：南浔区练市镇。

嘉兴市：海宁市长安镇。

绍兴市：上虞区崧厦镇。

金华市：永康市古山镇。

衢州市：开化县城关镇(县城)＊。

舟山市：定海区金塘镇。

台州市：路桥区金清镇。

丽水市：云和县县城＊、庆元县县城＊、景宁畲族自治县县城＊。

注：标＊为省级重点生态功能区范围的县城。

附录四　苍南县龙港镇小城市试点三年行动计划

(2011—2013 年)

龙港是温州市和浙江省的经济强镇,也是苍南县的经济中心。开展龙港镇小城市培育试点,加快实现龙港转型发展,是龙港镇发展壮大、促进产业化与城市化良性互动与可持续发展的内在要求,是全省推进城市化、促进人口产业集聚、加快发展方式转变的重大战略举措。根据《中共浙江省委办公厅浙江省人民政府办公厅关于进一步加快中心镇发展和改革的若干意见》(浙委办〔2010〕115 号)、《浙江省人民政府办公厅关于开展小城市培育试点的通知》(浙政办发〔2010〕162 号)等文件精神,按照吕祖善省长对小城市培育提出的"一年一个样、三年大变样"的建设发展要求,依据《苍南县国民经济和社会发展第十二个五年规划》、《龙港镇国民经济和社会发展第十二个五年规划纲要》、《苍南县龙港城市总体规划》、《苍南县两港地区城市总体规划》等相关规划,制定本行动计划。

一、功能定位

按照龙港镇的自然条件和区位优势、产业特色和竞争优势、区域职能和综合实力,着力把握城镇改革、小城市培育、温州大都市区构建、海洋开发等发展机遇,以转型发展为主线,以改革创新为动力,以保障和改善民生为出发点,加快建设全国城镇综合改革示范基地、鳌江流域中心城市和宜居宜业的滨海工贸特色城市。

（一）全国城镇综合改革示范基地

弘扬龙港人创新实践精神,积极发挥龙港作为全国小城镇建设示范镇、全国小城镇综合改革试点镇、联合国开发计划署可持续发展试点单位的政策优势与示范作用,持续探索龙港新型城市化发展路径,深入开展强镇扩权改革和统筹城乡综合改革工作,全力推动"中国第一农民城"向现代化城市的转型与跨越发展,打造在全国具有示范意义的城镇综合改革实验区。

（二）鳌江流域中心城市

以建设鳌江流域中心城市和温州大都市区的次中心为目标，全面融入区域发展格局，重点加强与鳌江镇的联动、组合发展，促进两者城市功能与产业的互补协调发展，在用地布局、交通网络、基础设施、环境保护等方面的充分对接，实现两者的强强联手，共同培育发展成为鳌江流域和温州南部区域的组合型中心城市，辐射带动周边乡镇发展。同时，以强镇扩权、行政区划调整为契机，加快龙港自身城市建设，壮大城市发展框架；健全城市职能，全面提升城市综合服务水平、创新能力和环境品质，充分发挥龙港在鳌江流域中心城市中的功能核心作用。

（三）宜居宜业的滨海工贸特色城市

积极参与海峡西岸经济区建设，主动承接台湾优势产业转移，全面加强对台经贸合作。启动"两港合一"建设，推动龙港由沿江向滨海跨越发展。坚持工贸并举，大力发展印刷、礼品等特色优势产业，培育发展战略性新兴产业，拓展专业市场等服务业。转变经济发展方式，调整优化产业结构，完善创业投资环境。优化城市功能布局，完善商贸金融、文化教育、休闲娱乐等各项设施建设。坚持以人为本理念，大力提高公共服务水平，改善城市生活环境，切实提升居民生活水平。按照做精做特做美的要求，彰显龙港城市特色，提升城市品位，增强城市魅力，加快实现龙港从经济强镇向宜居宜业的滨海工贸特色城市转型升级。

二、行动目标

紧紧围绕"人"和"城"两大主题，通过实施新型工业化、新型城市化、基本公共服务均等化等举措，扎实推进浙江省小城市培育试点工作，不断突破体制机制束缚，力促经济转型、城市转型、社会转型，将龙港镇培育成为发展领先、功能齐全、环境优美、特色鲜明的现代化小城市和区域性的经济、文化中心。

（一）经济转型取得较大进展

产业结构调整升级成效显著，经济实力迈上新的台阶。实现印刷业、纺织业等特色传统产业提升转型，技术含量及最终产品量明显提升，构建循环经济产业体系，打造生态型、现代化产业集群。2013 年完成工业和第三产业增加值 176 亿元，GDP 总量达 178 亿元，年均增长 13％以上；三次产业比重为 1∶66∶33，二、三产业从业人员比重 91％；高新技术产业增加值占工业增加值比重达 15％左右；财政总收入达 17.6 亿元，年均递增 15％以上。2013年城镇居民人均可支配收入和农民人均纯收入分别达到 31910 元和

17970 元。

（二）城市转型实现较大突破

龙港新区建设和旧城改造步伐加快，临港新城建设初具雏形，形成新旧联动、港城一体的城市发展新格局。城市服务功能全面增强，宜商宜居宜业的现代化城市框架初步形成。三年完成投资 147.3 亿元，其中政府性投资 37.8 亿元，企业和社会投资 97.3 亿元；三年使用建设用地 4400 亩，其中，盘活存量 1800 亩、新占用 2608 亩；建成区面积扩大到 18 平方公里，其中三年新增 3 平方公里。三年建成区常住人口达到 23 万人，其中，新集聚 4 万人，城市化率达到 68％。

（三）社会转型达到较高水平

户籍制度改革取得新进展，社会保障政策和制度进一步完善，各项社会事业全面发展，社会保障水平不断提升。三年共完成教育、医疗卫生、文化体育等社会公益事业投资 9 亿元，实现公共服务体系优质均衡供给，加快构筑就业服务、社会保险、社会救助相互衔接的大社保体系。加快"城中村"改造建设，促进生产生活方式改变，实现农民向市民转变。实现居民收入增长与经济发展相协调，初步形成"橄榄型"收入分配格局。加强对外来人口的服务管理，提供市民化服务，促进市民之间的和谐共融。

（四）生态人文环境不断优化

生态文明建设呈现新面貌，社会人文环境进一步优化。三年完成投资 5.4 亿元，形成城市防灾减灾、园林绿化、水质水源大气保护体系；居民文明素质显著提高，城市品质进一步提升；创业投资环境不断优化，创业者和素质蓝领占常住人口具有较大比重；机关效能建设加快推进，公共服务机制逐步健全；城市建设管理进一步强化，城市发展良好形象基本形成。

（五）体制机制创新不断深入

加快龙港改革开放步伐，各领域各层面的体制机制创新不断深入。扎实推进城乡统筹综合改革，深入实施"三分三改"试点工作，切实破除城乡二元结构；扎实开展小城市培育试点工作，继续推进强镇扩权改革。完善"四大权限"和"四大平台"建设，合理配置派驻机构与镇内设机构及所属单位，建立与城市发展相适应、权责一致、高效运行、充满活力的社会管理体制，建立事权清晰、行为规范、监督有效、功能增强的财政体制，健全社区党组织领导下的充满活力的基层自治机制，形成多方参与、管理民主、运作规范、服务完善、文明祥和的社会管理网络。

三、主要任务

通过实施规划带动、政策推动、投资拉动、改革促动等举措，以推进人口集中、产业集聚、功能集成、要素集约为目标,加快建设发展,加速体制创新、加强服务管理,全面推进龙港由镇向现代化城市的跨越。

(一)改善城市人居质量,推进镇向市的转变

全面启动新区建设,加快旧城改造步伐,引导房地产业健康稳定发展,高度重视保障性住房安居工程建设,着力改善城市人居环境,提高住房保障水平。三年完成总投资 55.4 亿元,新建和改造住宅 140 万平方米,2013 年建成区新增常住人口 4 万人以上。

1. 大力提升城镇化质量。计划到 2013 年,城镇户籍人口达 15 万人,外来人口 8 万人,城镇常住人口集聚率达 68%。促进农民向市民转化,吸引一批创业者和人才,进一步优化提升城镇化质量。

2. 积极推进住宅区建设。推进商品房和保障性住房建设,优化住房供应结构,形成与现代化城市相适应的房地产业。三年投资 47.2 亿元,新建住宅 130 万平方米,其中商品房 110 万平方米、保障性住房 20 万平方米。

3. 加快城中(郊)村改造。三年完成投资 2.8 亿元,改造旧城 10 万平方米;大力推进撤村建社,建设 5 个城乡一体的新社区。

4. 加快农村宅基地置换。加快农村住宅公寓楼的建设,推进农村宅基地的置换,盘活存量土地。三年投资 5.4 亿元,进行 6 个农村居住点改造,转移农户 2000 户约 8000 人,盘活存量土地 200 亩。

(二)推进工业优化升级,打造现代产业集群

加快改造提升传统产业,培育壮大战略性新兴产业,构建区域特色工业体系,促进工业结构优化升级。着力推进产业集聚大平台建设,积极引进大项目、培育大企业,促进大发展。三年计划完成工业生产和技术改造投入 37.6 亿元,实现工业销售增加值 62 亿元、利税 9 亿元。

1. 加快构筑产业集聚平台。积极培育龙港西部产业大平台,全力打造龙港新型工业园,积极引导产业基地逐步向西部转移。围绕新材料、先进装备制造业、海洋新兴产业等战略性新兴产业领域,启动苍南临港产业基地建设。三年内计划投资 20 亿元,改建或扩建"七通一平"的工业功能区 2.13 平方公里。集聚规模以上企业 110 家,淘汰一批高污染、高耗能、高耗水的落后产能企业,盘活存量土地。

2. 全力打造现代产业集群。以技术创新、管理创新、整合资源为手段,加快研发、设计、检测、信息等服务平台建设,切实提高企业自主研发、设计水平和品牌营销能力,增强核心竞争力,促进块状经济产业链的纵向延伸和横向拓展,围绕印刷业、塑料制品业、金属压延业、纺织业、礼品业五大主导产业打造现代化特色产业集群。投资 1 亿元,搭建 2 个产业共性技术平台,

引进和创建省级以上研发机构 5 家,服务企业 2 家。引进和培育专业人才 50 个。

3. 加强对台湾的产业合作。充分发挥兼具浙江省海洋经济发展示范区和海峡西岸经济区的战略优势,主动承接台湾优势产业转移,加强对台湾的经贸集聚平台建设,积极争取各种政策支持,打造浙江省参与海西经济区建设、开展对台经贸合作的桥头堡。

4. 培育壮大战略性新兴产业。加大战略性新兴产业政策扶持力度,加快龙港民营科技园、龙港城西工业园等平台建设,优化产业发展环境;着力在新能源、先进装备制造业、新材料等重点领域取得较大突破,启动集成电器产品开发、年产 98 兆瓦太阳能电池板生产线等重大项目,加快形成工业经济新增长点。

5. 培育引进大企业。进一步发挥大企业、品牌企业、行业龙头企业的产业带动效应。加大强盟等企业上市培育力度,完善企业上市推进机制。实施成长型中小企业培育计划,培养、扶持具有加强自主创新能力和发展潜力的成长型中小企业。培育和引进年销售超亿元企业 15 家,其中超 5 亿元企业 5 家,超 10 亿元企业 2 家。培育新上市企业 1 家。培育和引进高新技术企业 8 家。

6. 加快质量强镇建设。鼓励企业努力实现从贴牌生产向有牌生产的转变、从自主品牌到知名品牌的提升、从国内品牌到国际品牌的突破。创建和引进省级以上著名商标或名牌产品 6 个,其中国家级 1 个,销售占本行业的 15%;创建优质生产基地 1 个;扩大原有名品名牌的市场占有率,提高 12 个百分点。

(三)大力发展第三产业,提升城市服务功能

以产业和人口集聚优势带动现代服务业加快发展,引导支持服务业商业模式创新和业态创新,使现代服务业与产业体系建设、城市功能培育有机融合、互动发展。2013 年第三产业增加值达到 58.7 亿元,占 GDP 比重达到 33% 以上,比 2010 年提高 3 个百分点。

1. 构筑服务业发展重点平台。进一步强化中心城市服务业集聚辐射功能,优先发展现代服务业,重点建设金融街、商贸集聚区、商业综合体、物流基地等现代服务集聚平台。引进一批存取自由、结算快捷金融机构,总数达到 12 家。

2. 提升发展专业市场。积极应用信息化技术和电子商务模式改造提升温州礼品城。继续完善农村消费网络,积极推进龙港农贸综合批发市场改造提升,积极发展农村连锁超市和便利店。三年累计投资 5.8 亿元,迁建有

形市场 1 个,2013 年实现销售额 100 亿元。

3.培育发展旅游服务功能。努力促进商贸旅游联动发展,加快提升信息咨询、餐饮、住宿等旅游接待服务功能,重点推进酒店等旅游配套设施建设。计划投资 2.2 亿元,新建 1 个四星级宾馆。

4.积极发展生产性服务业。依托苍南特色产业优势、文化资源优势,大力培育文化创意产业,积极推动文化创意与制造业、旅游等产业的互动融合,发展包装印刷设计、礼品设计、工业设计、服装设计等,力争扭转外地设计、本土印刷的现状,做到本土设计、本土印刷,计划年增加值达 5 亿元。

(四)完善基础设施体系,夯实区域发展支撑

加快完善交通、水利、能源、信息等基础设施网络,着力提升基础设施现代化水平。三年完成水、电、路、气等市政实施投入 20.9 亿元,形成便捷、充足、安全的市政设施网。

1.构筑综合交通网络体系。积极推进沈海高速公路复线苍南段、104 国道灵溪至海城连接线公路工程、鳌江至巴艚疏港公路、彩虹大桥(暂定名)、龙港大桥改建等工程,加强龙港对外交通通道建设。重点抓好人民南路、苍前路、站港路延伸工程,白河路、世纪大道改建工程,新区东新路、东城路等新建工程,建立与未来城市布局相适应、布局合理、等级明确、有序畅通的城市道路网。三年完成投资 2.8 亿元,新建或改建建成区市政道路 20 公里。同时,加快建设公共交通网络、健全城市客运交通结构。三年投资 1.5 亿元,建设公共停车场 3 个,公共泊位 600 个,投资 2000 万元,实现城区主要道路数字化管理,解决城市静态交通、调控交通需求;三年投资 1000 万元,明确公交营运线,组建公交(分)公司;投资 1000 万元,组建出租车(分)公司。

2.完善能源供应体系。投资 2.7 亿元,完成 220kV 输变电工程(白沙变),新建咸园变、东河变、江滨变等 3 个 110kV 输变电工程,年供电能力达到 23 亿千瓦,满足城乡用电需求,保障城市供电充足稳定。续建龙港天然气工程,完成气化站、储气场、门站工程建设,镇域燃气管道埋设工程等,投资 2.1 亿元,新增和改造管道燃气用户 1 万户。加速推进城市加油站的建设,三年投资 3000 万元,新建 1 个加油站。

3.健全城市给排水体系。完成珊溪水库引水工程一期工程,至苍南龙港水厂 15 万吨/日,满足龙港及临港新城用水需求。供水管网在原有基础上调整、延伸,逐步形成环状干管,确保供水安全。三年投资 1.5 亿元,建设供水网 11 公里,日供水能力达 12 万吨。继续实施城市截污纳管工程,提高污水收集能力;续建龙港污水处理厂一期工程,日处理能力达到 3 万吨,建设配套污水收集管网 52 公里,污水集中处理率达到 82%,基本满足处理需要。

4.实施现代通信工程。大力推进电子政务工程,加大物联网技术开发和应用力度,加强城市综合管理信息系统、城市智能交通信息系统、信息安全、电子社区等工程建设,提高信息化服务水平。投资6000万元,扩大宽带覆盖率,入户率达99%;投资3000万元,新建或改造数字电视网,入户率达100%。

5.实施绿化、亮化、洁化工程。

投资1.2亿元,新建2个城市休闲公园,占地35000平方米;投资5000万元,实施二、三期龙港亮丽工程,完成龙港大道、龙翔路、文卫路等主干道、主街道亮化工程7.6公里;投资1800万元,增添和完善市政保洁设施,建立城市环卫整体长效保洁机制。至2013年,城市绿化覆盖率达20%以上,人均拥有绿地面积5平方米以上。

(五)加快发展社会事业,着力构建幸福民生

坚持把保障和改善民生作为政府工作的出发点和落脚点,着力推进基本公共服务均等化,认真办好民生实事,加快和谐社会新进程。三年完成就业保障、教育卫生、文化体育、养老医疗等社会事业投入9亿元,基本形成与城市规模相适应的社会事业网络。

1.完善社会保障体系。构建积极就业政策,鼓励创业带动就业。重点依托职业介绍指导服务中心,组织开展各类就业招聘工作,并加大对农民工、就业困难人员特别是零就业家庭人员的就业帮扶。三年新增就业岗位2.5万个,其中二产1.6万个、三产9000个,城镇登记失业率控制在2%以内。大力推进企业职工基本养老保险、医疗保险、被征地农民基本生活保障、城乡居民社会养老保险和工伤保险扩面工作。确保城镇职工养老、医疗保险参保率达到90%,城乡居民养老、医疗保险参保率达到80%。健全城乡居民最低生活保障制度,积极开展各类专项救助、临时救助,加大对因灾因贫对象的帮扶。同时,加强中低收入群众及外来务工人员的住房保障制度建设。完善社会救助体系,提高城镇"三无"和农村"五保"对象集中供养水平。投资1亿元,新建一座养老康复中心;投资1000万元,新建和改建养老院、孤寡老人集中供养院5个,集中供养率达到99%。

2.促进教育优质均衡发展。切实加强学前教育,三年投资5000万元,新建5所、改建5所幼儿园,学前教育普及率达到99%。加快推进中小学建设及布局调整,投资4亿元,重点实施龙港高级中学迁建、龙港第十三小学迁建工程等项目,共建设改造10个小学、7个中学,达到省二级标准,建成区中小学集聚率达到80%。

3.提升医疗卫生服务能力。建立健全覆盖全镇的公共卫生服务、医疗

保障、医疗服务和药品供应保障四大体系,全面提高龙港医疗卫生整体水平。投资1000万元,建立18个社区卫生服务中心和4个服务站。同时,进一步加强县第二人民医院、龙城中医院等县管医院与镇中心卫生院、社区卫生站、村卫生室的联系,普及城乡居民合作医疗。至2013年末,全镇增加医院床位300张。

4.繁荣文化体育事业。加快构建文化创意产业区,重点实施一批文化产业项目,建设文化产业基地。建立符合现代化城市发展要求的文化设施网络。投资5000万元,加强农村文化活动中心等村居文化设施建设,发展地方传统文化和新兴文化产业。同时,做好龙港青少年活动中心、文化休闲广场等建设工程前期工作。积极开展群众体育活动,推动全面健身,继续提升龙港省级体育强镇水平,加快推进龙港体育馆建设工程,投资1.17亿元建设苍南龙港体育馆,建筑面积30865平方米,并全面提高村居健身苑点硬件的配置水平。

(六)强化资源环境保护,创建生态文明城市

以建设宜居城市为目标,三年完成水环境保护、河道整治、垃圾污水处理等环境保护投入7.2亿元,形成整洁、优美、舒适、安全的生产生活环境。

1.切实强化生态环境保护。启动建设龙港湿地公园,占地面积500亩;投资2000万元,全面实施城市河道整治,建立长效管护机制。

2.全面实施垃圾无害化处理。重视固体废物处置,三年投资1500万元,全面实施户集、村(社)收、城处理的垃圾集中无害化处理模式。投资2000万元,积极推进新美洲垃圾场生态改造工程;投资1.5亿元,完成龙港垃圾无害化处理设施工程建设,日处理垃圾能力达到600吨,垃圾集中无害化处理率达95%。

3.推进美化净化工程建设。以"绿色龙港"为目标,重点推进龙港城区绿化工程、交通干线森林通道建设工程、海岸基干林带建设工程、江河森林景观带建设工程、江南平原农区林带林网建设和村庄绿化工程等绿化美化项目。投资3000万元,实施老街区、城郊结合部等重点区块的整体美化改造,完成改造面积2.2万平方米。全面实施"清洁家园"活动,加强印刷行业等工业废水排放监管,大力推进机动车尾气、各类扬尘、餐饮业油烟、工业企业废气等大气污染综合防治工作,加强印刷包装企业"三合一"场所噪声控制。启动35家"退二进三"企业的搬迁,盘活城市建设用地300亩,打造安静优美的人居环境。

4.强化防灾减灾体系建设。投资3.3亿元,建设县标准海塘加固工程(新美洲至双龙段)和苍南朱家站水闸除险加固工程,按照50年一遇的标准,

提升改造防洪、排涝设施;投资 3000 万元,强化易灾地区的综合整治,消除 10 个灾害隐患点;投资 500 万元,提高现有消防站设施水平,完善消防机制,提升消防能力。

(七)全面建设美丽乡村,促进城乡协调发展

以建设社会主义新农村为抓手,着力中心村培育与农居改造,大力发展现代农业,三年完成投资 4.5 亿元,形成村庄布局合理、生产生活条件改善、基本公共服务共享的城乡统筹发展格局。

1.扎实推进中心村建设。优化农村人口和居民点布局,实施中心村培育建设工程。投资 300 万元,修编完善中心村村庄建设规划。力争在 2011 年完成对黄中、仕家垟、周家车等 9 个中心村规划修编工作。

2.积极发展高效生态农业。加快农村土地承包经营权流转步伐,投资 100 万元,进一步完善土地激励政策和流转平台,三年后提高土地流转率 15 个百分点。加快推进特色农产品基地建设,培育优势特色产业。大力推进粮食生产功能区建设,着力提高粮食综合生产能力。投资 500 万元,建设面积为 10000 亩的粮食功能区;重点发展以江南、宏展等企业为代表的畜禽养殖业,以龙发园、龙新合作社为代表的大棚设施蔬菜,以卢处、郭宕为代表的瓯柑种植业,积极扶持精品农业、设施农业发展。投资 3000 万元,发展面积为 1500 亩的设施农业。

3.大力改善农村基础设施和环境。积极推进农村基础设施建设和环境美化,深入实施"百村整治、十村示范"工程,全面开展"清洁家园"活动,切实改善农村人居条件。投资 5000 万元,实现安全饮用水、垃圾集中处理、生产生活污水治理、卫生改厕全覆盖。投资 3000 万元,全面推进农业面源污染治理。

4.加快农村公共服务优质均衡发展。投资 5000 万元,建设 97 个规范化的村卫生室,农民健康档案建档率达 95%,农村新农合参保率稳定在 95% 以上。投资 2000 万元,新建 9 个村幼儿园,村学前教育入学率达 100%。

(八)切实转变政府职能,提高公共服务水平

适应龙港镇向宜居宜业的现代化滨海城市转变需要,及时转变镇政府定位与职能,完善机构设置和人员编制,理顺办事处及县派驻机构的关系,争取扩充派驻机构的权限。同时加大行政资源整合力度,进行政府职能调整、机构拆并,逐步建立起"小政府、大服务"新的管理体制和运行机制。三年投资 8000 万元,构建职能明确、编制到位、设施完备、服务高效的"六大中心"。

1.提升行政审批服务中心。按照赋予相当于县级经济社会管理权限的

要求,投资 2000 万元,筹建行政审批中心大楼,承担龙港辖区、临港产业基地范围内的各种审批服务、证照办理,委托受理各类申请、建设项目全程代理、信息咨询、非涉密文件查询等便民服务,建成集县发改局、经贸局、国土资源局、公安局、民政局、环保局、文化局、消防大队、规划建设局、工商局、水利局、卫生局、国税局、地税局、县机关效能监察投诉中心等 30 个职能部门,相关基本建设、市场准入和便民服务等 117 余项审批事项、36 名以上人员组成,授权到位,既能受理又能办理的行政审批服务中心。遵循"精简、统一、高效、便民"的原则,改进项目审批流程、加快电子政务建设、全面完成"审批四减少"改革。建立健全县主管部门、龙港镇政府与龙港行政审批服务中心的联动机制,提高办事效率。

2.夯实就业保障服务中心。按照管理、政策、服务、培训、维权、保障等"六到位"的要求,投资 300 万元,搭建由 15 名人员组成,行使社会保险、劳动监察、劳动仲裁、就业再就业等 16 项职能的便捷高效的就业保障服务中心。积极帮扶零就业家庭、城乡低保家庭、残疾人实现就业,三年净增就业岗位不少于 25000 个,培训各类劳动力 8000 人。

3.建立公共资源交易中心。根据龙港有形建设市场发展规模和要求,积极提升龙港镇公共资源配置权限和水平。在原龙港镇招投标中心日常公共资源交易活动的基础上,通过在龙港设立分中心,把县里规定限额外的一部分工程建设项目、政府采购和土地出让等公共资源交易项目纳入龙港分中心操作,减轻招投标单位"两头跑"负担,切实提高公共资源配置工作效率,使公共资源交易工作满足龙港强镇经济发展需求。

4.完善城市综合执法中心。按照职能明确、人员落实、设施配套的要求,投资 100 万元,进一步完善城市综合执法中心的软硬件设施条件。中心由龙港镇委、镇政府管理,业务上接受相关部门指导。统一行使镇辖区内市容市貌、园林绿化、国土资源、环保、市政工程和公用事业等共计 8 个部门 15 项综合执法职能。加大城管执法力度,进一步推进标准化、网格化、规范化管理,提高和改进城市综合管理水平。

5.积极创建土地储备中心。按照盘活存量扩大增量,促进节约集约利用的要求,投资 5000 万元,建立具有收购、储备、开发、融资等职能,具有独立法人资格的土地储备中心。实行计划管理,统一收储。中心由镇政府管理,业务上由县土地储备中心指导。围绕使市场在资源配置中起决定性作用和更为发挥政府作用,实现土地资源的节约集约利用。

6.加快筹建应急维稳中心。按照大综治、大防控、大调解的要求,投资 200 万元,建立具有防灾救灾、安全生产、消防治安、重大疫情和其他突发事件处理职能的城市应急维稳中心。切实加强"平安龙港"建设工作,严厉打击黑恶势力、"两抢一盗"等违法犯罪活动;深化"清障行动",严厉打击阻挠、破坏工程建设的违法行为,净化建设环境。强化基层创安工作,加强治安岗亭和企业综治工作室规范化建设。加强对新龙港人的服务管理。进一步落实安全生产责任制,建立健全长效监管机制。巩固"十小"行业整治成果,完善食品安全监管体系。健全应急管理机制,提高预防和处置突发公共事件的能力。

(九)深化体制机制创新,增强城市发展活力

以科学发展观为指导,以温州市推进城乡综合配套改革为契机,不断深化各领域各层面的体制机制改革,三年内重点在以下几大改革上有实质性突破,其中2011年完成行政区划、一级财政体制、强镇扩权改革,实现管理体制、运行机制与经济社会发展相适应,促进龙港经济社会又好又快发展,实现龙港第三次跨越。

1.扎实推进统筹城乡综合配套改革。贯彻落实温州市关于推进统筹城乡综合改革要求,配合做好乡镇撤扩并工作。以农房改造为突破口,开展村宅基地置换试点工作,推进农村人口合理集聚。率先启动"三分三改"试点工作,切实破除城乡二元结构。按照"资产变股权、农民当股东"的方向,推进农村集体经济产权制度改革。推进农村土地承包经营权流转、农村集体建设用地使用权交易等工作,促进城乡资源要素自由流动。

2.实施行政区划体制改革。紧紧抓住小城市培育的有利时机,进一步优化资源配置,增强集聚辐射能力,因地制宜、从实际出发,积极推进行政区划调整的体制改革。

3.加快建立一级财政体制。按照分税制财政体制和财权与事权相匹配的要求,确保2011年建立"划分税种、核定基数、超收分成,一定三年不变"的运行模式,实施土地出让金净收益和城镇基础设施配套费全额返还,2011年金库开始运作。

4.深入实施强镇扩权改革。在保持镇级建制不变前提下,切实贯彻执行强镇扩权改革试点实施方案的内容,基本赋予与县级政府基本相同的经济社会管理权限,通过直接授权、派驻部门或在审批中心分设窗口等形式,直接下放26个部门的49项经济社会管理权限。

5.全面推进户籍制度改革。贯彻温州市关于推进统筹城乡综合改革要求,坚持依法推进、统筹协调、积极稳妥的原则,全面实施城乡统一的户籍改革。积极推进教育医疗、劳动就业、社会保障、退伍军人安置、土地承包、计划生育等十多项与户籍挂钩政策的一体化。以临港新城建设为契机,进一

步突破体制性障碍,推进城市化发展。借鉴其他地区经验,通过推行计分入户等政策,鼓励有技术有才能的外来工及其家属在龙港落户。

6.积极探索投融资体制改革。整合提升龙港国有资产营运公司,注入优良资产,专门负责基础设施和公共服务设施建设,增强龙港原有地方融资平台服务功能。符合条件的基础设施及产业、社会事业建设项目,优先列入市、县重点工程,给予重点支持,积极争取国债建设项目。鼓励发展村镇银行、小额贷款公司和各类民营金融机构,优化金融机构服务网点布局。同时,注重挖掘城市经营中的无形资产,通过出售道路、桥梁、路灯等设施的冠名权、广告权等方式,实行"以城养城"、"以设施养设施"的经营模式,为城市建设和管理注入新的活力和动力。

7.加快推进行政管理和城市社会管理体制改革

一是深化机构改革。允许龙港镇在核定的机构和编制总数内统筹安排机构设置和人员配备;县政府部门派驻龙港的机构,业务上接受上级职能部门指导,日常领导以龙港镇为主,其负责人的任用、调整及工作人员的调动,应书面征求龙港镇意见;相关垂直管理部门应在龙港设派驻机构;推进涉农机构和经济管理机构整合,精减人员编制;强化社会治安等社会事务管理机构,适当增加人员编制。

二是深化社会管理体制改革。加快构建"属地管理、以块为主、条块结合、职责明确、社区服务"的城乡社区管理体系。完善社区民主自治和民主选举制度,广泛开展和谐社区创建活动,和谐社区示范创建率达到80%以上。扶持、发展公益性社会组织,社区社会组织、农村专业经济协会等社会组织,到2013年,设立在龙港的各类社会组织数量增加到10个以上。加大拆迁监督检查力度,有效化解拆迁矛盾。

三是推行高标准的数字城管。研究实施数字城管体系建设,整合城管、公安、交通、市政、环保等部门数字化平台,推进城市分类管理和精细化管理。坚持管理职能和服务功能同步拓展,加强对窗口地带、道路沿线、小区物业等重点区域的管理和服务,对乱搭乱建、马路市场、城郊结合部等环境卫生问题的专项治理,努力提高数字城管服务水平。

四、保障措施

龙港小城市培育试点三年行动计划,是加快小城市培育的行动指南,必须紧紧抓住"十二五"开局的有利时机,集中精力、狠抓落实,动员方方面面的力量,认真实施、扎实推进。

（一）强化组织领导

一是建立小城市培育试点领导机构。由县长任组长，相关分管副书记、副县长、龙港镇委书记为副组长，相关部门主要领导为成员。办公室设在县发改局，具体负责小城市试点工作的牵头协调工作。龙港镇建立相应的组织领导机构，落实专门工作人员，认真组织实施。

二是健全工作机构。在已建的公安、法庭、检察院、工商、国土、规划建设、质监、地税、国税分局的基础上，建立司法、环保、房管、监察分局，分局正职由县部门副局以上领导兼任或明确为副科级，通过充分授权，实行分局审批、县局备案，监察分局与龙港镇纪委合署办公。龙港交警中队升格为副科级，行使交警大队职责，增加编制力量，设立苍南县龙港交警队。

三是建立工作推进相关制度。建立工作例会制度，定期召开小城市培育试点领导小组会议，及时研究解决小城市建设进程中出现的各种矛盾和问题，确保行动计划有效实施和扎实推进。建立考核奖惩机制，分解年度工作任务落实到部门和单位，明确责任人；建立奖罚分明的考核机制，做到年初下任务，年中查进度，年末抓考核。

（二）保障要素供给

一是强化资金保障。县政府自 2011 年起建立 1 亿元以上的小城市培育专项资金，保证专款专用。

二是强化土地保障。建立龙港镇建设用地计划单列制度，苍南县在各镇年度城镇建设用地指标中切块给予专门安排，一般用地指标不少于全县 1/3，对与龙港小城市培育试点各项建设项目相关的工业发展指标和土地出让指标给予相应倾斜。城乡建设用地增减挂钩节余的建设用地指标优先用于龙港镇。镇盘活的建设用地 100％留镇。

三是强化智力保障。大力引进市、县两级建设、规划、环保、交通等部门和大专院校专业人才到龙港镇任职和就业。三年内完成对龙港镇党委政府相关人员的城市建设管理培训，建立一支政治强、业务精、作风硬的城市建设管理队伍。

（三）加大政策扶持

一是建立规划的统筹机制。建议省、市政府在轨道交通、都市区等规划中将龙港镇一并考虑在内。龙港镇在市、县发改部门的指导下，研究提出全镇国民经济和社会发展战略及全镇中长期和年度固定资产投资总规模，组织并实施全镇国民经济和社会发展中长期规划、年度计划和工业经济发展规划等。

二是建立项目立项的倾斜机制。建立项目联审制度，推进龙港新上项目快速启动。在安排政府性投资项目时,优先考虑龙港镇。由龙港镇政府负责龙港镇内的企业投资项目核准、备案,并报县发改局备案。

三是加大税费支持力度。切实贯彻落实省政府规定的小城市培育试点的相关税费支持政策,按照属地管理的原则,县属部门驻龙港镇的下属单位在镇内的各种收费,除为县以上部门代收和有特别规定外,都统一纳入镇财政专户管理。城市维护费除规定上交省市和县垃圾处理收费外,其余留龙港镇财政,作为城镇管理、环保、市政、园林维护费。

四是其他配套支持政策。推进住宅小区化,完善住房按揭和抵押贷款的各项配套政策,建立农村建房住房公积金贷款制度,开展农民和农民工住房按揭贷款业务。完善农民工就业帮扶、社会保障、子女入学、住房租购等政策措施。

附件:三年行动计划主要指标及年度安排表

类别	序号	指标名称	单位	2010 年 (基期年)	2011 年	2012 年	2013 年
投资总量与建设用地	1	投资总额	亿元	29.7	50.32	51.36	45.62
	2	其中:政府性投资	亿元	2.6	12.86	13.20	11.74
	3	企业投资	亿元	23.3	33.24	33.88	30.18
	4	社会投资	亿元	3.8	4.01	4.51	3.68
	5	建设用地面积	亩	4408	3767	341	300
	6	其中:新占用	亩	2608	1967	341	300
	7	盘活存量	亩	1800	1800	0	0
城市规模	8	建成区面积	平方公里	15	15	16	18
	9	建成区常住人口	万人	19	20.5	22	23
	10	其中:户籍人口	万人	14.2	14.5	14.8	15.1
	11	建成区常住人口集聚率	%	61.6	63	65	68
经济实力	12	GDP 总量	亿元	122.8	138.8	157.1	177.9
	13	财政总收入	亿元	11.4	13.1	15.1	17.6
	14	其中:税收收入	亿元	10.1	11.5	13	14.8
	15	城镇居民人均可支配收入	元	22411	25100	28238	31910
	16	农村居民人均纯收入	元	12822	14074	15904	17972

类别	序号	指标名称	单位	2010 年（基期年）	2011 年	2012 年	2013 年
产业结构	17	三次产业比重	％	1.6∶68.3∶30.1	1.5∶67.5∶31	1.2∶66.8∶32	1∶66∶33
	18	工业功能区面积	平方公里	5.5	6.2	7.0	7.6
	19	工业功能区工业增加值占全镇工业增加值的比重	％	39.5	42	46	50
	20	二、三产业从业人员比重	％	80.2	83	85	91
	21	产业共性技术服务平台	个	0	1	1	2
	22	农村土地承包经营权流转率	％	32	38	42	47
市政设施	23	城市道路	公里	264	295	331	370
	24	其中：数字化管理的城市道路	公里	52.7	63	76	91
	25	公共停车场泊位	个	1000	1200	1400	1600
	26	安全饮用水供水能力	万吨/月	8.3	9	10.5	12
	27	管道煤气入户率	％	5	8	13	20
	28	二级消防站	个	1	1	1	1
市政设施	29	数字电视入户率	％	98	98	99	100
	30	三星级以上宾馆	个	2	3	3	4
	31	大型商场（商贸综合体）面积	平方米	13000	14500	15000	16000
	32	金融机构数量	个	10	11	12	13
社会公益事业	33	学前教育普及率	％	97	97.5	98	99
	34	建成区义务教育集聚率	％	75	77	79	82
	35	高中段毛入学率	％	97	97	98	98.8
	36	二级以上综合性医院	个	1	1	1	1
	37	千人医院床位数	张	3.2	3.5	3.7	4.1
	38	千人医生数	人	2.2	2.4	2.6	2.8
	39	城镇职工养老、医疗保险参保率	％	91.8	93.1	94.5	96
	40	城乡居民养老、医疗保险参保率	％	98	99	100	100
	41	城镇登记人口失业率	％	4.1	3.9	3.8	3.8

续表

类别	序号	指标名称		单位	2010 年（基期年）	2011 年	2012 年	2013 年
生态环境	42	饮用水供水水质达标率		％	95	96	97	98
	43	建成区绿化覆盖率		％	7	10	15	20
	44	人均公共绿地面积		平方米	1.98	3	4	5
	45	垃圾集中无害化处理率		％	84	88	92	95
	46	污水集中处理率		％	64	70	76	82
体制创制	47	新增行政区域面积		平方公里	80.7	148	148	148
	48	行政审批服务中心集中办理事项		项	102	107	112	117
	49	综合执法事项		项	1	4	8	15
	50	土地储备中心收储面积		亩	0	1500	2000	2500
	51	户籍制度改革进城落户人员数		人	1500	5000	7000	8000
	52	其中:本地人口		人	1200	4000	5600	6400
	53	外来人口		人	300	1000	1400	1600
	54	就业保障服务中心	介绍就业人员数	人	1000	1500	2000	3000
	55		处理劳资纠纷数	件	10	8	7	6
	56	农村宅基地换城镇住房		户	0	500	700	800
	57			人	0	2000	2800	3200

附录五　乐清市柳市镇小城市试点三年行动计划

（2011—2013 年）

　　柳市镇是著名的"温州模式"重要发源地，有"中国电器之都"之称。为适应新的发展形势，根据《乐清市国民经济和社会发展第十二个五年规划纲要（草案）》、《乐清市域总体规划（2005—2025）》、《乐清市土地利用总体规划》、《中共浙江省委办公厅浙江省人民政府办公厅关于进一步加快中心镇发展和改革的若干意见》（浙委办〔2010〕115 号）文件和《浙江省人民政府办公厅关于开展小城市培育试点的通知》（浙政办发〔2010〕162 号）文件"努力把一批规模大、条件好的中心镇培育发展成为现代新型小城市的目标"，按照省政府对小城市培育提出"一年一个样、三年大变样"的发展建设要求，特制定本行动计划。

一、功能定位

基于柳市镇的自然条件和区位条件、区域职能和综合实力、产业特色和竞争优势等方面要素分析,结合小城市培育目标,柳市镇功能定位为:温州大都市经济圈重要城市组团,国家先进电工电气制造业基地,创业投资总部经济示范基地。

（一）温州大都市经济圈重要城市组团

柳市镇作为温州大都市区北部副中心（即乐清中心城区）的组成部分,将承担温州大都市区的部分城市功能和产业集聚功能,与温州中心城市在空间、功能上的互补效应将进一步得到强化。加速融入温州大都市区,无疑将提升柳市镇在高新技术产业、高素质人才、先进管理经验等高级生产要素的吸纳能力上产生积极作用。

同时,融入温州大都市经济圈也为柳市镇提供了更为开放的广域交通条件。温州中心城市的水运口岸、航空口岸为柳市镇参与地区分工,甚至国际分工提供了支撑条件;甬台温等高速公路和甬台温铁路通车后,成为柳市镇拓展经济腹地的重要通道,省域三大中心城市杭州、宁波和温州都成为柳市镇一日交通圈的组成部分;杭州湾大桥通车,也使柳市镇与上海的时距将进一步缩短。对外交通网络的完善、与区域中心城市之间的时距缩小,为柳市镇构筑开放型经济格局、参与区域经济分工,创造了有利条件。

（二）国家先进电工电气制造业基地

乐清市是全国综合实力百强县（市）之一,而柳市镇综合实力最强,连续16年在温州市30强镇中排名第1位。改革开放以来,柳市镇走出了一条具有鲜明区域特色的经济社会发展之路,被经济学家誉为"温州模式的发祥地",以低压电器、电子元器件为特色的产业集群发育良好,竞争优势明显。在国内市场上,柳市的低压电器市场占有率高达60%以上,发展势头迅猛,拥有"中国电器之都"、"中国断路器生产基地"、"中国防爆电器生产基地"、"中国低压电器出口基地"四张国字号金名片,已成为浙江省浙南地区名副其实的国家先进电工电气制造业基地。

（三）创业投资总部经济示范基地

柳市镇民营经济发达,民间资金充足,发展后劲巨大,有多家企业名列中国民营企业前20强。此外,乐清城乡居民储蓄存款超过100亿元。丰厚的民间资本积累,不仅给柳市镇造就了强有力的区域竞争优势,也为柳市集聚了商业金融与现代服务业、商务办公、文化休闲、现代工业（以电器业为主）等功能的几十家创业投资总部,为柳市长远经济社会发展奠定了坚实基础。

二、行动目标

今后三年,柳市镇将以科学发展观为指导,深入贯彻落实省委"创业富民、创新强省"战略,多管齐下,通过实施规划带动、政策推动、投资拉动、改革促动等发展策略,以优化城市形态为主的基础设施配套建设,以"优一强二提三"为主的产业发展平台构建,以教育、文化、医疗、卫生为主的城乡社会事业升级,以"美丽乡村"建设为主的城乡统筹发展,将柳市培育发展成为功能定位清晰、空间布局合理、经济繁荣、集约节约、设施完备、功能齐全、环境优美、服务优质、管理高效、彰显浙南特色的宜居宜业现代化小城市。

(一)城市形态更加优化

2011—2013 年将是柳市推进新型城市化发展的黄金机遇期。城市发展按照"一中心四片区一廊道"的空间格局,进一步优化城市总体布局。"一中心":即以行政中心区为核心的城市服务中心;"四片区":即旧城改造区、新城拓展区、工业功能区、生态抚育区;"一廊道":沿 104 国道产业服务廊道。全面实施"百项百亿"工程,把柳市建设成层次清晰、功能完善、特色鲜明、辐射力强的现代化小城市。

到 2013 年,三年完成全社会固定资产投资 105.7 亿元,其中,政府性投资 25 亿元,企业和社会投资 80.7 亿元;三年使用建设用地 5786 亩,建成区面积扩大到 16 平方公里,其中,三年新增 3.2 平方公里;全镇人口达 28 万,建成区常住人口达到 20 万人,其中,新集聚 6 万人。

(二)经济实力更加雄厚

围绕"优一强二提三"的目标,到 2013 年,全镇工业产值年均增长 15%以上,达到 670 亿元;基本建成"产品高新化、经营集约化、品牌差异化、产业国际化、产出高效化"的国内领先、国际著名的现代工业电气产业集群,初步建立专业化生产协作体系和区域创新体系。进一步增强企业创新能力,完善企业创新机制,将柳市镇建设成为国家新型工业化示范基地、创业投资总部经济示范基地和浙江省工业电气产业集群示范区,形成以先进制造业、现代服务业为支撑的特色产业集群。

三年完成工业和第三产业投入 28 亿元,GDP 总量达 171 亿元,第三产业比重为 40%,二、三产业从业人员比重 95%;财政总收入年均增长 10%以上,达到 25.5 亿元;其中,税收收入 23 亿元;城镇居民可支配收入年增长达 10%以上,农村居民人均纯收入达 26500 元。

（三）社会发展更加和谐

进一步优化完善教育布局，健全社会保障体系，大力推进文化、卫生、体育等各项社会事业建设，提升公共文明指数。加强对外来人口的服务管理，提供市民化服务，促进新柳市人与柳市人和谐共融。

三年完成公益事业投资 25 亿元，形成便捷畅通、运行安全的市政设施网络，结构合理、保障有力的社会事业网络；完成提升城市服务功能的各类平台建设，形成高效便民的公共服务体系。

（四）城市环境更加友好

继续加大环境整治力度，不断改善、提升大气和水环境质量。加强河道水系的保护，在河岸种植桃树和柳树，打造桃红柳绿、交相辉映的滨河景观休闲带；注重保护柳市特色文化、历史遗迹等人文资源，在城市开发中注重文化元素的切入；扩大城市公园、绿地和休憩场地面积，建设高品质、高水准物业管理的居住小区，形成山水、人文、城市一体融合的建设格局，人民群众居住环境明显改善。

（五）社会管理更加高效

着力改革创新，进一步增强柳市镇党委、政府的综合调控能力和服务能力，加快形成财权与事权相匹配、有利于激发城市发展活力、增强城市发展实力的体制机制；逐步完善城市基础设施建设，大力拓展发展空间，切实增强柳市作为柳象组团区域中心的带动辐射作用。

争取上级政策支持，加快形成与城市管理相适应的机构设置和人员配置，构筑数字化、社区化、专业化的小城市行政和社会管理体制。

三、主要任务

以推进柳市镇的人口集中、产业集聚、功能集成、要素集约为目标，加快建设发展、加速体制创新、加强服务管理，全面推动柳象组团的形成，加快推进柳市小城市建设。

（一）城镇化质量优化提升

三年完成总投资 105.7 亿元，城镇人口达 20 万人；建设改造住宅 130 万平方米。

1. 提升城镇化质量

城市户籍人口达 8 万人，外来常住人口 12 万人，城市常住人口集聚率达70％。进一步优化提升城镇化质量，促进农民向市民转化。

2. 加快住宅区建设

建设高品质、高水准物业管理的居住小区。三年完成投资 53.1 亿元，建设改造住宅 130 万平方米,其中,商住房 100 万平方米、保障性住房 3 万平方米。

3.加快城中(郊)村改造

按照"城中村、城郊村"的分类,引导新农村建设,大力培育中心村,形成梯次合理的农村居住点布局。

三年计划投资 5.3 亿元,改造旧城 15 万平方米;完成西宋、垟心等 2 个城中村、城郊村改造,建设新社区 6 个。完成农村建房和危房改造 12 万平方米。

(二)特色产业转型提升

坚持民资、外资、国资三资齐上,发挥柳市民间资本充足的优势和政府投资的主导和杠杆作用,带动全社会固定资产投资。着力推进大项目建设。着眼构建现代产业体系,狠抓大项目,集聚大产业,促进大发展。

三年累计完成工业生产和技术改造投入 23 亿元,实现工业销售总额 1600 亿元。

1.建设功能平台

按照北工南居的格局,加快引导制造业向城镇北部跨越 104 国道工业功能区集聚,形成湖头工业区、上五宅工业区、新光工业区为核心的产业集聚区。

投资 17.6 亿元,改建或扩建"七通一平"的工业功能区 1.5 平方公里。

2.做强特色产业

全面启动浙江省工业电气产业集群转型升级示范区方案,依托中科院上海国家技术转移中心乐清办事处、中科院电工所等科研院所,积极推进科技成果的产业化。支持引导龙头企业加强技术创新能力,加快联合兼并步伐。进一步做大做强低压电器主导产业,提高市场竞争力。

三年累计实现销售 1450 亿元,占工业销售总额的 90%。

3.扶持优势企业

培育一批具有国际竞争力的大企业、大集团。支持中小企业做精做专,提高配套能力和配套水平。着力深化对外开放。按照"以民引外,民外合璧"的思路,鼓励和引导民营企业加强与世界 500 强和行业龙头企业进行对接。推进内外柳市人互动,引导在外柳市人资金回流、项目回归、回乡创业。

培育和引进年销售超亿元企业总数达 47 家,其中超 5 亿元企业 15 家,超 10 亿元企业 6 家。培育新上市企业 1 家。

4.培育名牌名品

创建和引进省级以上著名商标或名牌产品 10 个,其中国家级 2 个。

（三）现代服务业壮大提升

三年完成现代服务业投资5亿元。完善政策引导，做好外向型工业区"退二进三"工作，逐步实现老104国道工业走廊向三产走廊转变。

1.加快建设商贸集聚区

规划在东村新建购物中心，2012—2013年完成前期建设。以新区建设为核心，依托柳青路、溪桥路等城市道路发展形成新兴商业街、金融商业街和百货商业综合体，提升柳青路商业街区整体形象，引导其向精品街发展。

2.提升发展专业市场

按照现代市场标准，改造、整合、提升和新建一批商品专业市场。按照社区分布，实施超市、便民店、农村放心连锁店的拓展。大力发展连锁经营、配送中心、电子商务、网上购物等新兴业态，促进商业能级和业态的提升。投资1000万元，新建或改建有形市场2个。

3.积极发展生产性服务业

大力推进楼宇经济、总部经济基地建设，发展一批高端商务楼宇。规范中介服务，引进和培育一批知名中介服务机构。大力发展创意产业、工业设计、金融服务等生产性服务业。

三年投资3亿元，在柳市西侧建设占地600亩、建筑面积40万平方米的柳市物流中心，作为电器产业配套的物流基地，培育1个省级重点物流企业。加快物流中心的建设进度，将极大提升柳市物流业发展水平，近期应尽快着手物流中心启动区前期工作。

三年投资3000万元，改建三星级以上宾馆2个。

（四）城市基础设施完善提升

三年完成路、水、电、气等市政设施投入14.7亿元，形成便捷、充足、安全的市政设施网。

1.实施城市交通顺畅工程

建成"六纵八横"的道路网格局，拓宽104国道公路柳市段，建设沈海高速公路柳市互通口，沟通与沈海高速复线的连接通道，构建以高速铁路、高速公路、国道、县道为主骨架的现代大交通网络。完成中心大道柳市段建设，延伸乐柳公路、柳青南路、溪桥路、柳翁路，拓宽柳白路、柳黄路，加强柳市镇区与乐清中心城区、周边城镇及七里－黄华港区联系。打通环城道路，疏解镇区交通压力。建设柳江北路、智广北路、沿河西路、兆丰路，沿伸长江路等一批城镇主、次干道，加密镇区路网，优化路网结构。继续实施通村工程，建成一批村级道路。

三年完成投资10.5亿元，新建或改建城市道路16公里，构建便捷的交通网。投资 500 万元,实现城区主要道路数字化管理。投资 1000 万元,新建公共泊位 500 个。

2. 实施水电气保障工程

完善以给排水、垃圾处理、信息网络等为主的市政网络体系。供水方面,加强柳市水厂二期扩容项目、楠溪江引水等重点工程建设,投资 3000 万元,改建柳市水厂,向柳市镇日供水能力达 9 吨;加快新区给水管网建设和旧城区管网改造,改善城乡供水质量。排水及污水管网建设方面,逐步扩大雨污分流制的范围,建设全镇的排污管道 60 公里。垃圾处理方面,投资 3.37 亿元,重点加快柳市垃圾焚烧发电厂建设,垃圾处理能力达 400 吨/日;完成苏吞垃圾山处理工程,以及片区垃圾中转站的建设;建设柳市建筑垃圾堆放场。供电方面,统筹电源与电网建设,提高清洁能源比重,形成布局合理、安全可靠的能源保障体系;着力改造电网薄弱环节,规划在前垟洞建设 220 千伏变电所 1 座。投资 1000 万元,新建、改造 7 个加油站。

3. 实施现代通信工程

大力推进政府上网、企业上网、家庭上网工程,加快柳市经济信息化进程。投资 300 万元,扩大宽带覆盖率,新增 2000 户,入户率达 60%。投资 1000 万元,新建或改造数字电视网,入户率达 95%。

4. 实施绿化亮化洁化工程

充分发挥河网密集和城镇周边山体环绕的优势,加强柳市千河、乐琯运河、白浦河等水网资源的保护,结合商业街打造滨河景观休闲带,开发沿河休闲资源;保护龙岗山生态资源,扩大城市公园、绿地和休憩场地面积,形成山水、人文、城市融合一体的建设格局。加大乐琯运河柳市段整治力度,在乐琯运河、东凰河、茗柳河、十㳠河两侧形成主要滨河绿带景观轴线。利用镇区周边山丘,建设龙岗山、凤凰山等公园。

到 2013 年,完成投资 2000 万元,新建城市公园 6000 平方米,建成区绿化覆盖率达 15%,人均公共绿地面积 7 平方米。投资 2000 万元,完成主干道、主街道亮化工程。增添和完善市政保洁设施,建立城市环卫整体长效保洁机制。

(五)社会事业发展提升

以"满足基本民生、改善小康民生、建设现代民生"为主线,以就业帮扶、全民社保、社会福利、教育公平、全面健康、社区服务、生态建设、公共安全等为重点,全力抓好民生建设,办好民生实事,推动公共服务均等化,努力构建品质更高、覆盖更广、惠民更实的社会大和谐局面。三年加大就业保障、教育卫生、文化体育、养老医疗等社会事业投入,基本形成与城市规模相适应的社会事业网络。

1.提升就业和社会保障水平

新增就业岗位1.2万个,其中二产0.8万个、三产0.4万个,城镇登记失业率控制在3.5%以内。在职职工"五险"参保率达到95%,城乡居民养老、医疗保险参保率达到100%。投资100万元,改造养老院1座,孤寡老人集中供养率达到100%。

2.稳步扩大教育规模

大力推进以义务教育、学前教育、职业教育为重点的教育延伸工程,构筑形成与柳市镇产业集群发展密切联系的教育体系。加快对一小、六小等部分老小学的危房改造及配套设施建设,对三中进行改造,进一步提升中小学校的硬件设施。搬迁并扩建柳市职业技术学校,为柳市电器产业发展培养多层次的技能型实用人才。

投资1500万元,新建占地20亩的幼儿园1所,改建2所幼儿园,学前教育普及率达到98%。投资2300万元,建设改造3所小学、1所中学,达到2等级,建成区中小学生集聚率达到80%以上。投资1.4亿元,建设改造1所职高,学生人数为1200人规模,入学率达到98%。

3.提高医疗服务水平

推进以公共卫生为重点的社会民生工程。投资2.7亿元,将市第三人民医院搬迁至东仁宕,并在原基础上扩大规模,新增床位380个,总床位数达660个,千人医护人员2.5人。投资250万元,新建或改造城市社区卫生服务中心4个。

4.大力改善文体设施

着力推进文化提升工程,推进广场文化、社区文化、企业文化、校园文化等蓬勃发展,提高市民素质,使先进文化引领柳市经济社会和人的素质全面发展。投资1亿元,在后西村建设总建筑面积达2.4万平方米的镇文化中心。其中包括图书馆、影剧院。新建体育影视中心1座。

(六)环境保护整治提升

大力推进以乐琯运河柳市段等河道整治和污水、垃圾处理设施为重点的生态保护工程,三年完成地表水保护、河道整治、垃圾处理、污水处理等环境保护投入8亿元,形成整洁、优美、舒适、安全的生产生活环境。

1.切实强化河道整治和水体保护

重点进行河道疏浚、驳坎及排污管网的建设。投资2000万元,乐琯运河柳市段沿线按城乡生活治理一体化的要求,建设截污管网,与镇截污干管相接;将乐琯运河主干河道两岸500米以内的区域划分为规模畜禽禁养区;建立运河两岸缓冲带,削减地表径流污染,河道、地表水水质有明显好转。投资 3500 万元,全面实施城市河道整治,建设河道生态护岸,对非自然生态护岸进行生态化改造,恢复河岸植被;实施运河污染底泥清淤工程,做好河面保洁以及沿河两岸护坡、堤岸绿化的日常管理,并建立长效管护机制。

2.全面实施垃圾污水无害化处理

重点加快柳市垃圾焚烧发电厂建设和片区垃圾中转站的建设,新建城管综合楼和环卫大楼。三年完成投资 1 亿元,全面实施户集、村(社)收、城处理的垃圾集中无害化处理模式;投资 3.37 亿元建设垃圾焚烧发电厂,争取在 2011 年底日处理能力达 300 吨,完成一机一炉试运行,2013 年底日处理能力达 400 吨,集中无害化处理率达 100%;投资 6000 万元,建设生产生活污水收集管网 60 公里,管网覆盖面达 70%;与乐清市污水处理厂联网,污水集中处理率达到 80%;投资 600 万元,新建或改建公厕 10 个。

3.推进美化静化工程建设

加强城区绿化美化,以城市道路绿地、滨河绿地系统为骨架,与规划公园形成点、线、面相结合的绿地网络。投资 9000 万元,实施老街区、城郊结合部等重点区块的整体美化改造。完成 2 家"退二进三"企业的搬迁,盘活城市建设用地 25 亩,打造安静优美的人居环境。

4.强化防灾减灾体系建设

三年完成投资 2 亿元,按照 20 年一遇的标准,提升改造防洪、排涝设施;投资 600 万元,强化易灾地区的综合整治,消除 3 个灾害隐患点;投资 2500 万元建设柳市消防站,提升消防能力。

(七)城乡统筹发展提升

在保留原有 77 个行政村的基础上,以建设"美丽乡村"为目标,三年完成村庄改造投资 6000 万元,形成村庄布局合理、生产生活条件改善、基本公共服务共享的城乡统筹发展格局。

1.做大做强中心村

投资 500 万元,修编完善中心村村庄建设规划,中心村平均人口规模达 5000 人。

2.加快发展规模农业和现代农业

投资 500 万元,进一步完善土地激励政策和流转平台,土地流转率提高 5 个百分点。投资 500 万元、建设 1 个面积为 1000 亩的粮食功能区。

3.改善农村基础设施和环境

三年实现安全饮用水、垃圾集中处理、生产生活污水治理、卫生改厕全覆盖;投资 3000 万元,标准化公路通村率达 100%。

4.着力推进基本公共服务均等化

投资 1000 万元,改造 77 个规范化的村卫生室,农民健康档案建档率 95％,农村新农合参保率稳定在 95％以上。投资 600 万元,新建改建 6 个村幼儿园,村学前教育入学率达 98％。

(八)服务水平全面提升

2011 年,完成构建职能明确、编制到位、设施完备、服务高效的"五大中心"。

1.建设完善行政审批服务中心。按照赋予县级经济社会管理权限的要求,投资 400 万元,已于 2010 年 9 月建立起集 11 个职能部门、65 项审批事项,授权到位,既能受理又能办理的柳市镇行政审批服务中心,落实工作人员 26 名。

柳市镇行政审批服务中心作为市行政服务中心设置的分中心,由柳市镇和市行政审批服务中心根据《乐清市设立乡镇便民服务网络机构实施方案》(乐政办发〔2007〕89 号)实施管理。柳市镇负责镇行政审批服务中心的建设和管理,市行政审批服务中心负责日常业务指导和工作督查,镇行政审批服务中心的日常运行经费由市财政予以保障。审批服务项目包括婚姻登记、计划生育、城镇管理、发展改革、国土资源、规划建设、公安户政、房管、工商、国税、地税、环保等相关的审批服务、证照办理、信息咨询、非涉密文件查询等服务项目,以及镇政府职权范围内的手续办理、审批管理等便民服务事项。各分局要充分授权窗口,镇行政审批服务中心具有与市行政审批服务中心同等的各类审批服务效力,其他部门独立设置的服务窗口要接受镇行政审批服务中心的管理、监督和指导。

2.加快组建城市综合执法中心。按照职能明确、人员落实、设施配套的要求,2011 年 8 月前审批建立行使 6 个部门 11 项执法事项、软硬件设施配套的城市综合执法中心,配备 76 名具有执法资格的工作人员。

目前由柳市镇城镇管理综合执法大队负责城镇综合执法管理,统一行使镇辖区内市容市貌、园林绿化、环境卫生、市政工程、公用事业等方面的监督执法和事务管理职能。综合执法大队工作人员由现柳市镇城乡管理服务站工作人员组成,由市政府委托执法管理,业务上接受市市政园林局指导。涉及城市管理的其他执法部门职能要逐步纳入城市综合执法中心,形成城市管理合力,提高执法效率。有关城市综合执法中心股室设置、人员配备、职能配置方案另行制定。

3.建立就业保障服务中心。按照管理、政策、服务、培训、维权、保障等"六到位"的要求,于 2011 年 8 月前建立集信息发布、技能培训、劳资纠纷调处、保险业务办理于一体的便捷高效的就业保障服务中心。落实 11 名工作人员,行使社会保险、劳动监察、劳动仲裁、就业再就业等 19 项服务职能。

4.进一步强化土地储备中心职能。按照盘活存量扩大增量、促进节约集约利用的要求,已于 2010 年 9 月建立具有收购储备、开发整理、交易融资等职能的土地储备中心,落实 3 名工作人员。柳市镇土地储备中心作为市土地储备中心职能的延伸,负责柳市镇国有土地使用权的收购储备及预出让前期工作。镇土地储备中心设在柳市国土资源分局,由柳市国土资源分局负责具体管理。

另外,柳市招投标分中心作为市招投标中心的下属单位,工作人员由市招投标中心和柳市镇共同派遣、共同管理,负责柳市镇及周边乡镇一定标的范围内的经营性国有土地出让、国有资产产权交易、农村集体资产经营权转让和标的在 1000 万元以下建设工程招投标、标的在 100 万元以下政府采购等。

5.加快筹建应急维稳中心。按照功能完善、反应快速、分工明确、处理高效的要求,于 2011 年 8 月前建立城市应急维稳中心,具有维稳工作的组织协调、检查指导,涉稳信息的综合研判,突发事件、群体性事件等的应急处置,医患纠纷、交通事故纠纷、非正常死亡等突出矛盾纠纷的统一受理、调处等 7 项处理职能。落实 17 名工作人员。

(九)体制机制创新提升

三年内重点在以下几方面改革上有实质性突破,其中 2011 年完成行政区划、一级财政体制、强镇扩权改革,加快形成与小城市发展相适应的体制机制。

1.实施行政区划及管理体制改革

加快行政区划调整步伐。要以柳市镇小城市培育试点改革为契机,结合土地利用总体规划修编,2011 年上半年适时实施行政区划调整,对柳市周边的乡镇进行撤并,扩大柳市镇行政区划范围。加快现有基本农田、城市空间和建设用地的布局调整,将片区资源集中起来优化配置,增强柳市集聚辐射能力,充分发挥其区域产业优势、空间集聚优势和城市品牌优势,进一步推动产业集聚,加快经济转型升级。

加快行政管理体制改革。按照小城市管理的要求,增加 20 名人员编制,增加户外广告设置,临时占用挖掘城市道路审批,占用城市绿地许可,城市建筑垃圾处置核准,砍伐移植城市树木审批,市政工程设施、公用事业、市容环境卫生、园林绿化等行政处罚,无证流动摊贩的行政处罚,生活噪音污染、城市餐饮服务业排污行政处罚,城市主干道车辆管理,城市道路违章建筑拆除等 10 项城市管理职能。

2.加快建立一级财政体制

按照"一级政府,一级财政"和"事权、财权相统一"的原则,完善镇一级财政的管理体制,加大财政扶持力度。以上一年基数每递增 10％为当年的基数,超收分成比例 70％,2013 年建立镇一级金库。

建立专项扶持资金和税费扶持机制。2011 年起建立专项扶持资金,暂定 3 年,每年 1.5 亿元。2011 年起建立税费返还机制,对在柳市镇新办的大型商贸企业,自营业当年度起,实行房产税、城镇土地使用税、企业所得税地方分成部分按收入级次三年内予以全额拨补;对在柳市镇新办的金融保险企业,自营业当年度起,实行交纳的营业税按收入级次三年内予以拨补50％。柳市镇土地出让金净收益留成部分和在柳市镇征收的城镇基础设施配套费,全额返还用于柳市镇建设;其他规费除按规定上缴以外,原则上留给柳市镇使用。

3.着力推进户籍制度改革

加大户籍制度改革力度,建立统一按居住地登记的户籍管理制度。出台本地农民以原有集体经济收益分配、计划生育等政策待遇可保留过渡、当地城镇居民养老、医疗等福利待遇能享受,可交易土地承包权、使用权,外来人口以鼓励大专以上高素质人员落户、享受当地教育、卫生、社会保障等基本公共服务为主要内容的户籍制度改革政策。

要制定有效的人才吸引机制,吸引文化程度与技术素质高的外来人员和科研机构来柳市落户,逐步改善城市的人口质量。

4.开展学前教育体制改革

坚持多元办学的方向,从 2011 年起,开展"政府编规划搞建设、教育部门管准入抓管理、社会力量公开竞争办学"的公办民营或公办与民办并举的学前教育体制改革。

5.积极探索投融资体制改革

按照"人民城市人民建"的要求,降低准入门槛,扩大民间投资领域,向民间资本和外资开放轨道交通、燃气、自来水、污水处理、垃圾处理等基础设施以及教、科、文、卫等社会事业,为公益性设施建设筹措建设资金。进一步推进投融资体制改革,构建投融资的平台,疏通资金融通环节,积极探索银行贷款、发行建设债券、国际招标、BOT 和 TOT 等融资方式,加大民资、外资引进力度,形成多渠道、多层次、多元化的投融资机制。

6.加大项目建设支持力度

柳市镇的产业和基础设施、社会事业项目要优先纳入温州市和乐清市的重点建设项目。柳市镇经济发展分局接受市发改局的业务指导,根据乐清市总体规划和发展战略,制定柳市镇国民经济和社会发展中长期规划和年度计划,负责全镇固定资产投资的综合管理;行使市级权限,负责对镇域内的企业投资项目备案、外商投资项目核准、总投资500万元以下政府投资项目立项、下达年度投资计划,以及镇辖村级投资市政、交通等基础设施项目审批、下达年度投资计划等审批事项,并抄送市发改局。按市级管理权限,自行负责镇域范围内技术改造项目的核准、备案以及国家产业政策及省、温州市、乐清市规定需要前期审批的工业企业准入评审,并报市经贸局备案;市财政用于技改的资金,按照柳市镇工业产值在全市所占的比例切块给柳市镇后,由柳市镇经济发展分局自行审批技改项目的资金配套。

7. 加快推进强镇扩权改革

2009年已出台赋予柳市镇与县级政府基本相同的经济社会管理权限,通过设立分局、延伸机构或委托执法等方式,直接下放11个部门65项经济社会管理权限。按照"促进经济发展、加强社会管理、强化公共服务"的要求,以构建大部门体制为方向,深化机构改革;以"功能化、数字化"为目标,深化城市管理体制改革;以"专业化、社区化"为方向,深化社会管理体制改革。

完善镇内设机构设置。按照精简、高效的原则,对镇内设机构进行重构,逐步建立起"小政府、大服务"新的管理体制和运行机制。镇内设"五办、七分局、一中心、一大队、一所",即:党政(人大)办公室、综合治理办公室、组织人事办公室、宣传办公室、统战办公室、农业分局、经济发展分局、财政分局、村镇建设分局、社会事务管理分局、人口和计划生育分局、安全生产监督管理分局、行政服务中心、城镇管理综合执法大队、环境卫生管理所。经上级批准要求设立的其他办、所、中心等机构,由柳市镇根据本镇实际情况,分别增挂到相应的内设机构中,不再单独设置。根据区域划分,设置5个办事处,作为镇党委、政府的派出机构,具体是:东城办事处、南城办事处、西城办事处、北城桥办事处、新城办事处。政法委、纪委(监察室)、人武部、总工会、共青团、妇联、机关党工委、社会党建工作委员会等组织机构,按有关规定和章程设置。

在已经建立公安、工商、国税、地税、国土资源等五个分局的基础上,建立监察、规划建设、质监、环保等四个分局,其他已经在柳市设立派驻机构的劳动和社会保障、教育、卫生、水利、房管等部门也要按照"能放则放、应放尽放"的原则制定放权方案,下放管理审批和行政执法职能。根据工作需要适时建立劳动和社会保障、教育、卫生、房管等分局,增加柳市交警中队编制满足日常管理需要。发改、经贸、民政、文化、安监、市政园林等未在柳市设立派驻机构的部门,其管理审批、行政执法职能通过委托形式下放到相应的镇内设部门。在本次强镇扩权改革中所有部门派驻机构的管辖区域、人员数量、职能权限等原则上只增不减,切实加强对柳市镇及周边区域的管理服务。

四、保障措施

小城市培育试点三年行动计划,是开展小城市培育的行动指南,柳市镇必须紧紧抓住编制"十二五"规划的有利时机,集中精力、狠抓落实,动员方方面面的力量,采取扎实有效的举措,认真编制和全力实施三年行动计划。

(一)加强组织领导,完善考核机制

建立健全"两个领导机构":一是成立市政府一把手任组长,分管领导和试点镇党委书记任副组长,相关部门参加的市与试点镇联动的小城市培育试点工作协调小组,协调小组已于 2011 年 1 月发文成立;二是成立柳市镇党委书记任组长,镇长任副组长的小城市培育试点工作领导小组,领导小组已于 2011 年 1 月发文成立。

市委、市政府要求把小城市培育试点工作作为相关部门和柳市镇领导班子考核重要内容,逐步完善考核机制,跟踪督查小城市培育试点工作的落实情况,强力推进小城市培育试点三年行动计划的实施。

(二)加强跟踪服务,明确工作职责

对于涉及委托执法职能的,由柳市镇落实相关工作人员,以相关部门行政执法人员的身份,参加行政执法资格培训考试,持证上岗。市有关部门要抓紧做好职能委托授权衔接工作,全力支持配合,加强跟踪服务,确定专人负责联系对柳市镇授权工作。按照"权责对应"原则,凡涉及委托事项的信访、行政复议、诉讼等相关事项由柳市镇具体办理。

(三)加强要素保障,统筹用地指标

建立与三年建设规模相一致的土地保障机制,确保三年行动计划的顺利实施和全面完成。市政府在土地利用总体规划修编时,应充分考虑柳市镇需承担柳象片区大量公共基础设施建设的任务和柳市工业经济可持续发展的需要,统筹安排用地指标。在省政府下达的年度用地计划指标内,市政府要给柳市镇优先安排一定数量的用地计划指标。以空间规划为重要依据,以推进项目建设为重要内容,每年安排 500 亩以上建设用地指标,并积极争取上级对柳市镇建设用地指标的支持,柳市镇盘活的建设用地 100% 留镇。

加快在乐海围垦工程规划建设电气产业功能区,解决柳市镇优势企业用地难问题,确保电器产业集群健康可持续发展。

附录六　瑞安市塘下镇小城市试点三年行动计划

（2011—2013 年）

开展塘下镇小城市培育试点，打造温瑞平原沿海新市，是接轨大都市的现实需要，是推进新型城市化、加快经济发展方式转变的战略举措。根据省委、省政府《关于进一步加快中心镇发展和改革的若干意见》（浙委办〔2010〕115 号）、《关于开展小城市培育试点的通知》（浙政办〔2010〕162 号）等精神，依据《瑞安市国民经济和社会发展第十二个五年规划》、《瑞安市域总体规划（2006—2020）》以及《瑞安市塘下镇土地利用总体规划（2006—2020 年）》等规划和小城市培育目标，按照省政府对小城市培育提出的"一年一个样、三年大变样"的建设发展要求，特制定本计划。

一、功能定位

基于对塘下镇区位条件、经济基础、产业特色、竞争优势等要素的分析，强化作为温瑞平原沿海新市的集聚辐射功能，结合小城市培育目标，塘下镇功能定位为：中国汽摩配产业重要基地，温瑞平原重要节点城市，海滨宜居活力新城。

（一）中国汽摩配产业重要基地

塘下镇汽摩配产业起步于 20 世纪 70 年代初，经过近 40 年的发展，已成为全国重要的汽摩配产区之一，是瑞安市"中国汽摩配之都"最主要的组成部分。未来塘下镇集合市场、技术、人才等各类资源要素，着力汽摩配产业园区大平台建设，创新拓展国内外主流贸易市场，加大科技创新和技术改造力度，推进企业转型升级，构筑产业链体系，完善产业集群，打造中国汽摩配产业重要基地。

（二）温瑞平原重要节点城市

塘下镇北靠温州大都市区，南接瑞安城区，是瑞安城市北部组团中心，也是瑞安市实施"三线联动，接轨温州"战略的重要环节。在新一轮重要历史机遇下，塘下镇借助滨海大道和南塘大道的交通优势，强化与温瑞两地的统筹对接，承接各项资源要素和产业转移，完善城市功能，提升城市品位，着力打造成为经济繁荣、功能齐全、环境优美、生活富足、特色鲜明的温瑞平原重要节点城市。

（三）海滨宜居活力新城

塘下镇东濒东海，属海洋性季风气候，冬暖夏凉；境内山色秀美，河网密布,人文底蕴雄厚。未来塘下镇发展逐步结合山水人文特性,做好温瑞塘河水系、森林绿地、山体景观结合文章,加强人居环境整治和生态环境建设,提升城市文化意象,力争建设成为城乡环境优美,山水、城市、文化景观交融的海滨宜居活力新城。

二、行动目标

紧密围绕科学发展、转型发展、和谐发展的主题,大力实施新型城市化主战略,将塘下镇培育成为功能定位清晰、空间布局合理、经济繁荣发达、服务功能完备、生态环境优美、体制机制灵活的现代化特色小城市;打造成为能主动承接大中城市产业转移,有效带动周边乡村发展,宜居宜业、彰显特色、充满活力的瑞北经济、文化中心。

(一)城市形态更加优化

积极推进新型城市化战略,加快城市建设进度,围绕塘下大道和广场路打造塘下城市核心区,并以此为中心通过"六纵五横"的骨干路网建设拉升城市框架,提升建成区设施条件和城市形象,加快人口集聚,优化城市形态,扩大服务职能。至 2013 年,建成区常住人口达到 25 万人,其中新集聚 5 万人;城市建成区面积扩大到 24.0 平方公里,三年开发建设用地面积约 2.4 平方公里,其中盘活存量 0.2 平方公里,新增建设用地面积 2.2 平方公里;三年累计完成投资 190.42 亿元,其中政府投资 49.95 亿元,企业和社会投资 140.47 亿元。

(二)经济基础更加稳固

加快经济结构调整和产业转型升级,通过提升发展塘下汽摩配产业园区、新建塘下物流中心,努力打造成为温瑞地区产业高地。至 2013 年,三年累计完成工业和第三产业投资 124.72 亿元,实现 GDP 总量 120 亿元,三次产业结构比重达到 1∶59∶40,二三产从业人员比重为 95%;完成财政总收入 20.2 亿元,其中税收收入 18.2 亿元;实现城镇居民可支配收入 43900 元,农村人均纯收入 22100 元。

(三)社会民生更加完善

加快基本社会服务供给,推进社会事业优质均衡,加强城市社会服务功能平台建设,打造城乡一体化的社会事业网络。至 2013 年,三年累计完成教育、卫生、文化、基础设施等公益事业投资 59 亿元,形成便捷畅通、运行安全的市政设施网络,完善结构合理、保障有力的社会服务平台,营造和谐共生的生活氛围,形成社会发展与经济建设齐头并进的良好格局。

（四）生态环境更加优越

强化生态环境保护，推进重点区块生态化改造，加强森林环境建设和整治，倡导绿色低碳生产生活方式，改善地区整体环境，打造绿色宜居家园。至 2013 年，三年累计投资 5.03 亿元，完善完成城市防灾减灾、园林绿化、水质水源和大气保护体系，努力将塘下建设成为生态人文优越、环境优美的现代海滨新城。

（五）行政管理更加高效

深入推进强镇扩权改革，至 2011 年底，完成投资 1.67 亿元，加快形成与小城市管理相适应的机构设置和人员配置，激发城市发展活力；提升完善行政审批、综合执法、就业保障、土地储备、应急维稳等城市公共服务体系，构筑信息化、专业化、社区化的小城市管理体制。

三、主要任务

抓住小城市试点机遇，大力推进三年行动计划实施，通过规划带动、政策推动、投资拉动、改革促动等举措，以产业集聚、功能集成、人口集中、要素集约为导向，全面推进由"镇"向"城"的跨越。

（一）优化住房布局，推进人口集聚

至 2013 年，三年累计完成商业住宅类投资 115.53 亿元，加强新型社区和城市商住地块建设，推进农房改造工程，优化住房供应结构，推动人口向建成区集聚转化。

1. 加速人口集聚

推动镇民和外来务工人员向社区和建成区商住房集聚，至 2013 年，建成区户籍人口达到 16.5 万人，外来常住人口达到 8.5 万人；建成区常住人口集聚率达到 77％。

2. 加快住房建设

坚持商住房、保障房和人才房建设三管齐下，提高建设水平和品位，吸引和鼓励农民转移转化和人才居住落户。至 2013 年，三年新建住房约 80 万平方米，其中，商住房约 72 万平方米、保障性住房约 5 万平方米、人才公寓约 3 万平方米。

3. 推进城中（郊）村改造

加强城市基础设施建设和环境整治，高标准成片改造城区，加快城中（郊）村向新型社区转变，提高居住品质。投资 3.5 亿元，建设九龙社区一期工程，建筑面积 10 万平方米；投资 9 亿元，完成旧村住房改建项目。

４．完成农村宅基地置换

以立足百姓可接受、政府可承受为基础，引入置换机制，完善配套政策，引导农民以宅基地置换城区住房。至 2013 年，三年累计转移农户 760 户、2508 人。

（二）做强特色产业，加快经济转型

建设工业平台，构建产业链，优化"3＋X"工业结构，促进产业转型发展，推动块状经济向现代产业集群转变。至 2013 年，实现工业销售总额 380 亿元，利税 35 亿元，同比 2010 年年均增长 12.8％。

１．做大做优工业平台

全面拓展工业经济发展空间，对工业功能区进行提质扩容。投资 10 亿元，扩建"七通一平"的汽摩配产业园区东区 1.5 平方公里；新集聚规模以上企业 65 家，淘汰高污染、高耗能、高耗水的落后产能企业 35 家，盘活存量土地约 150 亩。

２．提升强化特色产业

提升强化交通运输设备（汽摩配）制造业、通用设备（标准紧固件、阀门等）制造业、电器机械及器材（漆包线等）制造业三大主导产业，至 2013 年实现规模以上销售产值 220 亿元，占规模以上总销售产值比重 70％以上；同时加大企业科技创新和制度创新，积极推动主导产业融入国内主流市场生产线和国际零配件采购体系。投资 800 万元，新建 2 个产业共性技术平台，引进和创建 2 家省级以上研发机构，服务 105 家企业，引进和培育专业人才 300 人。

３．扶持引进龙头企业

依托骨干龙头企业，搞好资本、技术、人才等要素资源的整合，加大对外招商引资、招商选资力度；鼓励和引导优势企业整合重组、联合并购，做强做优大企业、大集团，积极推进企业上市，增强核心竞争力。至 2013 年，实现年销售超亿元企业 45 家，其中超 5 亿元企业 8 家，超 10 亿元企业 1 家；培育新上市企业 2 家；培育和引进高新技术企业 5 家。

４．培育实施名品名牌

政府引导，社会推动，企业主动，深入实施品牌战略和质量战略。至 2013 年，三年内创建和引进省级以上著名商标或名牌产品 6 个，其中国家级著名商标（名牌）1 个；扩大原有名品名牌的市场占有率，力争提高 5 个百分点。

（三）扶持第三产业，增强服务功能

做强做大商务会展、物流配送、现代商贸、金融服务四大高端服务业，发展现代广场商圈，引进新型三产业态，培育第三产业经济增长点和竞争优势。

1. 推进商贸商务集聚

投资 4 亿元,建设官浃购物中心,总建筑面积达到 3.8 万平方米;投资 2000 万元,打造长 2 公里、约集 1000 户商铺的塘川街特色商业街;投资 5 亿元,建设中心区城市综合体一期工程,总建筑面积约 2.2 万平方米;引进 5 家存取自由、结算快捷的金融机构,总数达到 12 家;投资 1000 万元,改造君欧大酒店,达到 3 星级标准;投资 6 亿元,新建 1 个 5 星级宾馆。

2. 提升发展专业市场

投资 3500 万元,建设塘下钢材市场;投资 1000 万元,建设塘下汽摩配城;投资 5500 万元,提升完善汽车贸易市场,实现年销售额 60 亿元;结合物流中心建设,创建服务汽车贸易、汽摩配、钢材 3 大类产业、100 种商品的电子商务平台,实现年销售额 20 亿元。

3. 培育现代服务产业

发挥产业特色和区位优势,争取将物流中心建设列入省重点建设项目。投资 2 亿元,建设物流基地,培育物流企业,打造总占地 330 亩的汽摩配产业现代物流中心;围绕汽摩配等特色行业,发展研发创新、工业设计等生产性服务业。

(四)完善市政配套,夯实城市基础

注重外延拓展、内涵提升,推动资源整合、功能配套,大力推进重点市政设施实施,增强城市承载能力。至 2013 年,三年累计完成投资 48.11 亿元,构建布局合理、功能突出、适度超前、保障需求的市政设施网络。

1. 实施城市交通顺畅工程

提升交通通行能力,优化城市交通结构,构建通畅、便捷、安全的现代交通网。至 2013 年,新建城市道路 30 公里,其中连接中心城市快速干道 2 公里;结合街心公园、体育公园和城市综合体建设 3 个公共停车场,共 750 个泊位;投资 2000 万元,实现城区 20 公里道路数字化管理。

2. 实施水电气油保障工程

投资 4950 万元,建设改造供水管网 35 公里,日供净水能力达到 8 万吨;投资 4.2 亿元,建设 4 所变电站和配网电网改造,新增供电能力 55 万千瓦;投资 3000 万元,引入高压支线管道燃气;投资 2000 万元,新建 2 个加油站。

3. 实施现代通信工程

投资 1700 万元,布置移动、联通等综合通信管路,扩大宽带覆盖率,至 2013 年,新增用户 4000 户,入户率达到 50%;投资 3750 万元,完成广播电视附属设施及数字电视整体转化,入户率达到 95%。

4.实施绿化亮化洁化工程

投资 2.26 亿元,建设中心区体育公园,建筑面积达到 2.6 万平方米;投资 7100 万元,建设中心区街心公园;投资 3500 万元,实施 7 个精品公园建设,打造安静优美的人居环境;同时,结合环镇北路、国泰路、罗场路以及瑞安大道建设实施道路绿化亮化工程。至 2013 年,城市绿化率达到 15.4%,人均公共绿地面积达到 7.1 平方米。

(五)发展社会事业,提升生活品质

推进基本公共服务均等化,促进社会全面发展,至 2013 年,基本形成与城市规模相适应的社会事业体系。

1.提升就业保障水平

新增就业岗位 2.5 万个,其中二产 1.5 万个、三产 1 万个;城镇登记失业率控制在 2% 以内;城镇职工养老、医疗保险参保率达到 95%,城乡居民养老、医疗保险参保率达到 100%;投资 900 万元,新建 1 所托老服务中心,孤寡老人集中供养率达到 100%。

2.优化教育办学质量

投资 3100 万元,新建中心区 2 所幼儿园,学前教育普及率达到 98.2%;投资 5.07 亿元,建设改造 9 个小学、1 个中学,标准达到 2 等,建成区中小学集聚率达到 85%;投资 3000 万元,开展塘西、上金、岑头三小合并工程;投资 1500 万元,建设改造 2 所高中(职高),总学生数为 7500 人,标准达到 2 等,毛入学率达到 98.8%。

3.健全医疗服务体系

推进以公共卫生为重点的医疗设施建设,并结合市级医疗机构设施健全服务体系;组织城市社区卫生服务中心,并加强基层医疗卫生人才队伍建设。投资 1.1 亿元,扩建人民医院综合楼和急诊大楼,新增床位 152 个,总床位数达到 292 个,医护人员达到 660 人,千人医院床位数和千人医生数分别达到 1.17 张和 2.64 人。

4.加快发展文体事业

着力建设地区文体设施工程,延续传承地区传统文化,推进企业文化、社区文化等新兴文化的蓬勃发展,加快市民休闲体育设施建设,满足日益增长的社会需求。投资 1000 万元,发扬海安集市、罗凤排殿猪等传统文化;投资 1890 万元,新建全民健身点 38 个;投资 9200 万元,建设市民活动中心,建筑面积达到 1.6 万平方米。

(六)整治生态网络,创建品质城区

至 2013 年,三年累计完成水源保护、河道整治等生态网络投入 5.03 亿

元,营造整洁、清新、优美、安全的生产生活环境。

1.加强河道水系保护

实施河道疏通保洁与护坡绿化,规范河道管理,确保河道畅通,排灌便利,河岸牢固、沿河绿化美观。投资 3000 万元,对中塘河进行生态治理,提高排涝能力,并建立长效管护机制。

2.实施垃圾无害处理

投资 1850 万元,建设 2 所垃圾中转站,日中转能力达到 500 吨,运往市垃圾焚烧发电厂处理,垃圾集中无害化处理率达 95%;投资 2.2 亿元,开展截污工程建设,铺设生产生活污水管网 110 公里;投资 2500 万元,建设 4 所污水泵站,日输送能力达到 1.5 万吨,运往市污水处理厂处理,污水集中处理率达到 88%。

3.推动美化工程建设

充分发挥塘下依山(凤凰山)伴水(温瑞塘河)的优势,以创建生态宜居型小城市为目标,体现风景秀丽的城市景观。投资 1632 万元,对凤凰山等 4 处山体开展美化工程;投资 3000 万元,完成老工业点整体美化改造;投资 798 万元,完成海西路等 3 条主要干线的沿线绿化建设;投资 4180 万元,加大对龙河等河流两岸绿化工程改造。

4.强化防灾减灾整治

投资 1150 万元,按照 20 年一遇的标准,对八水浃、上马河生态护岸进行提升改造;投资 500 万元,强化易灾地区的综合整治,消除陈岙、石岗、八水三村 3 个灾害隐患点;投资 500 万元,建设二级消防站 1 处,提升消防能力。

(七)促进城乡统筹,建设和谐乡村

以新型城市化为方向,统筹城乡融合发展,努力推进"三农"建设,形成村庄布局合理、生产生活条件改善、基本公共服务均等化的城乡统筹发展格局。

1.推进村庄整合和新村建设

加快农民集中居住新社区的规划建设,加大村庄整治力度,鼓励和引导农民向社区集聚;同时,按照生产发展、生活宽裕、乡风文明、村容整洁、管理民主的要求,扎实稳步推进美丽新村建设。

2.发展规模农业和现代农业

投资 2000 万元,进一步完善土地激励政策和流转平台,土地流转率提高 40 个百分点,建设面积为 2100 亩的粮食功能区和 200 亩的设施农业。

3.改善基础设施和生产环境

立足改善人居环境的要求,突出水电路等基础设施建设。投资 1.03 亿元,建设联系 9 个村的环镇西路;投资 1632 万元,建设塘下东路,实现城乡公交通车率 100％;投资 1000 万元,建设村级生态公厕(沼气池)20 个。

4.推进基本公共服务均等化

投资 500 万元,规范 88 个村(社区)卫生室,农民健康档案建档率达到95％,新型城乡合作医疗参保率稳定在 95％以上;改善办学条件和设备设施,加大对薄弱学校的扶持力度,村学前教育普及率达到 99％以上;加强师资队伍建设,提高义务教育均衡水平,促进村级公用设施、助学养老、环卫保洁等公益事业发展。

(八)扩容行政权限,提高管理效率

至 2011 年底,累计完成投资 2450 万元,构建职责明确,编制到位、设施完备、服务高效的五大中心;同时按照现代城市管理职能,完善公共服务平台,切实提升政府管理能力和服务效率。

1.提升行政审批中心

按照小城市培育试点必须赋予的县级经济社会管理权限要求,至 2011年 10 月,投资 1100 万元,提升集规划、国土、环保、社保等 15 个职能部门于一体的,授权到位,既能受理又能办理的行政审批服务中心,集中办理 65 项审批事项,并新增 6 名人员编制,总工作人员数达到 50 名。

2.强化综合执法中心

按照职能明确、人员落实、设施配套的要求,至 2011 年 10 月,投资 300万元,组建拥有 5 大类 65 项执法职能、30 名具有执法资格的人员组成、软硬件设施配套的城市综合执法中心;并进一步推进标准化、规范化管理,提高执法水平,增强城市管理能力。

3.夯实就业保障中心

按照管理、政策、服务、培训、维权、保障等"六到位"的要求,至 2011 年12 月,投资 600 万元,搭建由 20 名人员组成的,具有行使失业保险、职业介绍、技能培训、就业援助 4 项服务职能的就业保障服务中心,积极实施就业援助,帮扶就业困难人员、城乡低保户等实现就业。

4.完善土地储备中心

按照盘活存量扩大增量,促进土地节约集约利用的要求,至 2011 年 10月,投资 150 万元,建立由 3 名人员组成的,具有收购储备、开发整理、交易融资 3 项功能的土地储备中心,优化土地资源供给,提高土地开发效益。

5.健全应急维稳中心

按照功能完善、反应快速、分工明确、处理高效的要求,至 2011 年 12 月,投资 300 万元,建立由 11 名人员组成的,集防灾救灾、安全生产、消防治安、

重大疫情和其他突发事件处理等 8 项职能于一体的城市应急维稳中心,加快构建"平安塘下"。

(九)创新体制机制,增加发展动力

三年内重点在七大改革上实现实质性突破,其中 2011 年完成一级财政体制改革,强镇扩权改革,加快形成与塘下小城市发展的相适应体制机制。

1. 加快建立一级财政体制

按照分税制财政体制和财权与事权相匹配的要求,确保 2011 年 10 月建立"划分税种、核定基数、三年一轮、超收分成、政策倾斜、设有金库"的小城市一级财政体制。实施土地出让金净收益和城镇基础设施配套费等地方税费,除上缴省级以上规费外,其余部分全额归塘下镇留存使用;其他地方财政收入以 2010 年为基期年,实行超基数分成,基数一定三年不变,超基数的增量部分市镇两级按 2∶8 比例分成,并争取成立塘下金库。

2. 着力加快强镇扩权改革

扩大镇级干部管理权限,在保持镇级建制下,将 9 大类 38 项市级立项审批权以委托形式下放至镇,中层干部可实行高配(副科级),并赋予塘下与县级政府基本相同的经济社会管理权限;镇党委对镇属办事处领导班子调配具有建议权,对镇属办事处中层干部具有任免权和调配权,镇属范围内市职能部门派驻机构正职人事任命需书面征询镇党委意见;合理设置部门机构,根据工作需要,镇内设机构由"七办三中心"调整为"四办七局四中心";设立镇公共资源中心,负责镇域内 500 万以内建设工程招投标、农村集体资源经营权转让等,确保 2011 年完成强镇扩权。

3. 积极推进户籍制度改革

按照有利于加快城市人口集聚的要求,通过三分三改(政经分开、资地分开、户产分类;股改、地改、户改),加快城市人口集聚;推进城乡一体化户籍管理制度改革,突破城乡户籍壁垒,加快城乡一体化进程,取消以农业、非农业人口信息登记为主要内容的"二元化"户籍管理制度,建立以实有人口管理为主的户名管理制度、以实际居住地登记为主的登记管理制度、以实有房屋为主的居住管理制度;基本形成以本地农民原有政策待遇可保留过渡,当地城镇居民基本福利待遇能享受,外来人口技工以上高素质人员可落户、享受当地基本公共服务为主要内容的户籍登记管理和政策福利制度。

4. 深化学前教育办学改革

坚持多元办学的方向,从 2012 年起,开展"政府编规划搞建设、教育部门管准入抓管理、社会力量公开竞争办学"的公办民营或公辅民营体制的学前教育体制改革,建立市场化运作的经营管理体系。

5.探索投资融资体制改革

按照人民城市人民建的要求,降低准入门槛,扩大民间投资领域,创造条件搭建小城市建设发展融资平台,形成有利于市政设施建设、"三旧"改造、社会事业发展的多元化投资格局。对于参与塘下镇建设且资信优良的投资者,简化审批流程,优先提供贷款;支持村镇银行、小额贷款公司等新型农村金融机构及担保公司在塘下设立分支机构或服务网点;整合提升城市建设投融资平台,成立城镇建设投资有限公司,专门负责政府性基础设施和公共服务设施建设,增强塘下融资平台服务功能。

6.推进行政管理体制改革

科学配置塘下镇机关人员编制,允许塘下镇在核定的机构和编制总数内统筹安排机构和人员,至2013年新增加编制人员20人,总编制人员数量控制在330人左右。市级部门派驻塘下的机构,业务上接受上级职能部门指导,日常管理以塘下镇为主,相关垂直管理部门应在塘下设立分机构;推进涉农机构和经济管理机构整合,精减人员编制。

7.完善社会管理体制改革

深化社会管理体制改革,积极发展社会组织,简化登记程序,降低准入门槛;积极推进社区自治,构建"属地管理、以块为主、条块结合、职责明确、社区服务"的城乡社区管理体系;加强社会治安等社会事务管理机构建设,加大工作力度,有效化解社会矛盾。

四、保障措施

小城市培育试点三年行动计划,是开展小城市培育的行动指南,必须紧紧抓住实施"十二五"规划的有利时机,动员方方面面的力量,采取扎实有效的举措,狠抓落实,为行动计划的实施提供坚实的组织机构、扶持政策等保障体系,确保各项任务指标的圆满完成。

(一)加强组织协调

成立瑞安市级小城市培育试点工作协调小组,由市长陈建明任组长,分管副市长、塘下镇书记和镇长任副组长,相关部门主要负责人任成员;成立塘下镇级小城市培育试点工作领导小组,由党委书记任组长,镇长和党群副书记、常务副镇长任副组长,相关部门主要负责人任成员,共同负责小城市建设工作的组织协调和督促指导工作,并将小城市培育完成工作纳入年度考核体系,相关责任领导考核情况直接与个人政绩考核挂钩,推进小城市建设有效开展。

（二）保障要素供给

一是项目支持。塘下镇产业项目、基础设施项目和社会事业项目优先纳入温州市和瑞安市重点项目计划；扩大镇对企业投资项目、外商投资项目和技术改造项目的审批、核准权限。

二是资金保障。每年配套设立 1.5 亿元的小城市培育专项资金，支持塘下镇成立融资平台，确保三年行动计划资金投入到位。

三是土地供应。建立塘下镇建设用地计划单列制度，并在瑞安市年度城镇建设用地指标中切块 25％给予专门安排；以空间规划为重要依据，以推进项目建设为重要内容，三年确保安排 3300 亩左右建设用地指标，塘下镇盘活的建设用地 100％留镇使用。

四是人才储备。探索建立省、市的建设、规划、环保、交通等部门和大专院校专业人才到塘下镇任职、挂职和交流互派锻炼制度。

（三）加大政策扶持

切实贯彻落实省政府规定的小城市培育试点的相关税费支持政策，积极争取温州市、瑞安市另行研究制定相应的配套政策；加大规划统筹力度，在省市重大规划中，特别是安排重大设施建设项目时，充分考虑塘下未来发展需要；完善外来务工人员就业帮扶、社会保障、子女入学、住房租购等政策措施。

附录七 平阳县鳌江镇小城市试点三年行动计划

（2011—2013 年）

开展鳌江镇小城市培育试点，是构建温州南翼组合城市、提升温州都市圈的战略需要，是推进新型城市化、加快转变经济发展方式的内在要求。根据省委、省政府《关于进一步加快中心镇发展和改革的若干意见》（浙委办〔2010〕115 号）、《关于开展小城市培育试点的通知》（浙政办〔2010〕162 号）等文件精神，按照"一年一个样、三年大变样"的建设发展要求，依据《温州市国民经济和社会发展第十二个五年规划纲要》、《平阳县国民经济和社会发展第十二个五年规划纲要》以及《鳌江镇国民经济和社会发展第十二个五年规划纲要》、《平阳县县域总规中心城区规划（2006—2020 年）》、《鳌江镇土地利用总体规划（2006—2020 年）》等规划，制定本行动计划。

一、功能定位

建设浙南新都市，重塑"瓯越明珠"，抢占浙南城市发展新"鳌头"，努力率先建成现代化小城市。

——鳌江流域中心城市。充分发挥鳌江交通区位、口岸资源和产业结构等综合优势,发展高铁经济,建设滨江新城,推进昆鳌一体化,提升区域经济带动力。强化鳌江与龙港协同发展、集群发展、特色发展,构建鳌龙组合城市,打造连接温州都市圈与海西经济区、辐射浙南闽北地区的鳌江流域中心城市。

——浙南特色装备制造业基地。着力"两轴两片"开发,加快平阳经济开发区整合提升,强化装备制造业特色,拓展高端装备制造,打造国内领先的特色装备制造业集群。着力商务中心和总部基地建设,大力发展金融、商务、物流等生产性服务业,打造鳌江流域服务业高地,形成二、三产业协同发展格局。

——平阳经济社会文化副中心。城市沿江开发,产业向东拓展,加快增强鳌江综合经济实力,提升平阳经济副中心功能。全面繁荣社会事业,强化教育、卫生和文体事业等发展高地,打造区域公共服务中心。发扬瓯越文化,孕育现代城市文明,打造经济繁荣、社会文明、生态秀美的平阳经济社会文化副中心。

二、行动目标

扎实推进鳌江小城市试点三年行动计划,到2013年,率先培育成为经济繁荣、功能齐备、社会文明、环境优美、活力开放的现代化小城市;打造成为连接温州都市圈和海西经济区,辐射带动鳌江流域经济社会发展,宜商宜居宜创的区域经济、文化副中心。

(一)加强城市建设,打造现代滨江新城

到2013年,建成区常住人口新集聚3.8万,达到13.8万,集聚率提高到65%。三年使用建设用地3195亩,其中,盘活存量1695亩、新占用1500亩;建成区面积新增1.2平方公里,达到13平方公里,建成区设施条件、公共服务和城市形象有较大提升。三年累计完成投资113.3亿元,其中,政府性投资43.9亿元,企业和社会投资69.4亿元,努力形成人口集聚、功能齐备、与昆阳一体、与龙港协同的浙南新都市。

(二)加强经济建设,打造区域产业高地

三年完成工业和第三产业投入83.5亿元,力争GDP总量达到100亿元,二三产业从业人员比重达到93%。滨江商务区和站前片开发初见成效,第三产业增加值超39亿元,占GDP比重提高到39%。工业加快向墨城临港工业小区和东部围垦区集聚,工业功能区工业增加值占工业经济比重达到 80％。财政总收入（不含土地出让金收入）达 11.5 亿元，其中税收收入11.4 亿元。城镇居民人均可支配收入达 35100 元，农村居民人均纯收入20000 元。努力成为鳌江流域产业层次高、产业技术先进、优质企业集聚的产业高地。

（三）加强社会建设，打造公共服务中心

三年完成公益事业投资 27 亿元，推进市政设施网络化，加快形成高效便捷、节能环保的交通等市政设施网络；推进社会事业优质均衡，加快形成城乡一体、水平一流的社会事业网络；推进社会保障扩面、衔接并轨等，加快形成全覆盖、可持续的社会保障制度；培育引进各类高素质人才，到 2013 年各类人才总量达到 6500 人以上；搭建完善城市公共服务平台，基本建成立足鳌江、服务县域的公共服务中心。

（四）加强生态建设，打造绿色宜居家园

三年投资 1.7 亿元，加强区域生态环境保护，完善城市防灾减灾、园林绿地、水质水源大气保护体系，营造绿色环境。推进重点区块生态化改造，加快城市社区改造建设和农村环境整治，创建 15 个"森林村庄"。加强城镇设计，振兴瓯越文化，提升城市文化意象，增强城市凝聚力。基本建成城乡环境优美，江海、山水、城市景观交融的江滨美丽城市。

（五）加强制度建设，再造改革先行区域

三年投入 1.1 亿元，深入推进城乡统筹综合配套改革、强镇扩权改革、民营经济创新发展综合配套改革和基层财政体制改革等，构筑与小城市管理相适应的机构设置和人员配置，加快形成有利于加快鳌江从经济强镇向现代都市转变的体制机制；构筑多方参与、管理民主、运行规范、文明祥和的社会管理网络；基本建成小城市体制改革和管理创新的先行区。

三、主要任务

围绕"城市"做文章，跨江协同，沿江开发，改革引领，项目带动，加快人口向城区集中、产业向园区集聚、功能向城市综合体集成，推进农民向市民转化、农村向社区转变，实现工贸强镇向现代都市跨越。

（一）推进人口集聚，扩大市民群体

加强城市社区和保障性住房建设，提升城市人口集聚转化能力，引导农民自愿进城、乐于进城。三年完成投资 40 亿元，建设改造住宅 160.9 万平方米，城区常住人口集聚规模达 13.8 万人。

1. 加快农民向城区集聚转化。推动农民和外来务工人员向城市社区集聚，力争三年后城市户籍人口达到 8 万人，外来常住人口达到 5.8 万人，城市常住人口集聚率达 65%，比 2010 年提高 6.1 个百分点。

2.大力加强城市住宅区建设。坚持商品房和保障性住房建设并行，优化住房供应结构，形成有利于农民转移转化和技能人才集聚的房地产业。三年投资 31 亿元，新建住宅 120 万平方米，其中，保障性住房 75 万平方米、商品房 45 万平方米，积极推进人才公寓建设。

3.稳步推进城中（郊）村改造。围绕旧城改造，加强城中（郊）村基础设施建设和环境整治，优化社区布局，提高居住品质。投资 9 亿元，改造旧城 14.9 万平方米；改造城中（郊）村 18 个，完成改套 12 万平方米，改造危旧房 14 万平方米；建设 3 个城乡一体新社区。

4.加快实施农村宅基地置换城镇住房。坚持以人为本、自愿置换的原则，完善配套政策，创造条件，引导农村居民户以农村宅基地置换城镇公寓房。三年投资 2 亿元，争取减少农村居住点 30 个，转移农户 1250 户，约 5000 人，盘活存量土地 250 亩。

（二）做强特色集群，发展都市工业

立足产业特色，培育产业集群，加快工业转型升级。三年完成工业生产和技术改造投入 18.1 亿元，2013 年实现工业销售总额 210 亿元，比 2010 年增长 66.7%；利税 18 亿元，比 2010 年增长 60%。

1.建设两大工业平台。推进平阳经济开发区整合提升，优化功能分区和空间布局，引导镇区部分退二进三，推动工业开发重点向东部围垦区转移。加快建设鳌江工业功能区，以墨城临港工业小区为重点，投资 4.3 亿元，扩建"七通一平"工业功能区 0.6 平方公里，加快一期 670 亩工业用地开发，尽快形成产能，稳步启动二期建设，加快西湾—墨城围垦，争取纳入平阳经济开发区范围统筹开发和管理。大力引进国内外优质企业，积极承接城区"退二进三"先进制造业转移，期末新集聚规模以上企业 30 家。淘汰高污染、高耗能的落后产能企业 3 家，盘活存量土地 50 亩。

2.优化"3+X"工业结构。做强做精机电、服装和食品三大主导产业，到 2013 年，争取实现销售 125 亿元，占工业总销售的 59%。强化以特色机电为主导的装备制造业，提高研发创新和系统集成能力，培育龙头企业，发展高附加值产品，构筑具有核心竞争力的特色产业集群。培育引进高端装备制造等新兴产业，推进产业升级，争取实现销售 20 亿元。投资 1200 万元，新建金融机具、精细加工技术、水产食品等 5 个产业共性技术服务平台，创建 1 家省级以上研发机构，引进和培育专业人才 50 人，增强人才支撑。

3.扶持优势企业。做强做大龙头骨干企业，做精做专中小企业，整体提升集群竞争力。到 2013 年，年销售超亿元企业达到 25 家，其中超 5 亿元企业达到 5 家,超 10 亿元企业达到 2 家,争取新上市企业 1 家。培育和引进省级以上高新技术企业 2 家。

4.培育名牌名品。政府引导,协会服务,企业主体,深入实施品牌战略和质量战略。力争三年内创建和引进省级以上著名商标或名牌产品 3 个,扩大原有名牌名品的市场占有率,争取提高 10 个百分点以上。

(三)壮大商贸商务,提升城市功能

突出发展现代物流、现代商贸、休闲旅游三大优势服务业以及总部商务、金融服务两大新兴服务业,构筑"三优两新"格局。三年完成服务业投资(不含居住类)25.4 亿元,第三产业增加值达 39 亿元,年均增长 16%,占 GDP 比重比 2010 年提高 1.5 个百分点。

1.加快建设城市商务综合体。决战滨江,大力推进滨江中央商务区建设,总用地约 1000 亩,三年完成总投资 30.2 亿元,建设集金融、商务、文化、服务机构以及酒店、公寓等配套设施于一体的鳌江流域商务中心,其中,商业地产近 85 万平方米。投资 1.3 亿元,沿南北轴线建设总部经济园,占地 39 亩,规划面积 2.6 万平方米,重点吸引县外"鳌江人"等回乡创业。新引进 2 家国内外网络型金融机构落户鳌江,加快发展村镇银行等民间金融,强化鳌江流域金融中心功能。

2.改造提升特色专业市场。投资 2 亿元改扩建钢材市场、服装市场等专业市场 6 个,年销售额 100 亿元。着力提升鳌江家电城,打造成为集贸易流通、创意设计、文化展示、旅游购物为一体的新型专业市场。创建服务机电、塑编 2 大类 15 种产品的电子商务平台,争取年销售额达 2 亿元。

3.大力发展生产性服务业。充分发挥鳌江交通区位优势,争取建设一个 20 万平方米以上鳌江物流基地,力争 2013 年建成并投入使用。积极发展鳌江港陆岛交通码头,新建码头、栈桥、候船楼等。培育 2 家省级重点物流企业。围绕机电等特色行业,发展研发创新、工业设计等生产性服务,年增加值达到 5000 万元。

4.做优做大鳌江文化休闲游。加强文化休闲设施建设,三年内投资 1000 万元,完成占地 800 亩九叠河湿地公园的设计等前期工作,争取开工建设。投资 1.4 亿元以上,开发建设荆溪度假村,发展休闲度假产业。积极完善酒店等配套设施,总投资 2.8 亿元,其中三年完成 1.7 亿元,新建 1 家五星级酒店。

(四)完善市政设施,增强城市承载

按照中等城市标准,适当超前规划和建设,提高市政基础设施承载能力。三年完成投资 21.5 亿元,完善以路、水、电、气以及信息网络为主的市政基础设施网,形成便捷、充足、安全的市政设施网。

1.实施区域交通节点提升工程。投资 6450 万元,拓展延伸火车站大道,连接千吨级码头,直通沈海高速复线;投资 1.4 亿元,拓展延伸鸽巢路,北与 104 国道接通,南至兴鳌路;投资 3 亿元,畅通 5 条共 15 公里的主要进城道路。新建 3 个公共停车场,共 2500 个泊位,缓解建成区街道拥挤状况。实现建成区主要道路数字化管理和乡镇道路提级改造。优化公共交通运营,组建公交分公司,明确公交营运线,建设站房设施。投资 2 亿元,按二级车站标准新建一个长途客运中心(鳌江汽车中心站),总用地 43 亩。

2.实施水电气油保障工程。沿新河路、兴鳌路布置供水主干管,其他道路布置给水管道,日供水能力达到 5 万吨,实施城乡供水一体化。投资 4.1 亿元,建设县电力生产调度中心,改造输变电线路,扩容输变电系统,供电容量达到 40 万 kVA。投资 7360 万元,引入高压支线管道燃气,完成新增和改造 5000 户。投资 2000 万元,新建 1 个、改建 1 个大型加油站,增强用油保障能力。

3.实施现代通信工程。布置移动、联通等综合通信管路,扩大宽带覆盖率,2013 年宽带入户率达到 90％以上。完成有线电视数字化整体转换,数字电视入户率达 99％。

4.实施绿化亮化洁化工程。着力改善鳌江公园和仙岩水库周边环境。投资 3000 万元,启动老城区主街道、104 国道鳌江段的绿化防护带改造工程,整治面积 6 平方公里。到 2013 年,城市绿化覆盖率达 14％以上,人均拥有绿地面积 7 平方米。投资 1000 万元,完成建成区主干道、主街道亮化工程 6 公里,安装路灯 1200 套。投资 500 万元,增添和完善市政保洁设施,建立城市环卫整体长效保洁机制。

(五)加快社会发展,塑造城市品质

扎实推进基本公共服务均等化,加快提高社会发展水平。三年完成就业保障、教育卫生、文化体育、养老医疗等社会事业发展投入近 5.5 亿元,基本形成与城市规模相适应的社会事业网络。

1.全面完善就业保障体系。三年新增就业岗位 15000 个,其中二产 9000 个、三产 6000 个,培训各类劳动力 13000 人,城镇登记失业率控制在 4％以内。完善社会保障体系,城镇职工养老、医疗保险参保率达到 96％,城乡居民养老、医疗保险参保率实现全覆盖。稳步提高最低生活保障标准,实现应保尽保,实施城乡居民社会养老保险参保对象丧葬费补贴政策。发展社会化养老,投资 1000 万元,扩建区域性养老院、孤寡老人集中供养院 1 个,新增养老床位 200 张,确保集中供养率达 100％。

2.大力加强教育设施建设。三年投资 1880 万元,新建一所符合省级标准的鳌江中心幼儿园,新建蓝田小区配套幼儿园,学前教育普及率达到100％。调整中小学校网布局,实施校舍安全工程,三年内投资 2 亿元改扩建 9 所小学和 5 所中学,力争全部达到省一级标准,建成区义务教育集聚率达到 90％。投资 1.5 亿元,迁扩建鳌江中学,建成可容纳 1800 位学生,达到省一级标准的普通高中,高中段毛入学率达到 99％。

3.切实加强医疗卫生服务。加大医疗卫生基础设施投入,投资 2500 万元,办好一所规范化社区卫生服务中心;投入 390 万,改建或新建 15 个社区卫生服务站,构建形成 20 分钟医疗卫生服务圈。加强卫技人员教育培训,千人医生数达到 2.5 人。完善突发性公共卫生事件应急体系,做好传染病防治。启动健康面对面行动,完成居民数字健康档案建设。

4.加快提升文化服务。大力推进文体设施建设,投资 1.5 亿元,新建占地 100 亩,集图书馆、文化馆、体育馆及便民服务中心三馆一中心的行政便民服务中心;投资 1500 万元,新建占地 6 亩,建筑面积 6500 平方米的鳌江文体中心。加大文化产业投入力度,鼓励和引导社会资本投资,积极培育民间艺术团体和体育俱乐部,发展瓯越文化和创意设计等新兴文化产业。

(六)抓好环境保护,发展生态文明

围绕"森林平阳"建设,做好森林绿地、江海水系文章。三年完成环境保护投入 1.7 亿元,加强水源保护、河道整治、垃圾污水处理等,使城市更加洁净、秀美,形成整洁、优美、舒适、安全的美丽新鳌江。

1.切实强化森林和水源区保护。投资 600 万元,创建 15 个省市级"森林村庄"。投资 2000 万元,完成 3000 米河道的保洁和整治工程,并建立长效管护机制。

2.全面实施垃圾污水无害化处理。全面实施户集、村(社)收、城处理的垃圾集中无害化处理模式,垃圾集中无害化处理率达 98％。积极配合抓好污水排江工程、二级污水管网等重大项目建设。投资 3200 万元,做好城市排污排水基础设施建设,新建生产生活污水收集管网 17 公里,覆盖面达 80％,工业企业全面实现污水入网;启动污水处理厂二期工程,日处理能力达 6 万吨,污水集中处理率达到 80％。投资 1180 万元,新建公厕 59 个,改建公厕59 个。

3.积极实施美化静化工程。投资 3000 万元,实施老街区、城郊结合部等重点区块的整体美化改造和 104 国道、沈海高速鳌江段等道路两侧整治,完成改造面积 6.7 万平方米。加强城市噪声、汽车尾气排放等的监测管控。完成 10 家"退二进三"企业的搬迁,盘活城市建设用地 100 亩,打造安静优美的人居环境。

4.着力强化防灾减灾体系建设。结合开展平安创建活动,完善防灾减灾预案,增强突发事件应急管理能力。投资9584万元,按照城市防洪20年一遇的标准,推进塘川、西塘、墨城小流域治理,建造防洪堤5300米等,切实增强城市防洪、排涝能力。进一步加大投入,强化易灾地区的综合整治,消除3个灾害隐患点。建设完善消防机构,提升消防能力。

(七)推动城乡统筹,建设美丽乡村

顺应城乡一体化发展趋势,着力村庄布局调整和环境整治,加强社会主义新农村建设。三年完成重点项目投资8240万元,推动形成农业产业化、农村都市化、公共服务均等化的城乡一体化发展格局。

1.稳步推进村庄布局调整。做大做强中心村,实施差别化农村用地管制和政府补助,增强村庄布局调整动力。投资200万元,修编完善中心村村庄建设规划。选择2~3个行政村作为撤并试点,以点带面,逐步推广,中心村规模达到5000人以上。加快塘下和东河两个村整村村改。

2.大力发展规模化高效生态农业。进一步完善土地流转激励政策和流转平台,土地流转率提高40个百分点,达到60%。投资1000万元,建设面积500亩的现代农业示范园,发展休闲观光农业;投资600万元,建设面积5000亩的高产品牌茶叶基地和面积1000亩的塘川橄榄基地,培育强化橄榄、特早茶等区域特色农产品品牌,积极提高特色农产品市场影响力。

3.加快改善农村基础设施和环境。投资4300万元,实现安全饮用水、垃圾集中处理、生产生活污水治理、卫生改厕全覆盖。投资1000万元,改善农村交通网络,标准化公路通村率达100%,公交通村率达75%。投资500万元,推进农业面源污染治理,推行生猪养殖"零排放"模式,完成20户养殖治污任务。

4.深入推进基本教育卫生服务均等化。投资900万元,建设30个规范化的村卫生室,农民健康档案建档率达到70%,农村新农合参保率稳定在95%以上。完善村幼儿园布局,加大政府扶持力度,改善村幼儿园办学条件,村学前教育入学率达到100%。

(八)构建服务平台,优化城市管理

按照现代城市管理要求,推进乡镇管理向城市管理、城市服务转变。2011年,完成投资近2760万元,构建职能明确、编制到位、设施完备、服务高效的"五大"中心,搭建和完善城市管理服务平台。

1.组建行政审批服务中心。按照赋予县级经济社会管理权限的要求,投资760万元,新建集27个职能部门、117项审批事项、授权到位,既能受理又能办理的行政审批服务中心,落实工作人员50名,其中各职能部门派驻中心人员45名。落实行政审批"四减少"改革,提高审批服务效率。行政审批中心与便民服务中心两块牌子、一套班子合署办公,负责相当于县级职权范围的审批服务、证照办理、信息咨询、非涉密文件查询等事项。

2.建立城市综合执法中心。按照职能明确、人员落实、设施配套的要求,投资200万元,组建拥有36项执法职能、20名具有执法资格的人员组成、软硬件设施配套的城市综合执法中心,统一行使市容市貌、园林绿化、"青山白化"治理等方面监督执法和事务管理职能,推进城市管理执法法制化、人性化。

3.完善就业保障服务中心。按照管理、政策、服务、培训、维权、保障等"六到位"的要求,投资100万元,搭建由15名人员组成、能办理19项事项的集信息发布、技能培训、劳资纠纷调处、保险业务办理于一体的便捷高效的就业保障服务中心。三年介绍就业人员数达到10000人左右。

4.整合土地储备中心(公共资源交易中心)。按照规范公共资源流转、完善价格形成机制、促进集约利用的要求,投资500万元,整合提升镇公共资源交易中心,建立由3名人员组成,集土地储备交易、招投标等功能为一体的土地储备中心(公共资源交易中心),负责土地收储、开发整理、交易融资以及100万元以内建设项目工程招投标、政府采购、国有资产产权交易、农村集体资产经营权转让等职能。

5.建立应急维稳中心。按照功能完善、反应快速、分工明确、处理高效的要求,投资1200万元,购置相关设备,配置20名工作人员,建立集防灾救灾、安全生产、消防治安、重大疫情和其他突发事件处理职能于一体的设施完备,功能齐全的城市应急维稳中心。

(九)率先改革创新,增强城市活力

三年内重点在七大改革上争取实质性突破,其中2011年重点完成一级财政体制改革、强镇扩权改革、户籍制度改革和学前教育体制改革,加快形成有利于鳌江小城市培育发展的体制机制。

1.稳步实施行政区划体制改革。按照鳌龙组合打造鳌江流域中心城市的要求,加快启动实施乡镇撤扩并工作,进一步优化资源配置。着力东拓,留足发展空间,增强鳌江小城市的集聚辐射能力。2011年,完成行政区划面积方案研究编制和论证工作。

2.加快建立一级财政体制。加快建立"划分税种、核定基数、三年一轮、政策倾斜、设有金库"的小城市一级财政体制,提高鳌江镇财政收入分成比例,鳌江镇土地出让金县留部分全额返回给鳌江镇政府,以2010年为基期,年新增税收地方留成增加部分30％返回给鳌江镇政府。加强收支两条线管理,完善金库运作制度,发挥镇级金库职能作用。

3. 全面推进强镇扩权改革。坚持"精简、统一、高效、便民"原则,赋予鳌江与县级政府基本相同的经济社会管理权限。4项非行政许可事项直接交办鳌江行使,35项行政许可事项委托鳌江行使,11项执法类事项交由鳌江城市管理综合执法大队行使,垂直管理部门和派驻机构审批管理事项全部纳入行政审批服务中心,建立权责明确、责任落实、运作顺畅、便民高效的小城市管理体制和运作机制。

4. 着力深化户籍制度改革。坚持依法自愿、以人为本,建立按居住地登记、有利于人口向建成区集聚的户籍管理制度。进城落户的本地农民,享受城镇居民同等的就业、养老、医疗、教育、住房等福利待遇,土地承包经营权、宅基地使用权、林权和集体资产权益等原有权益可保留、可流转交易,保留享受农村居民计划生育政策。实施外来务工人员积分落户制度,构建技工以上高素质人口落户"绿色通道",确保新居民同等享有城镇居民基本公共服务权益。

5. 统筹深化办学体制改革。加强县、镇联动,总结民办学校发展经验,争创民办教育改革试点。突出抓好"政府编规划搞建设、教育部门管准入抓管理、社会力量公开竞争办学"的公办民营学前教育体制改革,继续完善具有鳌江特色、成效突出的公扶民建民营的民办教育发展机制,改善民办学校办学条件,创新学校管理制度和教学模式,推进职高校企合作,完善形成公办与民办并举、互相促进的多元办学模式。

6. 积极探索投融资体制改革。强化金融机构对鳌江小城市建设的支持力度,力争每年授信额度55亿元以上;支持村镇银行、小额贷款公司等新型农村金融机构及担保公司健康发展,鼓励开展小企业联保贷款、农村"两权一房"抵押等融资业务。鼓励和引导民间资本参与鳌江小城市各项市政设施建设项目等。建立平阳县国有资产投资经营公司鳌江子公司,为镇政府重大项目提供融资平台,更好地推进鳌江市政基础设施和公共服务设施建设投融资。

7. 加快推进行政管理和社会管理体制改革。探索建立以大部门体制为方向的小城市行政管理体制。进一步完善"四办七局一大队"和"十中心"的行政事业机构设置,构建民主决策、依法执行、全方位监督的体制机制。优化机构设置和人员编制配备,推进涉农机构和经济管理机构整合,强化社会事务管理机构。到2013年,鳌江机关人员编制数控制在350人左右,其中,新增20名人员编制,年行政费用支出控制在4000万元以内。

建立功能化、数字化的城市管理体制。组建鳌江镇数字城管监督指挥中心,监控范围覆盖 15 个村(社区)12 平方公里区域;建立城市管理事件数据库,共享公安视频探头,实现主要路段可视化管理,基本建成比较完善的数字城管系统。

建立专业化、社区化的社会管理体制。加强城乡社区建设,有序推进城郊村和"城中村"由农村管理转为城镇社区管理。指导完善村庄治理,规范村民选举、用地等行为,提高村民自治水平。做好重大事项社会稳定风险评估,畅通群众利益诉求表达渠道,化解社会矛盾在基层。积极发展公益性社会组织,争取公益性社会组织数达 25 个,增强基层自治能力。

四、保障措施

鳌江小城市培育试点三年行动计划,是鳌江实现由"镇"向"市"的跨越,打造浙南新都市的行动指南。紧紧抓住"十二五"规划实施的有利时机,凝聚各方智慧,采取有力举措,争取早起步、早见效。

(一)加强组织领导

建立平阳县政府主要领导任组长的小城市培育试点协调小组。县政府常务副县长任常务副组长,鳌江镇长任副组长,县发改、经贸、人事、公安、综治、财政、规划建设、国土、交通、水务、供电、文化等部门负责人为成员,办公室设在县发改局。定期召开小城市培育试点协调小组会议,及时研究解决小城市培育中的各种矛盾和问题,确保行动计划有效实施。鳌江镇建立小城市培育试点领导小组,由镇长任组长,具体负责行动计划的组织实施,抓好项目任务推进,执行小城市培育各项工作。建立分工明确、责任落实、任务到人、有责可查的责任机制,建立年初下任务、年中查进度、年末抓兑现,奖罚分明的考核机制,确保各项任务件件有着落,件件得落实。

(二)强化要素保障

建立专项扶持资金和加大税费扶持,自 2011 年起,平阳县政府建立专项扶持资金,暂定 3 年,每年 1.2 亿元。加大对鳌江镇的用地支持力度,鳌江镇建设用地计划单列,确保列入行动计划的各项建设项目用地指标落实到位。鳌江镇范围内城乡建设用地增减挂钩指标以及滩涂围垦、土地整理等指标全部用于鳌江镇,满足行动计划建设用地需求。积极引导民间资金投入鳌江城市建设,确保行动计划资金投入到位。加强智力支持,争取上级部门和大专院校师生到鳌江任职、挂职和交流;实施一轮政府工作人员城市建设管理培训,提升城市管理服务水平。

（三）加大政策扶持

站在建设温州都市圈、对接海西经济区的高度,加大对鳌江小城市建设的政策扶持。用足用好省级各项扶持政策,争取温州市配套政策支持,认真落实政策倾斜的一级财政体制和各类税费优惠、返还政策等。着力昆鳌一体化,鳌江流域重大公益事业项目优先布局在鳌江,建立重大公益事业项目县、镇两级投入分担机制,强化鳌江在公共服务方面的县域中心功能。加强产业转型升级政策扶持,支持平阳经济开发区"退二进三",扶持鳌江工业功能区高标准开发建设,加强人口和产业集聚,实现工业化和城市化互动发展。

（四）凝聚发展合力

调动一切积极力量,共谋鳌江小城市发展大局。充分利用各级各类新闻媒体、互联网等宣传平台,加强鳌江省级小城市试点宣传,引导社会各界参与鳌江小城市发展。积极争取省级以及温州市政府各部门的指导支持,努力提高平阳县以及鳌江全镇干部群众共建共享现代小城市的主动性、积极性和创造性,切实把思想和行动统一到《鳌江小城市试点三年行动计划》上来,形成强劲发展合力。定期报告小城市建设进展,全面接受人大、政协以及上级部门督查考核,接受社会监督,争取鳌江小城市培育工作走在全省前列。

附录八　小城市培育政策跟踪研究调查问卷

尊敬的女士/先生:

您好! 首先,非常感谢您在百忙中抽出宝贵时间回答我们的问题。本次调查是想了解温州小城市培育对策研究,进而为相关部门制定政策提供参考。本次调查是以匿名的形式进行,您的宝贵意见和看法,对本次调查结果具有重要影响,请您按实际情况及个人意愿填写。感谢您的大力支持! 谢谢!

作答形式:请在相应的选项上打"√",或在横线上填写。

第一部分:基本信息

性别:	□男		□女		
年龄:	□≤20	□21～35	□36～55	□≥56	
所在部门:	□政府部分	□企业	□事业单位	□村两委	□其他
职务岗位:	□镇领导	□科员	□本镇常住居民	□外来人口	

第二部分:调研问卷

(请在您的真实感觉选项下填上序号或填写您的其他意见。)

1. 您对目前在本镇的生活感觉如何?(　　)

　　A. 很幸福　　　B. 比较幸福　　　C. 一般　　　D. 不太幸福

2. 您是否知道浙江省人民政府把本镇列入小城市培育试点?(　　)

　　A. 是　　　　　B. 否

3. 您了解中心镇培育为小城市的相关政策吗?(　　)

　　A. 很熟悉　　　B. 较为熟悉　　　C. 一般　　　D. 不熟悉

　　E. 很不熟悉

4. 对于将您所在的中心镇培育成小城市这一政策,您持何种态度?(　　)

　　A. 很支持　　　B. 较为支持　　　C. 无所谓　　　D. 不支持

　　E. 很不支持

5. 您觉得中心镇建设中哪些政策落实得较好?(　　)

　　A. 财政　　B. 规费　　C. 用地　　D. 投入　　E. 项目审批权限

　　F. 委托执法　　G. 人事管理　　H. 户籍　　I. 社保　　J. 就业

6. 您觉得中心镇政府目前最应该首先做好的三件事情有以下哪些?(　　)

　　A. 义务教育　　　B. 合作医疗　　　C. 公共卫生　　　D. 农田水利

　　E. 科技与信息服务　　　F. 招商引资　　　G. 镇容镇貌

　　H. 道路交通　　　I. 城市文化建设　　　J. 其他

7. 您觉得影响中心镇培育成小城市政策执行效果的主要因素有哪些?(　　)

　　A. 市政府支持不力　　　B. 镇政府人力财力有限

　　C. 上级配套资金不足　　　D. 基层事务复杂

　　E. 对政策认识不到位　　　F. 缺乏相关专业培训

　　G. 其他因素

8. 您觉得目前中心镇建设面临的最主要问题是什么(3项以内)?(　　)

　　A. 电力紧张　　　B. 用地紧张　　　C. 与市区利益冲突

　　D. 项目审批受限　　　E. 建设资金不足

9. 您认为关于工商、税务、国土等市直部门派出机构应如何管理?(　　)

A. 全面下放归镇管理　　B. 市直部门管理派出机构

C. 镇管理为主、市直部门管理为辅　　D. 其他

10. 您认为中心镇政府权力应该强化,还是弱化?(　　)

　　A. 强化　　　B. 弱化　　　C. 撤销

　　如果选强化,您觉得目前中心镇政府最应该强化的权力是:(　　)

　　A. 项目审批　　B. 土地审批　　C. 财政权限　　D. 人事

　　E. 司法　　F. 公安　　G. 其他

11. 您对本镇行政管理与服务机关的效率满意吗?(　　)

　　A. 满意　　B. 基本满意　　C. 有点不满意　　D. 不满意

12. 您知道或了解本镇新建的文化设施(比如图书馆)和日渐发展的文化产业吗?(　　)

　　A. 知道,对这些比较了解　　B. 有所耳闻,但不太关心

　　C. 不知道,没有关注

13. 您认为最能体现本镇文化特色的是?(　　)

　　A. 鼓词、戏曲　　B. 瓯绣　　C. 采摘杨梅、早茶等土特产

　　D. 拦街福　　E. 木雕、米塑　　F. 其他

14. 大力发展文化产业,结合您所在中心镇的实际情况,下列哪些方面最有潜力?(　　)

　　A. 文化旅游业　　B. 民间文艺　　C. 影视娱乐　　D. 新闻出版

　　E. 琴行、书画市场　　F. 广告传媒　　G. 音像书刊业

　　H. 文物(非遗)品牌　　I. 文化科研创作　　J. 工艺美术业

　　K. 其他

15. 您认为您所在中心镇文化产业现状的相对不足有哪些?(　　)

　　A. 影剧院太少　　B. 文化产业用地不足,功能不稳定

　　C. 缺乏有效的引导　　D. 科技含量不高

　　E. 没有形成完善的体系而加强管理　　F. 其他

16. 您认为目前您所在中心镇文化事业发展中较为薄弱的方面是:(　　)

　　A. 图书馆、博物馆等文化场馆建设

　　B. 广电网、互联网等公共文化传播媒介建设

　　C. 文化广场、社区文化服务网点等文化类便民服务设施建设

　　D. 文化节、艺术节等公共文化活动打造

　　E. 旅游发展与民俗文化资源相结合,融入更多人文内涵

17. 您对自己未来的居住地有什么打算?(　　)

A. 镇区　　　B. 县城　　　C. 市区　　　D. 其他地区

18. 您觉得本镇未来的发展定位应该是:(　　)

A. 专业化小城镇　　　B. 综合化小城镇

19. 您对本镇向小城市转变的前景感到:(　　)

A. 信心十足　　　B. 较有信心　　　C. 少有信心　　　D. 没有信心

20. 您对于将本镇培育成小城市有哪些意见和建议?

①城市建设与管理:＿＿＿＿＿＿＿＿＿＿＿＿＿＿＿＿

②产业发展:＿＿＿＿＿＿＿＿＿＿＿＿＿＿＿＿＿＿

③城市文化培育:＿＿＿＿＿＿＿＿＿＿＿＿＿＿＿＿

④政府公共服务改善:＿＿＿＿＿＿＿＿＿＿＿＿＿＿

再次感谢您的合作! 祝你生活愉快!

访问员＿＿＿＿＿＿

时　间＿＿＿＿＿＿

地　点＿＿＿＿＿＿

附录九　外来人口市民化现状调查

尊敬的女士/先生:

您好! 首先,对您在百忙中抽出宝贵的时间回答我们的问题谨致诚挚的敬意! 我们是温州市进城新居民(外来人口)现状调查服务队。现在,我们期望通过您的协助,为改善外来人口市民化问题增添一分力量! 本次调查采用匿名形式,仅作研究之用,不会泄露您的信息,希望您能抽出宝贵时间来完成我们的问卷。谢谢!

A. 个人基本信息

1. 您的性别:①男　　②女

2. 年龄:＿＿＿(周岁)

3. 户口类型:①农业　　②非农业

4. 户口性质:①本市　　②省内其他城市　　③外省

5. 您的户籍具体所在地:＿＿＿＿省＿＿＿＿市＿＿＿＿县(市、区)＿＿＿＿乡/镇

6. 婚姻状况:①未婚　②已婚　③离异　④丧偶

7. 您的文化程度:①不识字或初识　②小学　③初中　④高中　⑤中

专　　⑥大专　　⑦本科以上

8.有没有获得任何职业资格证书:①有　　②无

9.目前技能等级情况:①没有等级　　②初级技工　　③中级技工　　④高级技工　　⑤技师　　⑥高级技师

10.到2012年底为止,在城市累计生活了____年

B.工作信息(如果失业,根据失业前情况回答;如果自主创业,请注明)

1.在城镇参加工作或打工累计:____年

2.进城打工之前在家从事过多少年农业生产?____年(未从事过的填0)

3.进城的决策由谁做出?　①自己主动要求　　②配偶要求　　③父母要求　　④夫妻商量后决定　　⑤其他

4.在目前企业的就业时间有:____年

5.是否参加过职业培训班:①没有　　②参加过1次　　③参加过2次④参加过3次　　⑤参加过4次　　⑥参加过4次以上

6.接受的培训方式是:①常规上课　　②学徒　　③电视或网络

7.到目前为止参加多少次职业培训?____次,加起来总共培训时间为____个月。

8.最近的一次培训由谁承担费用:①政府　　②单位　　③自费　　④自己出一部分,其余由单位和政府出。

9.您觉得培训以后对您的工作有帮助吗:　①没帮助　　②有一点帮助③有很大的帮助　　④不知道

10.你期望的培训周期是多长:　①1个月以下　　②1～3个月③3～6个月　　④6个月以上

11.是否愿意自己花钱接受技能培训:①是　　②否

12.如果自己花钱培训,你愿意接受哪一类的培训:　①家政、餐饮、文秘等比较容易学、要求并不特别高的技能培训　　②建筑、运输、美容美发、服装、焊工、钳工等市场需求比较大,容易找到工作的技能培训　　③数控机床操作、营销、财会、通信、计算机等预期赚钱多的技能培训

13.您会选择哪一类培训机构:①政府组建的培训机构　　②用人单位提供的培训　　③专业学校提供的培训　　④社会团体提供的培训　　⑤其他

14.2012年就业情况:①没有干活　　②只干农活　　③只从事非农业工作④既干农活又从事非农业工作　　⑤上学

15.目前是否有工作:①有工作,没有继续寻找更好的工作　　②有工作,并在寻找更好的工作　　③没有工作,正在找　　④没有工作,也没在找　　⑤自主创业

16. 您目前所从事工作的行业:①建筑业　②纺织、服装业　③电子、机械制造业　④饮食行业　⑤商业　⑥服务业　⑦交通运输业　⑧环境卫生　⑨其他

17. 企业规模:①30人以下　②100～299人　③300～999人　④1000～2000人　⑤3000人以上

18. 职业性质:①企事业单位的固定职工(包括国家干部、公务员)　②长期合同工　③临时工或短期合同工　④从事私营或个体经营人员　⑤其他

19. 职业种类:①私营企业主(经理)或个体户主　②各类专业技术人员　③企事业单位负责人　④一般办事人员　⑤工业工人　⑥商业工人　⑦服务业工人　⑧建筑业工人　⑨家庭服务员　⑩其他

20. 您是如何获得这份工作的:①政府安排　②顶替　③公开考试　④就业部门介绍　⑤报纸招聘　⑥朋友或老乡介绍　⑦亲戚介绍　⑧自干个体、私营　⑨自己寻找

21. 平均每个月工作____天

22. 每天工作____小时

23. 您自己月平均收入为____元

24. 您最初打工时的月平均收入为____元

25. 您的收入和相同岗位的本市人员有没有差别:①没有　②有　③不知道

26. 您平时的加班频率:①从不加班　②偶尔加班　③经常加班

27. 是否自愿加班:①是　②有时是,有时不是　③不是　④说不清

28. 自愿加班的原因:①增加收入　②获得升迁机会　③为企业分忧　④没其他事可干

29. 非自愿加班的原因:①企业规定　②大家加班,我也加班　③不加班罚款

30. 加班工资怎么发?①不发　②按平时标准　③高于平时,但未按国家标准　④按国家标准发

31. 您是否愿意参加务工城市的社会保险:　①是　②否

32. 目前企业雇主或单位为您缴纳的社会保险有(可多选):①城镇职工养老保险　②城镇职工基本医疗保险　③工伤保险　④失业保险　⑤生育保险　⑥未参加任何保险

33. 您目前在老家已参加了哪些社会保险(可多选):①新型农村合作医疗保险　②农村养老保险　③未参加任何社会保险。

34. 工作单位是否给您提供住房：①提供宿舍　②提供住房补贴③没有

35. 您是否考虑过离开现在的单位到一个更好的单位：①是　②否

36. 如考虑过，请回答您的主要理由是为了（可多选）：①更高的收入②更稳定的工作　③更好的工作条件　④更好的福利社会保障　⑤住房⑥想自谋职业　⑦其他（请注明）

37. 如考虑过，您还没有换工作的主要原因是什么（可多选）：①找不到好的单位　②合同期未满　③住房安排有困难　④社会保障方面有问难⑤技术、资金不够　⑥现有单位领导不同意　⑦没有熟人关系　⑧其他

38. 您认为在本市找工作最大困难是：①户口　②学历　③技术　④缺乏招工信息　⑤其他

39. 近三年一共换过几次工作？①没有换过　②1次　③2次　④3次⑤4次或更多

40. 找工作时是否受到过歧视或不平等待遇：①是　②否

41. 您找一次工作需要花多少天时间：＿＿＿天

42. 您所能接受的最低月工资为多少：＿＿＿元

43. 你觉得工会有没有用：①能很好地维护工人的权益　②只维护城市工人的权益，不能维护农民工权益　③很少发挥作用　④纯粹是形式，不发挥任何作用

C. 家庭信息

1. 您是不是户主：①是　②否

2. 您家的大事情谁说的算：①自己　②配偶　③父母　④其他

3. 您家的总人口数：＿＿＿人，其中，在本市的常住人口数：＿＿＿人，在农村老家的常住人口数：＿＿＿人，从事非农工作的有＿＿＿人，从事农业的有＿＿＿人。

4. 您每周平均做家务多少个小时：＿＿＿小时

5. 2012年全家在城镇就业和家庭经营中获得总收入为＿＿＿元。

6. 2012年汇回农村老家多少钱：＿＿＿元

7. 您汇款回老家的主要目的是（可按重要性高低选三项）：①赡养老人②子女扶养和教育　③积钱造房　④将来创业　⑤存钱养老　⑥结婚费用　⑦还债　⑧储蓄　⑨补贴日常家用　⑩其他

8. 您有＿＿＿个孩子，其中有＿＿＿个儿子，＿＿＿个女儿，还在上学的有＿＿＿个。

9. 您的子女就教育情况是：①本地公办学校接受教育　②在务工地民

办学校接受教育　③在老家的学校接受教育　④失学

10.您的子女成绩在班上的排名情况:①班上倒数　②中等偏下　③中等水平　④中等偏上　⑤排名靠前

11.您认为目前对于进城农民工子女就学存在不平等现象吗:①是②否

12.您对子女受教育程度的期望:①初中　②高中　③中专　④大专⑤大学本科　⑥研究生及以上　⑦无所谓

13.您配偶的情况是:①在同一城市打工　②在同一城市,但没有工作③在同一个单位工作　④在其他城市打工　⑤在老家

14.您子女随迁情况是:①在自己务工城市　②在配偶务工城市　③在老家

15.您觉得你们现在夫妇感情怎么样:①很不稳定　②不太稳定　③一般　④比较稳定　⑤非常稳定(如果离异或未婚跳过此题)

16.进城打工前后你们的夫妻感情是否有变化?①进城打工后变得疏远　②没有什么变化　③进城打工后变得更加亲密

17.您对您的婚姻生活是否满意:①很不满意　②不太满意　③一般④比较满意　⑤非常满意。

18.您觉得跟您的孩子感情如何:①很疏远　②有点疏远　③一般④比较亲密　⑤非常亲密(如果没有子女跳过此题)

19.您家里是否有 60 岁以上的老年人:　①有　②没有

20.老人现在主要居住在哪里:①老家乡村　②老家城镇　③和您在一起　④其他地方

21.在外打工是否和老人通过电话联系:　①从不联系　②偶尔联系③经常联系

22.老人主要由谁照顾:　①兄弟姐妹　②亲戚朋友　③邻居　④自己⑤没人照顾,独自生活　⑥其他

23.最近一年中您回过____次老家。

24.您平均一年在老家待多少天:____天。

D.支出情况

1.您和家庭目前在务工地平均每月的生活消费支出是____元。

2.其中,每个月的食品支出(包括烟酒类支出)____元。

3.每个月日常生活支出(包括洗漱用品/化妆品等用品及洗澡/美容/理发等服务)____元。

4.每个月医疗支出____元。

5.每个月居住支出(包括房租,物业费,水电费等)____元。

6.每个月交通支出(包括在务工地乘坐交通工具的费用/汽油费等,不包括长途交通费用)____元。

7.每个月社会保险个人缴费支出____元。

8.每个月应酬支出(包括请客和送礼)____元。

E.居住与生活情况

1.您目前在务工地的居住形式是:①自购商品房　②自购经济适用房或两限房　③政府提供的廉租房　④自己租的房屋　⑤单位提供的集体宿舍(包括建筑工棚)　⑥其他

2.在城市的住房面积是____平方米;每个月的租金是____元(如果没有填0),实际居住人数是____人;离上班地点有____公里。

3.您对目前务工地的居住情况满意程度是:①很不满意　②不满意③一般　④比较满意　⑤非常满意

4.您对邻里关系的满意程度是:①很不满意　②不满意　③一般④比较满意　⑤非常满意

5.您和本地人有交往吗:①基本没有　②不太经常　③一般　④比较经常　⑤经常

6.有没有被本地居民歧视的情况出现:①几乎没有　②偶尔有　③经常有

7.您认为大部分本市人对外地人:①友好　②不太友好　③排斥④说不清

8.你的本地方言程度如何:①会说　②能听懂,但不会说　③听懂一点点　④听不懂

9.您平时有时间参加业余文化生活吗:①有　②没有

10.您是否使用手机：①是　②否

11.您是否经常上网：①几乎不上　②偶尔上　③经常上

12.您一般通过何种方式获取您想了解或是感兴趣的信息:①报纸②电视　③网络　④广播　⑤传单　⑥与他人交流

13.您业余文化生活主要包括(可选三项):①看电视　②学习培训③聊天打发时光　④工友一起打牌　⑤逛大街　⑥看报纸杂志　⑦上网⑧在家里或宿舍休息　⑨看电影　⑩其他

14.您对您的业余生活状况的满意程度是:①很不满意　②不满意③一般　④比较满意　⑤非常满意

15.平时是否经常请客或送礼:①基本没有　②偶尔有　③经常有

F.老家情况

1.您老家农村是否山区： ①是 ②否

2.您老家现有承包地____亩(如果没有请填0)。

3.您老家现有宅基地____亩(如果没有请填0)。

4.你老家的承包地目前是:①自种 ②委托亲友代种 ③转租给别人 ④抛荒 ⑤其他。

5.如果您进城定居,希望如何处置宅基地或房产? ①保留承包地,自家耕种 ②保留承包地,有偿流转 ③入股分红 ④给城镇户口,无偿放弃 ⑤给城镇户口,有偿放弃 ⑥其他

6.你们家全年农业纯收入总额有____元。

G.意愿调查

1.您对现在居住的城市总体上满意吗:①很不满意 ②不太满意 ③无所谓 ④基本满意 ⑤很满意

2.你在现在居住的城市感到归属感吗:①感觉不是自己的地方 ②没什么感觉,只是过来挣钱 ③是的,感觉很好

3.您对自己的身份定位是:①城里人 ②不是城里人 ③半个城里人

4.你对下面哪些方面对不满意(可按重要性高低选三项):①社会保险 ②居住状况 ③收入水平 ④医疗条件⑤工作环境 ⑥子女教育 ⑦职业技能培训 ⑧城市歧视 ⑨权益保障 ⑩其他

5.你是否希望获得城镇户口:①不想 ②无所谓 ③想

6.你是否希望您的子女获得城镇户口:①不想 ②无所谓 ③想

7.城镇户口最吸引你的是什么内容(可按重要性高低选三项):①社会保险水平高 ②有低保、下岗扶持等措施 ③就业稳定 ④城市生活条件好 ⑤能购买政府保障性住房或政府提供的廉租房 ⑥子女教育条件高 ⑦子女高考容易 ⑧城市比农村福利水平高 ⑨身份平等 ⑩其他

8.假如不提供城镇户口,你愿意留在城里吗:①愿意,无论如何都要留在城里 ②不愿意,干些年再回去 ③无所谓,可以两边跑 ④我相信这种情况会改变的。

9.如果能够选择,你希望定居在什么地方:①直辖市 ②省会或副省级城市 ③地级市 ④县级市 ⑤县城或小城镇 ⑥只要是城里,哪里都行 ⑦在哪里打工就待在哪里 ⑧农村

10.您目前最希望政府做的事是什么(可按重要性高低选三项):①改善社会保险 ②提供保障性住房或廉租房 ③提高最低工资水平 ④改善医疗条件 ⑤改善工作和生活环境 ⑥改善子女教育条件 ⑦提高职业技能

⑧加强权益保障　⑨其他

H.社会参与

1.如果您是党员或团员,您在打工企业或者所在居住社区是否经常参加党团组织活动:①从不参加　②偶尔参加　③经常参加

2.到城里后,您是否回老家参加过村委会选举:①是　②否。

3.您所在的企业或单位有工会组织吗：①有　②没有

4.您有没有加入工会：①有　②没有

5.您怎样看待现有的工会组织:①能代表农民工的利益　②不能代表农民工的利益　③没有什么实际用处　④能发挥重要作用　⑤不了解⑥其他

6.您想不想加入属于农民工自己的社会组织：①想　②不想　③无所谓

7.您是否经常参社会活动(例如社区活动、慈善公益活动等)：①是②否

8.您认为农民工是否应该参加所在居住社区的选举活动：①应该②不应该　③无所谓

9.当您的权益受到所在企业侵犯时,您会采取什么办法解决:①打官司②上访　③找报纸电视媒体曝光　④找亲友同乡帮助　⑤联合其他农民工一起反映　⑥默默忍受　⑦罢工　⑧其他

10.您期望用什么途径来维护自己的合法权益:①政府用制度来维护自己的利益　②参与城市的社会管理　③一切用法律来解决问题　④由人大代表或政协委员代为解决　⑤通过工会组织代为解决　⑥其他

I.环境评价与认识

1.您是否赞同一份工作的发展前途比这份工作的暂时收入更重要：①是　②否

2.您觉得每年去医院做全面体检是否有必要：①是　②否

3.您是否赞成学习一项新的技术,从事新的更好的工作：①是　②否

4.您是否赞同超前消费,例如贷款买房、信用透支等：①是　②否

5.一般来说,大多数人是不值得信任的:①完全不同意　②不太同意③同意　④非常同意

6.如果您回到农村,你还能适应农村的生活吗：①完全不能适应②有点不适应　③能适应,但不习惯　④很能适应

7.您将来有何打算:①在城市里定居　②赚到钱再回家　③能够再受教育　④能够自己独立创业　⑤其他

8.有没有想过以后回农村从事农业生产: ①从没想过,也不可能回去种田 ②有想过,视情况而定 ③很有可能回去种田

9.总体而言,您对现在的生活是否满意:①很不满意 ②不满意 ③一般 ④比较满意 ⑤非常满意

10.您当初进城主要是为了(可选多项,并按重要性排序):
①让子女受到更好的教育 ②自己的有更大的发展,实现我的理想 ③我的爱人已在城市工作或常年在那儿打工,所以我也要过去 ④城市的生活质量很高,很吸引我(基础设施、娱乐设施等) ⑤城市有更多的就业空间和机会,可以找到更好的工作 ⑥让父母过上城市里的好生活,让他们享点福 ⑦有许多亲戚、老乡、朋友等都来了,所以我也来了 ⑧在这儿工作能够挣到更多的钱,可以过上城里人的好生活
按重要性排序(序号)_____

11.您认为您已经达到了进城目的吗:①完全达到了 ②基本达到 ③部分达到 ④完全没有达到 ⑤说不清楚

12.请就外来人口市民化提出对政府的意见和建议:

_____

_____

　　　　调查员(签名)_____ 调查地点_____ 调查时间_____

附录十 "美丽小城市"建设调查问卷

尊敬的女士/先生:

您好!

"美丽小城市"建设是温州市全面提升城镇环境质量和面貌、加快形成城乡一体化发展新格局的有效手段。为了更全面深入地了解目前温州市"美丽小城市"建设的现状和存在的问题,为温州市政府相关部门建设温州市"美丽小城市"提供相应的对策建议,本课题组开展了此次调查。希望您能在百忙之中抽空参加此次调查,为您和您的家人拥有更加美丽的生活环境献计献策。本次调查仅供课题研究之用,不会用于其他商业用途,请您放心作答。感谢您对本次调查的大力支持和配合,谢谢!

　　　　　　　　　　　　　　　　　　——"美丽小城市"建设调查组

填表说明:

1.请在您所选择的答案前的"□"内打"√";

2.请在您所选择的"其他_____"的"_____"上填写相应内容;

3.若没有注明"可多选"的题目均为单选题,请不要多选;

4.为保持问卷的完整性和有效性,所有问题都需回答完毕,谢谢。

一、您的个人资料

P1.您的性别:□男　□女

P2.您的职业:□学生　□教师　□自由职业者　□个体工商户　□企业职员　□事业单位员工　□公务员　□其他_____

P3.您的收入(月薪):□2000元以下　□2000～3000元　□3000～4000元　□4000～5000元　□5000～6000元　□6000元以上

P4.您的受教育程度:□初中及以下　□高中　□大专　□本科　□硕士　□博士

P5.您的居住地:□农村　□乡镇　□市区　□其他_____

P6.您的年龄:□20岁以下　□20～30岁　□30～40岁　□40～50岁　□50岁以上

二、调查问卷主体

(一)温州市"美丽小城市"建设总体现状调查

A1.您知道温州市目前在规划进行"美丽小城市"建设吗?

□知道　□不知道

A2.您对温州市"美丽小城市"建设情况了解程度如何?

□很了解　□较了解　□一般　□较不了解　□很不了解

A3.您对温州市"美丽小城市"建设总体评价如何?

□很好　□较好　□一般　□较差　□很差

A4.您对温州市"美丽小城市"建设总体满意度如何?

□很满意　□较满意　□满意　□较不满意　□很不满意

A5.您认为温州市实行"美丽小城市"建设对您个人及家庭影响程度如何?

□影响很大,提升生活品质使生活更加美好　□影响一般,对个人生活影响不大　□政府政绩工程而已,劳民伤财　□完全与个人无关,没有影响

A6.您对温州市实行"美丽小城市"建设支持程度如何?

□很支持　□较支持　□一般支持　□较不支持　□很不支持

A7.您对温州市实行"美丽小城市"建设参与意愿如何?

□很愿意参与相关建设　□参与意愿一般,视具体情况而定　□完全不愿意参与

A8.您心目中的"美丽小城市"是什么样子的?(可多选,最多选3项)

□生态环境美 □生活条件美 □规划布局美 □居民素质美 □公共服务美 □社会和谐美 □社会文化美 □其他_____

A9.您认为目前温州市"美丽小城市"建设中存在的主要问题有哪些?(可多选,最多选 3 项)

□生态环境破坏严重,各类污染严重 □居民整体素质较低,低碳环保意识较差 □公共服务部门服务意识较差,配套基础设施不完善 □各乡镇整体规划布局不合理 □社会整体不够和谐,暴力治安问题较突出 □居民生活条件和收入水平较低 □政府部门相关政策和活动宣传不到位 □建设投入资金不足 □其他_____

A10.您认为目前温州进行"美丽小城市"建设最重要的措施应该有哪些?(可多选,限选最重要的 3 项)

□注重生态环境及各类污染的治理 □提升居民整体素质,树立低碳环保理念 □提升公共服务部门服务意识,完善配套基础设施建设 □加强各乡镇整体建设规划布局 □加强举措治理社会暴力和治安问题 □发展经济,提升居民生活条件和收入水平 □政府部门加强相关政策和活动宣传 □加大建设投入资金 □其他_____

(二)温州市"美丽小城市"建设分项调查

(1)生态人居建设情况调查

B1.您所在乡镇(街道)农村人口集聚政策实施情况如何?

□已全面实施,效果良好 □已部分实施,尚未全面铺开 □尚未实施 □不清楚

B2.您所在的乡镇(街道)土地综合整治工作如整治闲置住宅、废弃住宅、私搭乱建住宅实施情况如何?

□已全面实施,效果良好 □已部分实施,尚未全面铺开 □尚未实施 □不清楚

B3.您所在乡镇(街道)是否鼓励建设多层公寓式住宅和联立式住宅?

□有优惠政策措施大力鼓励 □不鼓励 □不清楚

B4.您所在乡镇(街道)在生态环境综合治理方面实施了哪些措施?(可多选)

□家庭危房旧房改造 □建立了防汛防台体系 □饮用水源山塘综合整治 □农村屋顶山塘综合整治 □水库除险加固 □其他_____

B5.您所在乡镇(街道)有哪些基础配套设施?(可多选)

□联网公路 □安全饮用水 □电气化工程 □社区综合服务中心 □体育健身器材 □社区医院 □社区培训中心 □社区文化娱乐中心

□老年活动中心　□养老院或托老服务中心　□其他_____

B6.您所在乡镇(街道)在生态人居建设方面存在的主要问题有哪些?(可多选,最多3项)

□人口过于分散,不够聚集　□土地综合整治工作效果不理想　□生态环境综合治理措施不得力　□基础配套设施不完善　□缺乏整体规划□资金缺乏,投入力度不够　□其他_____

B7.您对所在乡镇(街道)的生态人居建设整体评价如何?

□很好　□较好　□一般　□较差　□很差

B8.您对所在乡镇(街道)的生态人居建设整体满意度如何?

□很满意　□较满意　□一般　□较不满意　□很不满意

(2)生态环境提升情况调查

C1.您所在乡镇(街道)有哪些环保配套设施?(可多选)

□垃圾中转站或处置设施　□生活生产污水处理设施　□卫生改厕设施　□其他_____

C2.您所在乡镇(街道)有推广使用哪些节能节材技术?(可多选)

□农村沼气集中供气　□路灯太阳能供电　□使用太阳能热水器等□使用新型墙体建材和环保装修材料　□新建住宅采用节能、节水新技术和新工艺　□其他_____

C3.您所在乡镇(街道)在环境绿化美化方面采取了哪些措施?(可多选)

□道路河道种乔木林　□房前屋后种果木林　□公园绿地种休憩林□村庄周围种护村林　□没有采取任何措施　□其他_____

C4.您所在乡镇(街道)在环境绿化美化方面投入力度如何?

□很大　□较大　□一般　□较小　□很小

C5.您所在乡镇(街道)垃圾分类实施情况如何?

□垃圾桶有实行垃圾分类,居民也会自觉主动实施垃圾分类

□垃圾桶有实行垃圾分类,但居民尚未自觉主动实施垃圾分类,仍胡乱扔垃圾

□垃圾桶没有实行垃圾分类,居民也没有自觉主动实施垃圾分类

C6.您个人会主动实行垃圾分类吗?

□会严格按照要求实行垃圾分类扔垃圾　□有时候会,有时候不会,比较随意扔垃圾　□知道垃圾分类,但垃圾从不分类,都是一起扔　□不清楚如何实行垃圾分类,随意扔垃圾

C7.您所在乡镇(街道)对生态环境提升整体投入力度如何?

☐很大　☐较大　☐一般　☐较小　☐很小

C8.您所在乡镇(街道)在生态环境提升方面存在的主要问题是什么?(可多选,最多3项)

☐环保配套设施不完善　☐节能、节材技术未得到推广应用　☐环境绿化美化效果不理想　☐垃圾分类实施未真正推行　☐缺乏整体规划　☐资金缺乏,投入力度不够　☐其他_____

C9.您对所在乡镇(街道)的生态环境提升整体评价如何?

☐很好　☐较好　☐一般　☐较差　☐很差

C10.您对所在乡镇(街道)的生态环境提升整体满意度如何?

☐很满意　☐较满意　☐一般　☐较不满意　☐很不满意

(3)生态经济推进情况调查

D1.您所在乡镇(街道)在发展生态农业方面采取了哪些措施?(可多选)

☐建立现代农业园区　☐建设粮食生产功能区　☐推广种养结合新型农作制度　☐推广应用有机肥,降低农药肥料使用率　☐扩大无公害、绿色食品和有机食品生产　☐未采取措施,仍是传统农业生产方式

D2.您所在乡镇(街道)在发展生态旅游业方面采取了哪些措施?(可多选)

☐利用田园风光发展乡村悠闲旅游业　☐发展农家乐休闲旅游业　☐其他_____

D3.您所在乡镇(街道)工业企业发展状况如何?

☐工业企业污染严重,耗能严重,未加管制　☐已对高污染、高耗能企业进行整改和污染治理　☐已对工业产业结构进行调整,大力推行低碳、环保、节能、无污染绿色工业生产　☐不清楚

D4.您所在乡镇(街道)在生态经济推进方面存在的主要问题是什么?(可多选,最多3项)

☐未实行现代农业转型升级　☐未有效发展生态旅游业　☐工业企业生产未进行转型升级　☐缺乏整体规划　☐资金缺乏,投入力度不够　☐其他_____

D5.您对所在乡镇(街道)的生态经济推进整体评价如何?

☐很好　☐较好　☐一般　☐较差　☐很差

D6.您对所在乡镇(街道)的生态经济推进整体满意度如何?

☐很满意　☐较满意　☐一般　☐较不满意　☐很不满意

（4）生态文化培育情况调查

E1. 您所在乡镇（街道）是在培育特色文化乡镇方面采取了哪些措施？（可多选）

□充分发掘和保护古村落、古民居、古建筑、古树名木等　□编制农村特色文化村路保护规定和政策　□充分挖掘传统农耕文化、山水文化、人居文化、民俗文化等　□将历史文化与现代文明有机结合

E2. 您所在乡镇（街道）在开展文明村镇创建活动中宣传力度如何？

□很大　□较大　□一般　□较小　□很小

E3. 您所在乡镇（街道）在转变居民生活方式方面采取了哪些措施？（可多选）

□文明民主评议　□生态低碳消费　□合理理性消费　□生态殡葬不讲排场　□其他_____

E4. 您所在乡镇（街道）在促进社会和谐方面采取了哪些措施？（可多选）

□全面推行村务监督委员会制度　□民主选举法制化　□民主决策程序化　□民主管理规范化　□民主监督制度化　□有效化解居民矛盾纠纷　□合理调节各环节利益关系　□其他_____

E5. 您所在乡镇（街道）在生态文化培育方面存在的最主要问题是什么？（可多选，最多选 3 项）

□特色文化挖掘培育不够　□文明村镇创建活动宣传力度不够　□居民生活方式转变引导不够　□社会矛盾突出和谐不够　□缺乏整体规划　□资金缺乏，投入力度不够　□其他_____

E6. 您对所在乡镇（街道）的生态文化培育整体评价如何？

□很好　□较好　□一般　□较差　□很差

E7. 您对所在乡镇（街道）的生态文化培育整体满意度如何？

□很满意　□较满意　□一般　□较不满意　□很不满意

您对温州市实行市"美丽小城市"建设有什么宝贵的意见和建议？

_____

_____

再次感谢您对本次调查的大力支持和配合，

祝您和您的家人生活愉快，健康幸福！

调查人员：_____　　调查时间：_____　　调查地点：_____

索　引

X

Z

参考文献

[1]蔡雪雄.转换城乡二元经济结构的路径选择和制度创新[J].东南学术,2009(5).

[2]曹邦英.发展都市指向型现代农业——温江和盛镇建设区域性中心镇的思路探索[J].农村经济,2006(4).

[3]陈秉钊.发展小城镇与城市化的战略思考[J].城市规划,2001(2).

[4]陈翠平.城市化与城乡统筹发展[J].时代经贸,2007(67).

[5]陈巧玲,贾方阳.深层生态文化对促进绿色消费行为的启示[J].社会科学家,2013(10).

[6]陈剩勇,张丙宣.强镇扩权:浙江省近年来小城镇政府管理体制改革的实践[J].浙江学刊,2007(6).

[7]陈艳华.生态文化存进浙江更美丽[J].浙江林业,2013(7).

[8]迟福林.人的城镇化[M].北京:中国经济出版社,2013.

[9]调研组.浙江县域生态经济:现状与对策[J].浙江社会科学,2010(7).

[10]丁德章.在建设"美丽中国"背景下大力发展农村小城镇[J].行政管理改革,2013(1).

[11]丁延平.建设生态人居提升住宅品质[J].城市建设理论研究(电子版),2013(33).

[12]费孝通.江村经济[M].上海:上海世纪出版集团,2007.

[13]傅晨.农民工市民化的制度创新——基于广东省的实证研究[M].北京:中国经济出版社,2013.

[14]傅琼.加速农民工市民化的制度创新[J].农村经济,2005(2).

[15]葛晓巍.市场化进程中农民职业分化及市民化研究[D].杭州:浙江大学,2007.

[16]谷建恩,郑保清.农村生态环境治理措施与启示[J].中共石家庄市委党校学报,2014(3).

[17]顾益康.加快中心镇向小城市的大蝶变[N].浙江日报,2010-10-18.

[18]国务院发展研究中心课题组著.中国城镇化:前景、战略与政策[M].北京:中国发展出版社,2010.

[19]和强,韩祥铭.统筹城乡发展强化中心镇建设[J].城乡建设,2009(4).

[20]胡厚国,徐涛松.中心镇培育为小城市的途径与对策[J].小城镇建设,2008(1).

[21]胡厚国,徐涛松.中心镇培育为小城市的途径与对策[J].小城镇建设,2008(1).

[22]胡平.简析城市农民工市民化的障碍及现实途径[J].经济管理论坛,2005(5).

[23]胡世明.工业反哺农业城市支持农村的社会经济分析[J].农村经济,2007,(2).

[24]黄祖辉.重视城市化对新农村建设的引领和两者的互动共进[DB/OL].http://huangzuhuiblog.blog.163.com/.

[25]景普秋,张复明.城乡一体化研究的进展与动态[J].城市规划,2004(7).

[26]黎金钊.中心镇建设中的区域产业聚集分析[J].乡镇经济,2003(12).

[27]李浩然.龙港发展模式:中国农村城镇化道路新探[M].上海:上海社会科学院出版社,1991.

[28]李丽娜.新型城市化与新农村建设互动发展研究[J].农业考古,2010(3).

[29]李苗.县域城镇化问题研究[M].北京:经济科学出版社,2012.

[30]李明全."壳"、"核"并重,建设美丽城镇[J].小城镇建设,2013(33).

[31]李培林.中国学术界30~40年代对乡村工业化道路的探索[J].中国社会学,2008(1).

[32]李珀榕.中国城镇化建设模式研究报告[M].北京:国家行政学院出版社,2012.

[33]李其铁.龙港"农民城"的建设与发展[M].北京:学苑出版社,1994.

[34]李仁彬.以区域中心镇为重点着力推进温州市城乡一体化[J].中共成都市委党校学报,2004(5).

[35]李伟.关于城乡一体化问题研究综述[J].经济研究参考,2010(42).

[36]李玉梅.积极扩大就业促进社会和谐劳动和社会保障部部长田成平答本报记者问[N].学习时报,2006-11-27.

[37]厉以宁主编.中国道路与新城镇化[M].北京:商务印书馆,2012.

[38]林志宝,林绳权等.突出了六个注重全面推进美丽乡村建设[J].温州农

村探索,2014(1).

[39]刘传江.中国农民市民化研究[J].理论月刊,2006(10).

[40]刘春香.基于城乡一体化机制的中心镇规划策略探[J].辽宁工业大学学报(自然科学版),2009(26).

[41]刘家强,唐代盛,蒋华.城乡一体化战略模式实证研究[J].经济学家,2003(6).

[42]刘建华,周宇.浙江遂昌:发展生态经济是一种信仰[J].InsightChina,2014(7).

[43]刘江红.文化发展:新型城镇化的"新指标"[N].光明日报,2014-8-10.

[44]刘卫国.和谐社会安全网统筹构建城乡社会保障制度的几点思考[M].北京:社会科学文献出版社,2005.

[45]刘雪斌.城市化与新农村建设[J].南昌大学学报(人文社会科学版),2006(11).

[46]龙文军.城乡一体化的国内实践和经验[J].调研世界,2006(10).

[47]卢向虎.制度是如何阻碍我国农村人口向城市迁移的?[J].调研世界,2005(6).

[48]鲁长亮,唐兰.城乡一体化建设模式与策略研究[J].安徽农业科学,2010(3).

[49]鲁长亮.五个统筹与城市规划关系研究[J].济南大学学报(社会科学版),2009(19).

[50]马晓晖.以美丽乡村建设为抓手统筹推荐"三农"工作[J].温州农村探索,2013(5).

[51]牟伟英.浅析城乡一体化的现状与对策[J].知识经济,2010(11).

[52]牛文元主编.中国新型城市化报告2012[M].北京:科学出版社,2012.

[53]欧阳敏.我国城乡统筹发展模式比较及其启示[J].商业时代,2011(3).

[54]潘锦云.基于和谐视角的工业化、城市化与新农村建设的互动关系[J].生产力研究,2008(24).

[55]钱正武.农民工市民化问题研究[D].北京:中共中央党校,2006.

[56]乔尔·科特金著,王旭等译.全球城市史(修订版)[M].北京:社会科学文献出版社,2010.

[57]秦元元.城市化进程中的重庆中心镇规划研究[J].科技资讯,2009(13).

[58]曲凌雁,冯春萍.新农村建设与新型城市化发展道路[J].未来与发展,2007(1).

[59]沈迟.分类指导——有效促进我国小城镇发展的关键[J].小城镇建设,

2006(12).

[60]沈满洪,谢慧明.生态经济化的实证与规范分析[J].中国地质大学学报(社会科学版),2010(11).

[61]沈月,赵海月.生态文化视域下生态教育的内涵与路径[J].学生交流,2013(7).

[62]舒家先.以新型城市化推动城乡统筹发展[J].中国城市连线,2008(2).

[63]台州市路桥区发改局课题调研组.中心镇:城乡一体化的重要载体和依托[J].浙江经济,2007(23).

[64]田千山.几种生态环境治理模式的比较分析[J].陕西行政学院学报,2012(11).

[65]王德勇,王悦华,李友华.农村城镇化发展问题探索[M].北京:中国农业出版社,2005.

[66]王桂新王利民.城市外来人口社会融合研究综述[J].上海行政学院学报,2008(6).

[67]王国平著.城市论[M].北京:人民出版社,2009.

[68]王鹤.城市雕塑如何塑造城市灵魂[N].光明日报,2014-9-30.

[69]王建.城镇化与中国经济新未来[M].北京:中国经济出版社,2013.

[70]王士兰.论浙江省中心镇的发展与建设[J].经济地理,2001(21).

[71]王士兰,游宏滔,徐国良.培育中心镇是中国城镇化的必然规律[J].城市规划,2009(5).

[72]王素斋."五位一体"战略布局下的农村生态文明研究[J].社科纵横,2014(1).

[73]王亚飞.对我国城乡一体化实现模式的探讨[J].经济纵横,2007(2).

[74]王永林.提升农村生态环境加快美丽乡村建设[J].江苏农村经济,2013(8).

[75]王振中主编.中国的城镇化道路[M].北京:社会科学文献出版社,2012.

[76]王志强.新时期江苏省重点中心镇的选择初探[J].城市发展研究,2005(4).

[77]王忠.集约型城镇化发展战略研究——以广东丰顺县中心镇为表述对象的实证分析[J].南方经济,2005(1).

[78]王竹林.城市化进程中农民工市民化研究[M].北京:中国社会科学出版社,2009.

[79]吴丹丹,黄明华.苏州生态人居建设的路径探究[J].小城镇建设,2011(7).

［80］吴理财,吴孔凡.美丽乡村建设四种模式及比较[J].华中农业大学学报,
  2014(1).

［81］吴晓林.城乡一体化建设的两个误区及其政策建议[J].调研世界,2009
  (9).

［82］伍子悠.以中心镇建设为突破口统筹城乡发展——广州市解决"三农"
  问题新思路[J].中国经贸导刊,2005(19).

［83］肖良武.城乡一体化理论与实现模式研究[J].贵阳学院学报(社会科学
  版),2010(2).

［84］谢建社.农民工分层:中国城市化思考[J].广州大学学报(社会科学版),
  2006(10).

［85］新玉言.新型城镇化理论发展与前景透析[M].北京:国家行政学院出版
  社,2013.

［86］徐勃.珠三角城乡一体化的路径研究[J].特区经济,2010(8).

［87］徐放.中心镇建设存在的主要问题及对策——以浙江省台州市为例[J].
  小城镇建设,2008(1).

［88］徐和平著.经济发展中的大国城市化模式比较研究[M].北京:人民出版
  社,2011.

［89］徐少君.1990年代以来我国小城镇研究综述[J].城市规划汇刊,2004
  (3).

［90］杨风.人口城市化进程中农民市民化研究[D].成都:西南财经大
  学,2008.

［91］杨张维.基于统筹城乡产业的重庆新农村规划建设模式探析[J].科技创
  新导报,2008,(8).

［92］姚如青.当前沿海发达地区中心镇发展的对策研究[J].中共杭州市委党
  校学报,2008(1).

［93］尹焕三.论统筹城乡发展的八种互动模式[J].长白学刊,2008(5).

［94］于水,帖明.协同治理:推开城乡结合部生态环境治理的大门[J].环境保
  护,2012(16).

［95］余炬文.基于产业集群的中心镇劳动力转移研究[J].中国人口科学,
  2005(增刊).

［96］袁海平,顾益康.新型城市化与新农村建设协调推进[J].浙江经济,2010
  (22).

［97］翟志成,方齐云.中国城乡经济一体化发展模式研究[J].现代经济探讨,
  2002(7).

［98］张果,任平.小城镇土地可持续利用与发展的探讨［J］.技术与市场,2006（10）.

［99］赵继敏.北京生态文化培育研究［J］.生态经济,2012（3）.

［100］赵勇.河北省中心镇选择与评价［J］.经济地理,2006（3）.

［101］浙江大学农业现代化与农村发展研究中心.加快中心镇发展——推进浙江城市化进程［J］.学习参考,2010（3）.

［102］浙江省人民政府.关于加快推进中心镇培育工程的若干意见［Z］.2007.

［103］中国城市和小城镇改革发展中心课题组著.中国城镇化战略选择政策研究［M］.北京:人民出版社,2013.

［104］中国城市经济学会中小城市经济发展委员会,中国中小城市发展报告编纂委员会编.中国中小城市发展报告（2012）——中小城市新型城镇化之路［M］.北京:社会科学文献出版社,2012.

［105］周颖杰.论城乡一体化发展的基本内涵及主要途径分析［J］.中国乡镇企业会计,2007（7）.

［106］朱东风.中心镇小城市化的理论分析与江苏实践的思考［J］.城市规划,2008（32）.

［107］住房和城乡建设部课题组编著.“十二五”中国城镇化发展战略研究报告［M］.北京:中国建筑工业出版社,2011.

［108］庄贵阳.破解城镇化进程中高碳锁定效应［N］.光明日报,2014-10-02.

［109］邹忠欣,黄翔宇.加快中心镇建设步伐推进农村城镇化进程［J］.上海农村经济,2003（8）.

后　　记

　　城镇化是一个国家或地区经济发达程度和社会发展进步程度的标志。党的十八大将新型城镇化确定为未来 10 年到 20 年中国经济增长的重要引擎。2013 年 12 月中央召开的城镇化工作会议指出，推进新型城镇化的关键是解决好人的问题，并把推进农业转移人口市民化作为主要任务。2014 年 3 月，国家新型城镇化规划（2014—2020 年）正式发布。毫无疑问，城镇化是推动经济持续健康发展的强大引擎，是加快产业结构转型升级的重要抓手，是解决农业农村农民问题的重要途径。

　　不同于其他发展中国家的是，我国农村人口过多，目前我国常住人口城镇化率为 53.7％，户籍人口城镇化率只有 36％左右，不仅远低于发达国家80％的平均水平，也低于人均收入与我国相近的发展中国家 60％的平均水平，还有较大的发展空间。一些城市"摊大饼"式扩张，过分追求宽马路、大广场，新城新区、开发区和工业园区占地过大，建成区人口密度偏低。一些地方过度依赖土地出让收入和土地抵押融资推进城镇建设，加剧了土地粗放利用，浪费了大量耕地资源，威胁到国家粮食安全和生态安全，也加大了地方政府性债务等财政金融风险。浙江省把中心镇培育成小城市试点工作为我国新型城镇化提供样板，如何通过对小城市培育工作的跟踪调查，分析小城市培育中存在的问题，提出切实可行的解决措施，就成了我这几年思考的重点问题之一。

　　为此，我们先后主持完成了省市相关研究课题。本书为浙江省哲学社会科学规划立项课题《浙江现代新型小城市培育政策跟踪研究——以龙港镇为例》（12YD04YBM）、浙江省社科联研究课题浙江省社科联研究课题《中心镇培育成小城市的对策研究——以温州市为例》（2011N060）、浙江省社科联研究课题《小城市培育中不同类型转移人口市民化研究》（2014B060）、温州市社会科学重点研究基地课题《新型城市化进程中外来人口的市民化对策研究》（13JD15）、温州市哲学社会科学规划重点课题《生态文明视角下的

217

温州市美丽城镇建设研究》(14WSK245)和温州市发改委课题《新型城市化背景下的温州市"美丽城镇"建设研究》的阶段性研究成果。其中陈方丽撰写了"美丽小城市"的相关内容(具体章节包括 2.5、5、6.3 等),钟小娜、傅寅俊、董晓东、王锦良等课题组成员分别带领学生参与了部分问卷调查工作和或参加部分内容的撰写。浙江大学中国农村发展研究院院长黄祖辉教授在百忙之中抽时间为本书作序,周建清、胡明送、余广、柯建云、陈怀毅等领导以及龙港镇、柳市镇、塘下镇和鳌江镇人民政府的相关同志为本书的撰写给予指导或提供参考资料,本书也吸纳了他们的意见,在此一并致谢。

由于作者水平有限,加之时间仓促,本书错误之处在所难免,请各位读者批评指正,本人不胜感激。

陈国胜

2014 年 12 月 30 日于温州双乐居